Martin Krauß

# Schmeling
## Die Karriere eines Jahrhundertdeutschen

Für Anna Krauß
(1906 - 2004)

Martin Krauß

# Schmeling

Die Karriere eines
Jahrhundertdeutschen

VERLAG DIE WERKSTATT

Bibliografische Information der Deutschen Bibliothek
Die Deutsche Bibliothek verzeichnet diese Publikation in der Deutschen Nationalbibliografie; detaillierte bibliografische Daten sind im Internet über http://dnb.ddb.de abrufbar.


Lotzestraße 24a, D-37083 Göttingen
www.werkstatt-verlag.de


Fotos: Agentur Horst Müller, Archiv des Autors
Satz und Gestaltung: Verlag Die Werkstatt, Göttingen
Druck und Bindung: Westermann Druck Zwickau

ISBN 3-89533-472-3

# Inhalt

# Vorwort

Max Schmeling, dieser Satz ist unstrittig, ist der größte deutsche Boxer, den es je gab.

Diese Tatsache könnte und sollte genügen, um den Mann, der am 2. Februar 2005 in Hollenstedt bei Hamburg im Alter von 99 Jahren starb, zu ehren und seine Karriere nachzuzeichnen.

Doch über sein boxerisches Wirken hinaus gibt sein Leben und die Art, wie man es in Deutschland wahrnahm und -nimmt, noch etliche Gründe, sich mit seiner Biografie zu beschäftigen. Schmelings Leben beginnt im Kaiserreich, er erlebt den Ersten Weltkrieg als Kind, die Novemberrevolution als 13-jähriger Teenager, er genießt die Weimarer Republik, er wird von Hitler, Goebbels und Göring umschmeichelt und dennoch zur Wehrmacht eingezogen, und in der Bundesrepublik wird er gerne als »der gute Mensch von Hollenstedt« gewürdigt. Außerdem ist Schmeling der erste deutsche Boxweltmeister, und – dies ist die sportlich größte Leistung – er ist der Mann, der Joe Louis k.o. schlug.

»Deutsche Heldengeschichten sind immer auch solche vom tapferen Außenseiter, der das Unmögliche vollbringt. Aber dieser Sieg allein war es auch nicht«, schreibt die »Süddeutsche Zeitung« in ihrem Nachruf auf Schmeling. Ähliches vermerkt die »Frankfurter Allgemeine«, die Schmeling »eine sehr deutsche Karriere« bescheinigt. Und Franz Josef Wagner ernennt Schmeling in der »Welt am Sonntag« zu »unserem letzten Helden«, der eine ganz große Lücke reißt: »Mit Max Schmeling ist die Kraft verschwunden, die wir heute in Deutschland brauchen.«

Als Boris Becker, einer der wenigen Deutschen, die wie Max Schmeling getrost als Weltstars gelten können, den Boxer bei einer Bambi-Verleihung einmal als »Heinz Schmeling« vorstellte, beging er zwar einen irritierenden Fauxpas, sprach aber gleichzeitig intuitiv eine große Wahrheit aus. Neben Max Schmeling gibt es nämlich wohl nur noch den Schauspieler Heinz Rühmann, auf den in ähnlicher Weise das Etikett »Jahrhundertdeutscher« zutrifft. Schmeling selbst hat sich einmal mit Rühmann verglichen. »Ich bin zwei Jahre Weltmeister gewesen«, sagte er, »aber ein anderer, der war noch länger Weltmeister: Heinz Rühmann wurde Weltmeister der Freude.«

Schmeling wie Rühmann beginnen ihre Karriere in der Weimarer Republik. Wie selbstverständlich – und warum sollte es anders als selbstverständlich sein? – gehören zur Boheme, in der Rühmann wie Schmeling verkehren, jüdische und nichtjüdische Künstler, Sportler, Journalisten. Man ist miteinander befreundet, verkehrt auf denselben Partys, in denselben Salons. Erst nach 1933 merkt man, dass es einen jüdischen und nichtjüdischen Teil der Boheme gibt. Der jüdische Teil emigriert nach 1933 (bei den Berufsboxern etwa Erich Seelig und Harry Stein), und wer von ihm nicht emigriert, wird bald verhaftet und umgebracht. Ein Teil der nichtjüdischen Boheme, überwiegend der, der sich kommunistisch und sozialistisch versteht, emigriert ebenfalls. Ein anderer, nicht gerade kleiner Teil jedoch bleibt in Deutschland – und nimmt die frei gewordenen Posten ein. Nicht unbedingt überzeugte Nazis werden so nach oben befördert, sehr wohl aber Menschen, die opportunistisch genug sind, nicht gegen Schikanen, Verfolgung und Vertreibung zu protestieren, solange eventuell ein Pöstchen für sie abfällt. Der Schauspieler Gustav Gründgens, der 1933 von Hermann Göring erst zum künstlerischen Leiter und 1934 zum Intendanten des Preußischen Staatstheaters ernannt wird, ist hierfür ein bestechendes Beispiel. Die »Frankfurter Allgemeine« formuliert am Beispiel Gründgens von einem »Mitmacher, der nicht mitmachte«. »Umbruchkarrieren« nennt man in Emigrantenkreisen solche Laufbahnschübe.

Auch Schmeling bleibt. Sein Freundeskreis, zu dem vor 1933 der Schauspieler Fritz Kortner, der Maler George Grosz und der Galerist Alfred Flechtheim gehören, besteht nun aus dem von den Nazis geförderten Bildhauer Josef Thorak, aus dem der NSDAP und der SS angehörenden Rennfahrer Bernd Rosemeyer und dem später als Denunziant auffallenden Bassbariton Michael Bohnen.

Schmeling wird nicht zum Nazi. Nicht nur, dass Schmeling nie in der NSDAP oder einer ihrer Gliederungen Mitglied wird, nein, in mehreren Situationen hilft der Boxer sehr mutig bedrohten Menschen. In der so genannten »Reichkristallnacht« 1938 etwa beschützt Schmeling zwei jüdische Jugendliche, indem er sie bei sich versteckt. Diese und ähnliche Taten können nicht zu hoch gewürdigt werden, sie weisen Schmeling als einen anständigen Menschen aus.

Gleichwohl, so lautet die These dieses Buches, verdankt Schmeling beinahe alles, was ihn seinen Landsleuten wichtig macht, dem Umstand, dass die NS-Propagandamaschinerie ihn als einen unpolitischen Helden präsentierte, als einen anständigen Repräsentanten seines Vaterlandes, um es in damaliger Terminologie zu sagen. Heinrich Himmler, der Reichsführer SS, ließ mitteilen, »dass ein sportlich so auf der Höhe stehender Mann wie Schmeling dem deutschen Volke mehr nutzen kann, wenn er weder der SS noch der SA, der NSKK oder sonst einer Gliederung angehört«. Und auch Adolf Hitler lässt verlauten, Sportler seien dem nationalsozialistischen Deutschland am hilfreichsten, wenn sie sich darauf beschränkten, bloße Sportler zu sein.

Wie der Nicht-Nazi Schmeling darauf reagiert hätte, wenn von ihm ein weitergehendes politisches Engagement verlangt worden wäre, wissen wir nicht. Sicher ist dagegen: Nur weil die Machthaber im totalen Staat darauf verzichten, Schmeling zum NS-Parteigänger zu machen, kann er effektiv wirken. Nach außen: als sportlicher Botschafter Nazideutschlands bei seinen Kämpfen in den USA, als politischer Botschafter im Auftrag der Reichskanzlei und des Auswärtigen Amtes bis ins Jahr 1944 hinein. Und nach innen: als der bekannteste und beliebteste Deutsche der dreißiger und vierziger Jahre, der der deutschen Bevölkerung zeigt, dass man sich erfolgreich mit dem NS-Regime arrangieren kann. Schmeling wird zur Identifikationsfigur, weil er ein Nicht-Nazi ist, der aber in Deutschland seine vermeintliche Pflicht tut, indem er etwa bei der Wehrmacht dient.

Doch auch in der Nachkriegszeit tritt Schmeling nicht nur als jemand auf, der am »Wirtschaftswunder« partizipiert, sondern zugleich das verfolgt, was er nun für seine Pflicht hält: eine sehr persönliche Versöhnungsreise zu seinem von den Nazis als »Neger« geschmähten Gegner Joe Louis, zu seinem als Jude vertriebenen früheren Promoter und Freund Paul Damski sowie ans Grab seines jüdischen Managers Joe Jacobs.

Wie Schmeling sich auf die historische Entwicklung einlässt, wie er das jeweils für sich Beste herausholt und doch auch immer Gutes tut, all das zeigt ihn als Jahrhundertdeutschen.

Max Schmeling hat an diesem Buch nicht mitgewirkt, »da mir hierfür die gesundheitlichen Voraussetzungen« fehlen, wie er 2004 in einem freundlichen Schreiben dem Autor mitteilte. Seine Entscheidung ist in jeder Hinsicht zu akzeptieren. Bis ins hohe Alter hat Schmeling immer für Fragen von Journalisten zur Verfügung gestanden, er selbst hat vier Autobiografien vorgelegt, die letzte 1977, und an weiteren Büchern über sich hat er mitgewirkt. Dass er dabei unkritisch mit sich umgegangen wäre, kann man nicht behaupten, auch wenn natürlich noch Fragen offen bleiben. Nach dem Tod seiner Frau Anny Ondra im Jahr 1987 hatte sich Schmeling aus der Öffentlichkeit zurückgezogen.

Eine Biografie im herkömmlichen Sinne ist dieses Buch nicht geworden. Es beginnt nicht mit der Kindheit des Helden, und es endet nicht mit seinem Lebensabend. Gegen solche Biografien gibt es zu Recht zahlreiche Vorbehalte. Sie tun nämlich so, als sei in dem Umstand, dass der kleine Max als Fünfjähriger seiner Mutter jeden Sonntag Blumen brachte, die gesamte spätere Leistung und Bedeutung angelegt und ablesbar. Solche Biografien übersehen, dass schließlich jeder Mensch eine Kindheit hatte, dass jeder Mensch Rückschläge auf seinem Lebensweg erlebt und vor allem, dass sich jeder Mensch mit seiner sozialen Umwelt auseinander setzen muss und von ihr geprägt wird. »Wer Biograf wird, verpflichtet sich zur Lüge, zur Verheimlichung, Heuchelei, Schönfärberei und selbst zur Verhehlung seines Unverständnisses«, schreibt Sigmund Freud, »denn die biografische Wahrheit ist nicht zu haben, und wenn man sie hätte, wäre sie nicht zu brauchen.«

Diesem Buch geht es daher um anderes: Im Leben von Max Schmeling und im Umgang der deutschen Gesellschaft mit Max Schmeling, wie sie im Februar 2005 in den vielen Nachrufen deutlich wurde, lässt sich viel von deutscher Geschichte des vergangenen Jahrhunderts zeigen und verstehen. Niemand wird nämlich einfach so der beste Boxer Deutschlands; man ist das erst, wenn man von der Gesellschaft als solcher angesehen wird, und das ist entscheidend abhängig von dem, was die Gesellschaft sehen möchte. In einer repräsentativen Umfrage in Deutschland wurde 1995 nach dem »größten Boxer aller Zeiten« gefragt: Max Schmeling kam mit 16 Prozent auf Platz drei, vor ihm Muhammad Ali (27 Prozent) und Henry Maske (32 Prozent). Nach dem Ende des damaligen Maske-Booms dürften Ali und Schmeling vorgerückt sein. Und folgt man dem Tenor der Nachrufe auf Schmeling, so könnte der Deutsche mittlerweile sogar ganz vorne liegen.

Ich möchte mich, weil ein Buch wie dieses nicht ohne vielfältige Hilfe zustande kommen kann, bei sehr vielen freundlichen Menschen bedanken, die mir auf sehr unterschiedliche Weise geholfen haben. Es sind: Bernhard Bindzus, Martin Cüppers, Frank Daniel, Klaus Gaisenkersting, Stephanie Haerdle, Thomas Hölzl, Andy Horn, Wolf-Dietrich Junghanns, Frank Ketterer, Knud Kohr, Gabriele Kunze, David Margolick, Andrei S. Markovits, Rick Minnich, Cornelia Ogiolda, Elke Wittich und Regine Wosnitza.

Natürlich ist hiermit nicht allen gedankt, denen zu danken wäre. Die, die hier nicht erwähnt werden, mögen es mir nachsehen.

*Martin Krauß, Berlin, Februar 2005*

# »Neger k.o. Wunderbar«

## Politische Reaktionen auf den Sieg über Joe Louis (1936)

»Und da, Schmeling schlägt mit harten Rechten und Linken auf Louis' Kiefer. Er hat Louis' linke Wange getroffen. Und Louis ist unten. Hängt in den Seilen. Hängt schlecht. Er ist ein sehr müder Fighter. Er blinzelt mit den Augen. Schüttelt seinen Kopf. Das Zählen ist vorüber. The fight is over. The fight is over.«

Die Stimme des Radioreporters Clem McCarthy überschlägt sich in dieser zwölften Runde. Gerade, in der Nacht vom 19. auf den 20. Juni 1936, knockt im New Yorker Yankee-Stadion der Deutsche Max Schmeling den bislang unbesiegten Amerikaner Joe Louis aus.

Als seine Betreuer das 22-jährige Boxgenie Joe Louis nach dem Kampf hinausführen, berichtet McCarthy seinen Zuhörern, dass in Louis' Gesicht »etwas wie eine gelähmte Überraschung zu sehen ist. Als ob er nicht versteht, was gerade mit ihm passiert ist.«

Joe Louis versteht seine Niederlage wirklich nicht. »Man sagte mir, dass die Leute in Chicagos ›Little Harlem‹ die ganze Nacht randalierten, ja dass sie sogar Straßenbahnen mit Steinen bewarfen«, schreibt Louis in seiner Autobiografie »My Life«. »Und in New York nahm ein Mädchen meine Niederlage so schwer, dass sie versuchte, Gift zu trinken, man brachte sie in ein Krankenhaus. Shit!«

Joe Louis leidet sehr an der Niederlage. Er macht sich enorme Selbstvorwürfe. »Ein ganzes Volk fühlt sich schlecht, weil ich dachte, ich könnte das mit links erledigen.« Erst allmählich wird ihm bewusst, welch welthistorische Niederlage er an diesem Abend eingesteckt hat.

Die da Schmelings Sieg feiern, begreifen die historische Dimension schneller. Adolf Hitler telegrafiert nach »Neuyork«, wie man in Nazideutschland manchmal zu der amerikanischen Metropole sagt: »Nehmen Sie zu Ihrem großartigen Erfolg meinen herzlichsten Glückwunsch entgegen.« An »Frau Schmeling, Berlin-Dahlem« sendet der Führer und Reichskanzler ein Telegramm plus Blumenstrauß. »Zu dem wunderbaren Sieg Ihres Mannes, unseres größten deutschen Boxkämpfers, muss ich Ihnen aus ganzem Herzen gratulieren. Adolf Hitler.«

Propagandaminister Joseph Goebbels formuliert in seinem Glückwunschtelegramm gleich eine Losung: »Ihr Sieg ist ein deutscher Sieg. Wir sind stolz auf Sie.« Goebbels hatte Schmelings Frau, die Schauspielerin Anny Ondra, zum gemeinsamen Hören der Radioübertragung zu sich nach Hause eingeladen. In sein Tagebuch notiert er zufrieden: »Dann um 3h nachts beginnt der Kampf. In der 12. Runde schlägt Schmeling den Neger k.o. Wunderbar, ein dramatischer, erregender Kampf. Schmeling hat für Deutschland gefochten und gesiegt. Der Weiße über den Schwarzen, und der Weiße war ein Deutscher. Seine Frau ist herrlich. In der ganzen Familie ein Freudentaumel. Nachts um 5h erst komme ich ins Bett. Max Schmeling hat eine fabelhafte in- und ausländische Presse. Er hat sie auch verdient, denn er hat männlich gekämpft. Anny Ondra ist überglücklich. Der Führer hat ihr Blumen geschenkt. Abends hören wir nochmal eine Wiederholung der Boxkampfübertragung. Dieser Sieg ist für Deutschland erfochten.«

Der »Völkische Beobachter« schreibt: »Ein deutscher Sportsmann hat sich trotz aller Widerstände, aller Hetze, aller Feindseligkeit durchgebissen und steht heute unbestritten mit an der Spitze seines Sportes.« Gelobt wird, »was für eine großartige, lebendige Propaganda dieser Max Schmeling leistete«. Außerdem behauptet der Autor, Schmeling habe »mit deutschem Gruß den Ring« verlassen. Für dieses Detail aber finden sich, außer den Angaben des »Völkischen Beobachters«, keine Belege.

Der Verfasser des Artikels ist übrigens Arno Hellmis, der auch die Radioreportage gesprochen hat. Er ist der einzige Journalist, der für ein deutsches Medium aus Deutschland zu dem Kampf angereist war; so wenig hatte man mit einem Erfolg Schmelings gerechnet. Um so größer ist der Nutzen, den sich die NS-Machthaber nun versprechen.

»Die deutsche Heimat Max Schmelings, in propagandistischen Dingen gewiss nicht unerfahren, hat sich bei der Abwägung der Möglichkeit einer vornehmen Zurückhaltung beflissen«, urteilt das Fachblatt »Sport« aus der neutralen Schweiz. »Sie darf sich darum doppelt ihrer

Freude über den Erfolg hingeben, über einen Erfolg, der ganz anders gewertet werden wird als Schmelings Weltmeisterschaftssieg über Jack Sharkey durch Disqualifikation.«

Die NS-Politiker erkennen die Symbolik, die in dem Sieg über Louis steckt, sofort. Die »BZ am Mittag« vermutet, dass es wohl das erste Mal ist, dass eine deutsche Regierung einem Sportler ein Flugzeug bereitstellt, um ihn von Frankfurt nach Berlin zu fliegen. Das Goebbels-Ministerium weist die Redaktionen extra darauf hin, dass sie nicht vergessen »zu erwähnen, dass das Flugzeug vom Reichspropagandaministerium gestellt« wird.

Der »Gießener Anzeiger« kommentiert: »Mit vollem Recht ist der Sieg als deutscher Sieg begrüßt und gefeiert worden.« Im »Frankfurter Volksblatt« ist zu lesen, dass Schmelings »Leistung, ganz abgesehen von ihrem sportlichen Wert, für Deutschland auch noch eine politische Note erhielt«.

»Das schwarze Korps«, die Zeitung der SS, legt in besonderer Weise los: »Schmeling hat allein auf sich selbst gestellt den Sieg errungen, weil er davon überzeugt war, dass es um mehr ging, als um eine ›Börse‹, um das Ansehen Deutschlands in der Welt. Sein Kampf war nicht allein Sport, er war eine Prestigefrage für sein Volk, für seine Rasse. Dies bestätigten uns die Ausschreitungen in Harlem, im Negerviertel von Neuyork, und die Vorbereitungen im Judenviertel zur Freudenfeier zeigten uns, wer den Sieg des Mulatten über den Weißen für sich ausgeschrotet hätte.«

Der »Berliner Lokal-Anzeiger« titelt »Schmeling: ›Ich habe Wort gehalten‹« und behauptet, Autor seines Korrespondentenberichts vom 20. Juni 1936 sei Max Schmeling. Darin heißt es über Louis: »Man hat behauptet, dass er ein Überboxer wäre. Er ist aber nichts als ein guter Amateur unter drittklassigen Schwergewichtlern.«

Im »Berliner Tageblatt« titelt man: »Amerika setzte auf das falsche Pferd«, und während auch das »National-Blatt« schreibt, der Sieg sei gegen »eine Welt von Feinden« errungen worden, will der »Angriff«, das von Goebbels 1927 gegründete Propagandablatt, die »politische Note« dadurch stärker betonen, dass es aus Schmeling nicht nur einen Repräsentanten Deutschlands und der deutschen Herrenmenschen macht, sondern ihn auch noch zum Vertreter der in den USA lebenden weißen Rasse erhebt: »Die Begeisterung der weißen Welt Amerikas über den Sieg Schmelings kennt keine Grenzen.«

In den deutschen Zeitungen ist von 70.000 bis 80.000 Zuschauern die Rede, die ins New Yorker Yankee-Stadion gekommen seien, obwohl es faktisch nur 42.000 waren. Auch ist von 2.000 akkreditierten Journalisten die Rede, obwohl die »New York Times« nur 700 zählt.

Der deutsche Schriftsteller Wolf Wondratschek stellt sich in einer Reportage aus dem Jahr 1985 die Szenerie in Amerika nach dem Schmeling-Sieg so vor: »Irgendwo in den Zimmern der teuersten Hotels von New York werfen Manager ihre Zigarren ins Badewasser und ihre Blondinen wieder auf die Straße. Nein, der Weltkrieg ist noch nicht ausgebrochen. Und der Kampf gegen Joe Louis war auch kein Kampf um die Weltmeisterschaft. Aber neben der Bitterkeit einer nationalen Niederlage würgt sie in diesem Jahr 1936 eine tiefer sitzende, quälendere Angst: die vor dem rücksichts- und mitleidlosen Regime des Nationalsozialismus. Dabei haben wir es hier, um wieder auf den Teppich zu kommen, nicht mit der arischen Rasse zu tun, sondern mit der einsamen Klasse eines deutschen Schwergewichtsboxers.«

Wie quälend die Angst in den Badewannen von Manhattan wirklich war, lässt sich im Nachhinein nur schwer feststellen, jedenfalls vermeldet die »New York Times« aufmerksam, dass Schmeling von Hitler sofort in die Reichskanzlei eingeladen wird: »Der Sieg wird politisch ausgeschlachtet.«

Hitler will auch mit Schmelings Familie und Freunden feiern. Also kommt Schmeling mit seiner Frau Anny Ondra, seiner Mutter Amanda, dem Regisseur Hans-Helmut Zerlett, dem Komponisten Leo Leux und deren Ehefrauen zum Empfang in die Reichskanzlei. Der Boxer hat als Mitbringsel amerikanische Zeitungsausschnitte dabei. »Mir schien, dass er den englischen Text nicht lesen konnte«, schreibt Schmeling in seinen »Erinnerungen« über Hitlers Reaktion, »aber er sah sich die Fotos genau an und bemerkte dann: ›Wie schade, dass man so etwas nicht im Film sehen kann!‹ Ich erklärte ihm, dass ich einen Film mitgebracht habe, der noch am Flughafen am Zoll lagere.«

Goebbels erkennt sofort die Chance auf einen großen Propagandacoup und fragt Schmeling, »ob es sich um den vollständigen Kampffilm oder nur um einzelne Ausschnitte« handelt, erinnert sich Schmeling.

Der belehrt den Propagandaminister daraufhin, wer die Filmrechte besitzt: nämlich er selbst, Schmeling. Die Veranstalter hätten ihm die Filmrechte angeboten, weil sie glaubten, dass der Kampf ohnehin schnell zu Ende sei. Aber nach dem sensationellen Ausgang hätten schon etliche Firmen »wegen der Weltrechte bei mir vorgefühlt«.

Während der Vorführung in der Reichskanzlei ist Hitler »wie elektrisiert«, wie sich Schmeling erinnert. »Goebbels, hören Sie«, habe der Diktator gerufen, »das kommt nicht in die Wochenschau! Dieser Film muss als Hauptfilm laufen! Im ganzen Reich!«

»Max Schmelings Sieg – ein deutscher Sieg«, heißt der Film, angelehnt an Goebbels' Formulierung im Glückwunschtelegramm. Die künstlerische Leitung wird noch am Abend Hans-Helmut Zerlett übertragen, Arno Hellmis soll »die verbindende Reportage in der deutschen Fassung des Filmes aus unmittelbarem Erleben heraus gestalten«, wie die Zeitschrift »Der Film« ankündigt. Es handelt sich um »einen einzigen Film«, heißt es dort weiter, »nicht nur, weil keine Wochenschau Kampfaufnahmen bringt, nicht nur, weil bedeutende Persönlichkeiten des In- und Auslandes an der Spitze der Gratulanten standen, – weil vielmehr dieser Kampf tatsächlich einem Interesse begegnete, wie es bisher wohl kaum bei einem anderen sportlichen Ereignis der Fall war«.

Hitlers Hauptfilmidee lohnt sich sowohl für den Propagandisten Goebbels als auch für den Rechteinhaber Schmeling: Den Film sehen über vier Millionen Deutsche. Arno Hellmis spricht dort eindringliche Worte. »Sein Sieg war mehr als bloß ein Erfolg eines deutschen Sportsmannes: Es wurde ein deutscher Sieg. Das wurde erst richtig klar, als am Tag nach dem Kampf Hunderte von Telegrammen aus Südafrika, aus Australien, aus Süd- und Mittelamerika und vor allen Dingen aus den Südstaaten der amerikanischen Union einliefen, wo man die Niederlage des weißen Mannes nur mit zusammengebissenen Zähnen aufgenommen hätte, den Sieg Max Schmelings dagegen mit ehrlicher Freude und Bewunderung für den Deutschen.« Was dieser Sieg bedeuten sollte, spricht Hellmis, vor dunklem Hintergrund hell ausgeleuchtet und mit offenem Hemd recht kumpelhaft daherkommend, gerne aus: »Der dramatischste Kampf in der Geschichte des Boxsports, den Sie jetzt sehen werden, ist zugleich ein wunderbares Dokument dafür, dass ein Wille so hart wie Kruppstahl alles zu erreichen vermag.«

Den Nazis kommt Schmelings Sieg über Joe Louis mehr als nur zupass. Abgesehen davon, dass sie ihn propagandistisch ausschlachten wollen, sehen sie in ihm auch einen Beweis ihrer Theorie des arischen Übermenschentums.

Ludwig Haymann, als Profiboxer deutscher Schwergewichtsmeister und mittlerweile Sportchef des »Völkischen Beobachters«, holt ganz groß aus: »Deutscher Faustkampf nicht pricefight«, heißt ein Buch, in dem er eine arische Art des Boxens fordert. »Der erste Mann in Deutschland, (der) den Wert des betont Gefühlsmäßigen klar erkannte«, so formuliert er dort, »war Max Schmeling.« Zumindest solange er erfolgreich ist, gilt Schmeling einem wie Haymann als Prototyp des arischen Boxers. »Dieser genialen Auffassung hat er jenen überraschenden Aufstieg zu verdanken, der ihn bis zur Weltmeisterschaft führte. Schmelings einzigartiger, aber äußerst zweckmäßiger Stil entfesselte damals riesige Beifallsstürme auf offener Szene. Dabei war er in Wirklichkeit nichts weiter als eine in Temperament und Volkstum wurzelnde Kampfform und mithin der erste gelungene Schritt zum deutschen Boxen.«

Nichts ist den Nazivordenkern zu abstrus, um nicht als »Wissenschaft« durchzugehen. Wie sie auf anderen Feldern auch eine »deutsche Physik«, die nichts mit der »jüdischen Physik« von Denkern wie Einstein zu tun haben solle, entwickeln, oder wie sie ein »arisches Schachspiel« favorisieren, das nichts mit dem »jüdischen Remis« gemein habe, so halten sie auch Boxen für ein »Rasseproblem«. »Wenn wir uns endlich einmal Mühe geben wollten, den Faustkampf als Ausdruck unserer völkischen Eigenart zu betrachten und in unserer Heimaterde fest zu verwurzeln«, schreibt Haymann, dann sei »der Tag nicht mehr ferne, wo wir dem Führer sieghaften Dank abstatten werden für seine Liebe und Treue, mit der er gerade den Boxsport umhegt.«

Das Vorwort für Haymanns Machwerk schreibt Max Schmeling. »Seine moderne Auffassung von der ›Kunst der Selbstverteidigung‹«, lobt Schmeling den Boxtheoretiker Haymann, »gibt ein anschauliches Bild über das Wesen des Faustkampfes.« Und sogar zu diesem Lob schwingt sich Schmeling auf: »Kein Geringerer als unser Führer Adolf Hitler hat den charakterbildenden Wert des Boxsportes erkannt.«

Haymann und Schmeling sind nicht die Einzigen, die so über arisches Boxen fabulieren. Fritz Rolauf, früherer Deutscher Meister im

Federgewicht, legt auch ein Buch vor, das sich mit »Weg, Wert und Wesen des Boxens« beschäftigt und natürlich auch Schmeling lobt. Boxen sei »wie kaum eine andere Leibesübung imstande«, schreibt Rolauf, »den ganzen Menschen in edelstem Sinne zu formen«, natürlich »nicht zuletzt dank der weitblickenden Erkenntnis unseres Führers«, heißt unter der Überschrift »Von Epeios bis Schmeling«.

Wolf Wondratschek glaubt, dass Schmeling in Deutschland bis heute fortlebt als »das Lieblingskind jener konservativen Kreise, die ihn als Vorbild verehren für gerade jene Tugenden, die immer schon zu nichts weiter als grässlichen Missverständnissen geführt haben«. Wondratschek fügt kritisch hinzu: »Eine Rolle, an der er nicht ganz schuldlos ist.«

Der Sieg über Joe Louis hat Max Schmelings Leben mehr verändert als der Gewinn der Weltmeisterschaft 1930 gegen Jack Sharkey. Schmeling ist der einzige Mensch, der gegen einen jungen und austrainierten Joe Louis gewinnen konnte. Als Louis wieder verliert, ist es schon das Jahr 1950, es ist schon sein Comeback, er ist schon 37 Jahre alt, und sein Gegner heißt Ezzard Charles; ein Jahr später verliert er noch gegen Rocky Marciano. All das ist nicht annähernd so bedeutend wie das, was Max Schmeling ihm 1936 antut.

Sportlich ist der Kampf zwischen Louis und Schmeling als Ausscheidungsmatch angesetzt für die Frage, wer den damaligen Schwergewichtsweltmeister, Jimmy Braddock, herausfordern darf. Nach Schmelings Triumph gehen also nicht nur die NS-Sportpolitiker davon aus, dass Schmeling nun die Chance auf einen zweiten WM-Titel erhalten wird. Sie beginnen sofort mit entsprechenden Verhandlungen. Aus dem Goebbels-Ministerium ergeht diese Anweisung an die Presse: »Was die Frage des Weltmeisterschaftskampfes betrifft, so sollen die Meldungen, der Kampf werde im September auf dem Reichssportfeld ausgetragen werden, noch nicht übernommen werden.« Aber die Planungen eines WM-Kampfes in Deutschland laufen auf Hochtouren, und Max Schmeling ist der große Mann. Er ist derjenige, der in den USA deutsche Stärke demonstriert hat. Goebbels notiert zufrieden in sein Tagebuch: »Führer missbilligt sehr scharf Arbeit all der Rasse-Ausschüsse. Ist begeistert über Schmeling. Erlässt ihm die Steuern. Bravo!«

Schmeling wird vom Leiter des Reichsfachamtes Boxen, Franz Metzner, der Titel »Deutscher Meister aller Klassen« verliehen, obwohl doch der deutsche Schwergewichtsmeister damals Vincenz Hower heißt. Für Schmeling wirft man gerne jede Ordnung um.

Am Ende des Jahres 1936 wird vom Propagandaministerium ein zehn Punkte umfassender Katalog veröffentlicht, der die »Olympischen Leistungen des neuen Deutschlands im Jahr 1936« zusammenfasst:

»– Vollendung der ersten 1.000 km der Reichsautobahn, des gewaltigsten Bauwerkes des Abendlandes
– Fertigstellung des Reichssportfeldes, der gewaltigsten Sportanlage der Welt
– Durchführung der größten und glänzendsten Olympiaden (Besucherzahl 5.000.000!)
– Sieg des deutschen Sports auf der Olympiade (mit 33 Goldmedaillen im Ganzen)
– Fortwährende Siege deutscher Wagen bei den großen internationalen Autorennen
– Einführung der Zeppelin-Dienste zwischen Deutschland und New York
– 99% Beteiligung aller Wahlberechtigten an einem Wahlgang – ein Weltrekord!
– Abgabe von 42 Millionen Volksstimmen für einen Kandidaten (den Führer) – ebenfalls Weltrekord!
– Friedliche Zurückeroberung der letzten Reste verlorener Hoheitsrechte (Rheinlandbesetzung).«

Der sechste Punkt dieser Liste, die das In- und Ausland beeindrucken soll, lautet:

»Sieg Max Schmelings über Joe Louis in New York«.

Unabhängig davon, wie Schmeling selbst darüber denkt: In der Reaktion auf den größten Triumph seines Lebens, den Sieg über Joe Louis, ist Schmeling zu einer »olympischen Leistung des neuen Deutschlands« geworden, das die Nazis gerade aufbauen.

# »Sogar mit eigenem Kopf«

## Von Köln nach Berlin und der Aufstieg in Deutschland (1926)

Der junge, in Deutschland nicht einmal in Fachkreisen näher bekannte Max Schmeling kommt an einem Junitag 1926 in den sehr frühen Morgenstunden am Berliner Bahnhof Friedrichstraße an. Im Gepäck hat er nur einen Pappkarton mit Wäsche; das ist alles, was er besitzt.

Zwei Versionen, warum Schmeling Köln verlässt, existieren: eine eher harmonische und eine eher realistische. Die harmonische lautet: »Berlin übte auf mich einen merkwürdigen Reiz aus.« Der junge Boxer, gerade mal zwanzig Jahre alt, reist gern zu Kämpfen in die Hauptstadt, danach fällt es ihm »immer wieder schwer, dieser Stadt den Rücken zu kehren. Da beschloss ich, meinen Wohnsitz endgültig nach Berlin zu verlegen.« So schildert es Schmeling in »Ich boxte mich durchs Leben«. Ähnliches berichtet Hans Leip in seinem Buch »Max und Anni«: »Berlin, das war ein Begriff, den er bisher nur flüchtig gekostet hatte.« Auch Schmeling-Biograf Mathias Forster hat sich für die harmonische Version entschieden. Er schreibt: »Von der Spree ging ein unwiderstehlicher Sog auf alle Aufsteiger in Deutschland aus.«

Realistisch ist jedoch die Version, die Schmeling in »Meine Kämpfe – Mein Leben« aus dem Jahr 1930 gibt. Nachdem sich sein erster Kölner Manager Hugo Abels aus dem Boxsport zurückgezogen hatte und er sich mit ihm auch verkrachte, wechselte er zu Willi Fuchs. Über den aber ärgerte er sich zu sehr, weil Fuchs sich vor allem um den Mittelgewichtler Hein Domgörgen kümmerte. Domgörgen gilt als einer der technisch besten Boxer seiner Zeit. Der ehrgeizige Schmeling ist sauer auf die Prioritätensetzung des neuen Managers, und reist nach Berlin, »mit dreißig Pfennigen in der Tasche«. Er geht zu Arthur Bülow, den Herausgeber der »Boxsport«, in dessen Redaktion am Schiffbauerdamm. Bülow hatte ihm früher schon einmal gesagt, dass Schmeling sich jederzeit an ihn wenden könne. »Selbstverständlich erzählte ich ihm nicht, dass ich aus Köln weggelaufen war«, gibt er später zu, denn er wollte nicht schwach dastehen.

Im Januar 1926 ist Schmelings Vater gestorben. »Mutter blieb allein«, schreibt Schmeling in dem Sammelband »Mein Elternhaus«. »Und ich wurde ihr ›Ernährer‹, wie man damals sagte. Aber auch das trug schließlich dazu bei, dass ich Boxer wurde.«

Schmelings Vater war Steuermann bei der Hapag, der Hamburg-Amerika-Linie. Als Max am 28. September 1905 in Klein Luckow in der Uckermark geboren wird, ist sein Vater, der auch Max heißt, gerade auf dem Indischen Ozean unterwegs. Neun Monate ist Max alt, als der Vater die Familie nach Hamburg nachkommen lässt. Am Koppel 6 im Stadtteil St. Georg wohnt die Familie. Zwei Jahre später, 1907, wird sein Bruder Rudolf geboren, und 1913 kommt seine Schwester Edith zur Welt. Seine Eltern gehören zur »Bibelforscher-Bewegung«, wie sich die Zeugen Jehovas selbst nennen.

Die Novemberrevolution bekommt Schmeling als 13-Jähriger mit, er hört von Schießereien und kann einmal, als Spartakisten das Rathaus angreifen, gerade in einen Hausflur flüchten.

Ansonsten spielt er Fußball, als Torwart bei einem Klub in St. Georg, und will gerne Kunstmaler werden. Mit 15 Jahren, 1920, verlässt er die Schule und beginnt eine Lehre in der Annoncen-Expedition William Wilkens. In der Freizeit schließt sich Schmeling den Wandervögeln an.

Mit 16 Jahren ist er Mitglied des Sportklubs »Germania«, eines Ringervereins. Da soll er seinen Debütkampf liefern, doch Amanda Schmeling, seine resolute Mutter, schließt den tobenden Jüngling in seinem Zimmer ein. Sie will nicht, dass sich ihr Sohn die Knochen brechen lässt.

»Durch den Zwischenfall mit dem nicht erfolgten Kampf in meinem Ringerklub konnte ich mich dort nicht mehr sehen lassen«, schreibt er in seiner ersten Autobiografie, »Mein Leben – meine Kämpfe«, »und deshalb sattelte ich um. Ich ging zu den Boxern.« Die Eltern dürfen davon nichts erfahren, und als sein Vater doch herausfindet, was Max da macht, muss er ihm versprechen, es nie zum Beruf zu machen.

Dabei ist doch der Vater schuld an der Boxbegeisterung seines Sohnes. »Eigentlicher Kontaktmann zum Boxen«, schreibt Schmeling später, »war mein weltweit gereister und erfahrener Vater. Er hat mir häufig über die bis dahin fast unbekannte Disziplin erzählt.« Vom Boxen ist Max fasziniert, seit er den WM-Kampf zwischen dem Amerikaner Jack Dempsey und dem Franzosen George Carpentier im Kino sah. »Der Film beeindruckte mich so sehr, dass ich ihn mir im Laufe einer Woche fast Abend für Abend ansah und nahezu mein gesamtes Lehrlingsgeld dafür ausgab«, schreibt er in seinen »Erinnerungen«.

Der junge Schmeling verlässt bald das Anzeigengeschäft und will körperlich arbeiten. Zunächst nimmt er eine Anstellung in einem Hamburger Rohrbogenwerk an. Eines Abends gibt er, irgendwie zumindest, sein Debüt als Berufskämpfer. Er geht nämlich mit Freunden auf den Wandsbecker Pflaumenmarkt, eine Kirmes, und da werden an einem Stand hundert Mark ausgelobt für den, der den »türkischen Meisterringer Omar« bezwingt. Schmeling lässt sich von seinen Freunden überreden. Was passiert, beschreibt Schmelings Freund Carl Otto Hamann so: »Ulk hin, Ulk her – das ›stärkste Lebewesen der Welt‹ keucht wie eine Lokomotive und versucht mit glasigen Augen, sich dem Schraubstock zu entwinden. Immer kürzer, gurgelnder kommen seine Atemzüge, immer schlaffer seine Zuckungen. Beklatschte, belachte, verhöhnte Sensation des Rummels: Der Mann mit den Elefantenkräften erliegt.« Schmeling lernt aber an diesem Abend noch eine Besonderheit des Profigeschäfts: Der Schiedsrichter bricht den Kampf ab und verkündet ein Unentschieden. »Brav gemacht, junger Mann. Beinah hättest du gewonnen.«

Aus dem Rohrbogenwerk fliegt Schmeling bald raus, denn er hat sich bei einem Arbeitsunfall die rechte Hand gründlich verbrannt. Nach sechs Wochen Zwangspause und Arbeitslosigkeit geht er auf Wanderschaft, zunächst nach Düsseldorf. »Nachdem ich überall, wo ich mich sehen ließ, wegen Überangebot an Arbeitskräften abgelehnt worden war, stellte mich endlich eine Glasfabrik ein. Ich war froh, dass ich etwas zu tun bekam, und stapelte willig stundenlang Glas auf Glas und Glas auf Glas. Mir fiel zwar auf, dass ich in der großen Fabrik ganz allein war, ich hatte jedoch nicht viel Lust zum Nachdenken, denn ich war zufrieden, überhaupt arbeiten zu können. Als ich aber am Mittag aus dem Fabriktor trat, kam mir eine große Menge aufgeregter Leute entgegen, die Miene machten, sich auf mich zu stürzen. Ich erfuhr dann, dass ich, wenn auch gegen meinen Willen, Streikbrecher geworden war. Selbstverständlich kehrte ich in die Fabrik nicht zurück.«

Was im Jahr 1930 noch reuig formuliert wird und als dem lesenden Publikum als Selbstverständlichkeit offeriert wird, dass man nämlich keinen Streikbruch begeht, kommt 1977 in den »Erinnerungen« schon ganz anders daher, nämlich launiger: »Als ich nach der Mittagspause zurückkehrte, stand vor dem Eingang ein Dutzend Arbeiter, die mir drohend den Zutritt verwehrten und mich als Streikbrecher beschimpften. Als ich ihnen unbefangen versicherte, ich sei gar kein Streikbrecher, ich hätte nur meine Arbeit getan, fühlten sie sich verhöhnt und schickten sich an, mich zum Rhein zu schleppen, um mich hineinzuwerfen. Ich muss aber schon damals einen einschüchternden Eindruck gemacht haben. Denn als ich in eine boxerische Ausfallstellung ging und ihnen zurief: ›Na, versucht's mal!‹, ließen sie von mir ab.«

Schmeling zieht weiter den Rhein entlang, eine Weile hat er einen Job auf dem Gelände von Bayer Leverkusen, später landet er in Köln. Dort tritt er in den Mülheimer Box-Klub ein, wo er erstmals systematisch boxen lernt. Ehrgeizig wie er ist, besorgt er sich noch ein Lehrbuch von Georges Carpentier und lässt sich die Lehrbriefe des in Deutschland lebenden Engländers Jack Slim zusenden. 1924 wird Schmeling in Chemnitz deutscher Vizemeister im Halbschwergewicht. Der Kölner Boxmanager Hugo Abels spricht ihn an und nimmt ihn unter Vertrag. Schmeling wird Profi – anders, als er es einst dem Vater versprochen hatte.

Mit Abels betreibt er auch gemeinsam eine Eisfabrik, die der aber, als er gerade klamm ist, einfach verkauft. Für Schmeling bleibt nichts übrig. Auch boxerisch entwickelt sich Schmeling unter Abels nicht so, wie er es gerne hätte. Nach vier Siegen im Rheinland bzw. Ruhrgebiet – gegen Johann »Jean« Czapp, Willy van der Vyver, Willy Louis und Rocky Knight – verliert er in Berlin gegen Max Diekmann.

Die Welt des ganz großen Berufsboxens lernt Schmeling kennen, als 1925 Jack Dempsey, amtierender Schwergewichts-Weltmeister, im Rahmen einer Schaukampftournee in Köln aufkreuzt. Schmeling darf kurz gegen ihn boxen, und Dempsey lobt ihn, er könne es zu etwas bringen. Dass Dempsey alle seine Gegner mit diesem Spruch lobt, erfährt Schmeling erst später.

Als die Boxkarriere zu stocken beginnt, geht Schmeling wieder auf Wanderschaft. Und zwar so, wie er es vor seiner beruflichen Wanderschaft schon einmal kurz gemacht hatte: mit dem Rummel. Damals zog er mit einem Kraftathleten, bei dem er »Ketten zerreißen lernte, Hufeisen verbog und mit der bloßen Hand Nägel in Bretter drückte«, wie er in »Ich boxte mich durchs Leben« beschreibt.

Nun tingelt er für eine Weile mit einer Artistenfamilie durch die Lande, um deren Sohn im Boxen zu unterrichten. Wieder kann er sein Wissen anwenden, wie man etwa mit der bloßen Hand einen Nagel in ein Brett haut. »Das alles waren Tricks, die zu erlernen sind. Man muss diese Tricks nur anzuwenden wissen. Auch sie unterstehen physikalischen Gesetzen.« Und sie haben Auswirkungen auf die boxerische Entwicklung. »Eines jedoch glaube ich aus dieser Zeit profitiert zu haben«, sagt er: »Meine harte Rechte. Denn um einen Nagel mit der bloßen Hand in ein Brett zu treiben, musste mit ganzem Körpereinsatz, hinter dem das gesamte Körpergewicht lag, kerzengerade zugestoßen werden. So wie man beim Boxen eine ordentliche Rechte ebenfalls zu schlagen weiß.«

Seine Zeit auf dem Rummel ist nicht die erste harte Schule für seine rechte Faust. Als Jugendlicher hatte er sich mal mit einem rostigen Nagel in den Finger geritzt und sich so eine Blutvergiftung zugezogen. Zwei Jahre lang wurde der zwischenzeitlich steife Finger behandelt. »Bei einer notwendig gewordenen Operation glitt das Messer in die Hauptsehne«, schreibt er in einem Aufsatz zu dem Buch »Mein Elternhaus«. »Dadurch verkürzte sie sich, die Finger blieben krumm und steif.« Mit großer Energie musste er die Finger der rechten Hand trainieren, um sie wieder beweglich zu bekommen. Auch das ist Schule für die Rechte. Und auf seiner ersten Berufsstation, im Rohrbiegewerk, hat sich Schmeling ja die rechte Hand gründlich verbrannt. Sogar die nachfolgende Rehabilitation gehört zur nicht gerade planmäßigen Ausbildung der später so wichtig werdenden Rechten.

Nach seiner Rummelzeit kehrt Schmeling nach Köln ins Berufsboxerlager zurück und wird von Willi Fuchs betreut.

Spätestens mit dem Tod des Vaters nimmt Schmeling seinen neuen Beruf ernst. Er lässt seine Mutter und seine Schwester Edith nach Köln nachkommen. Gleichzeitig bekennt er, dass es ihm »finanziell nicht sehr gut« gehe. Und bald zieht er, obwohl doch Mutter und Schwester gerade von Hamburg nach Köln gekommen sind, nach Berlin. Rolf

Nürnberg, Autor des Buches »Max Schmeling – Geschichte einer Karriere« (1932), hält Schmelings Weggang aus Köln für eine Flucht und erwähnt dabei auch eine Freundin: »Schmeling war aus Köln weggelaufen, Verpflichtungen, Mutter, Freundin zurücklassend.« Er hätte keinen Plan für seine Zukunft gehabt, sei »mutlos« gewesen, schreibt Nürnberg. Einzig »nicht mehr das Lamento der Mutter, nicht mehr das öde Mädchen« ertragen zu müssen, sei seine Motivation.

Nürnberg, ein linksliberaler, jüdischer Sportjournalist zieht sich mit seinem Buch den lange Jahre anhaltenden Hass Schmelings und seiner Betreuer zu.

Arthur Bülow nimmt Schmeling in Berlin sofort unter Vertrag und schickt ihn zum Trainingslager nach Lanke in die Nähe von Berlin. Dort trainieren Richard Naujoks, damals deutscher Meister im Leichtgewicht, und Hermann Herse. Sie werden betreut von dem früheren Jockey Max Machon. Den kennt Schmeling bereits: 1925, als er sich gerade von seinem ersten Manager Hugo Abels trennte und bei einem Boxabend in Köln ohne Betreuer dasaß, war es Machon, der sich um ihn kümmerte. Damals soll er dem gerade 20-jährigen Schmeling prophezeit haben: »Aus Ihnen kann man etwas machen.« Doch auch nach Schmelings Ankunft in Berlin ist Machon für Schmeling zunächst nur Sekundant und Masseur, Trainer ist Bülow persönlich.

Durch die Boxerkolonie Lanke sieht Schmeling wieder eine Zukunft für sich. Er ist in einem körperlich guten Zustand, und als Paul Samson-Körner, damals schon 39-jähriger Pionier des deutschen Profiboxens, wegen Gewichtsproblemen seinen Meistertitel im Halbschwergewicht abgibt, um ins Schwergewicht zu wechseln, sorgt Schmelings einflussreicher neuer Manager dafür, dass der Kampf um den vakanten Titel am 24. August 1926 im Berliner Lunapark vor 4.000 Zuschauern zwischen Max Diekmann und Max Schmeling ausgetragen wird. Samson-Körner, ein Freund Bertolt Brechts, fungiert als Ringrichter.

Fast zwei Jahre vorher hat Schmeling gegen diesen Diekmann verloren, ebenfalls im Berliner Lunapark, und zwar für die »Butterbrot«-Gage von 180 Mark. Und im Februar 1926, also fünf Monate zuvor, lieferten die beiden sich ein Unentschieden. Für den Titelkampf erhält Schmeling schon 1.500 Mark, »für die damaligen Verhältnisse war das sehr viel Geld – meine bis dahin höchste Gage«. Der Vorbericht der

»Boxsport«, deren Herausgeber Schmelings neuer Manager Bülow noch eine Weile ist, liest sich wie das Programm, das der Manager für Schmeling formuliert hat: »Einer von beiden wird an diesem Tage das Erbe Samsons im Halbschwergewicht antreten, vielleicht gar den ersten Schritt dazu machen, einmal Samsons ganzes Erbe, das des Titelhalters auch in der Schwergewichtskategorie« anzutreten.

Schmeling strotzt nur so vor Selbstbewusstsein. »Es war keineswegs, wie für so viele andere, auch eine Überraschung für mich, als sich mein Gegner noch vor Ende der ersten Runde nicht mehr erheben konnte«, kommentiert er seinen K.o.-Sieg in der ersten Runde, »und ich damit die erste Stufe zum Erfolg erklommen hatte.«

Auch Manager Bülow kann es nicht lassen, seinen Triumph gegen die Kölner Konkurrenz auszukosten. »Schmeling war schon immer ein guter Mann, trotz seiner Jugend«, heißt es in der damals noch von ihm verantworteten »Boxsport«, »trotzdem er niemals in solchen Händen war, die das rechte Sentiment für den Stoff hatten, den er wirklich in sich trug.«

Bülow räumt für Schmeling den Weg frei, und boxerisch folgen Erfolge auf Erfolge: Von den folgenden neun Kämpfen gewinnt er alle, und nur ein Mal muss er über die Runden gehen. »Vielleicht in diesen Wochen nach dem Diekmann-Kampf formten sich Charakter und Denkart dieses Menschen«, schreibt Schmeling-Kritiker Nürnberg und urteilt streng: »Schmelings Kämpfe waren nicht eigentlich sensationell.« Zwar siegt er oft durch K.o., aber »wirkte dabei fast unbeholfen«. Ein anderer Kritiker schreibt, Schmeling boxe »wie ein Laternenpfahl«. In der »Arena« allerdings findet sich nach Schmelings Sieg über den früheren niederländischen Europameister Herman van't Hoff ein hübsches Lob: »Schmeling erwies sich als Boxer mit Kopf und sogar mit einem eigenen.« Die »Arena« ist ein Blatt, das, geleitet von Franz Höllering, sportbegeisterte Autoren wie Bertolt Brecht, Egon Erwin Kisch, Richard Hülsenbeck, Wieland Herzfelde oder John Heartfield versammelt.

Rolf Nürnberg bemüht für sein skeptisches Urteil auch die betriebswirtschaftlichen Bilanzen der Promoter: »Seine Kampfabende brachten keine großen Kassen.« Doch Nürnbergs Ansichten werden keineswegs von allen geteilt. »Nur zwei Namen sportlich vorbildlicher Lebensführung sollen zur Nacheiferung genannt werden«, schreibt etwa Hans Bötticher 1927 in der »Boxsport«: »Paul Samson-Körner und Max Schmeling, Samson-Körners Nachfolger.« Dieser Hans Bötticher, der da so lobt, ist Schriftsteller, besser bekannt unter seinem Pseudonym Joachim Ringelnatz.

Auch solches Lob wird Schmeling gezollt: »Da trieb sich einige Zeit, nachdem ich das Boxen angefangen hatte, in Deutschland ein schwarzhaariger Junge herum, der über so glänzende Nerven verfügte, wie man sie unter hunderttausend Menschen kaum einmal trifft«, heißt es bei Ludwig Haymann, damals noch Berufsboxer, später einer der führenden nationalsozialistischen Sportjournalisten. »Max Schmelings Blutmischung war eine so glückliche, dass wir froh sein dürften, wenn wir das Rezept dafür hätten.«

# »Echter Stoiker«

## Deutscher Meister mit europäischen Ambitionen (1927)

Beliebt ist Max Schmeling noch lange nicht, aber sportlich gibt es in Deutschland an ihm kein Vorbei mehr. Sein Management ist in einer starken Position. Am 19. Juni 1927 erhält er die Chance, erster deutscher Boxeuropameister zu werden. In der erst zwei Jahre zuvor errichteten Dortmunder Westfalenhalle kämpft er gegen den Belgier Fernand Delarge. Durch das Abkochen des Gewichts geschwächt – eigentlich drängt es den Halbschwergewichtler in die höchste Gewichtsklasse –, boxt Schmeling mal wieder unspektakulär, aber souverän, ohne dass das Publikum auf seine Kosten kommt. »Ich begann, ihn systematisch zu boxen und zu zermürben, um ihn für das Finish, zu dem ich in der elften Runde überging, fertig zu machen«, schreibt er selbst, und auch die »Boxsport« kommentiert, er habe den alten Titelhalter »systematisch zermürbt«.

Schmelings Sieg findet zu einem Zeitpunkt statt, als sich in Deutschland das Massenmedium Radio durchsetzt. »Ich glaube«, sagt Schmeling später in einem Interview, »es war der erste Boxkampf, der in Deutschland durch den Rundfunk übertragen wurde.« Auch wenn die Halle nicht ganz voll ist, gibt sich Schmeling zufrieden. »Eine Atmosphäre wie in der Westfalenhalle habe ich nicht mehr erlebt«, sagt er Jahre später. »Die strahlte so eine Wärme aus, nicht nur körperlich, sondern auch seelisch.«

Allerdings endet der Kampf mit einem Defizit von 12.000 Mark für den Westfalenhallen-Promoter André Picard. »Schmeling wirkte nicht als Attraktion«, gibt Nürnberg als Begründung und wundert sich: »Jetzt war das schon merkwürdig, denn er befand sich im schnellen Aufstieg.«

Schmeling genießt diesen Aufstieg. Er ist kein Unbekannter mehr, und er ahnt wohl auch, dass er bald kein Unbeliebter mehr sein wird.

Sportlich hat er jedenfalls alles in diese Richtung unternommen. Sein Manager reist mit Schmeling zusammen nach Paris und London, um internationale Kämpfe zu sehen und »um mir zu zeigen, wie die Weltklasse boxt«. Er schaut sich einen Titelkampf zwischen dem Weltmeister im Mittelgewicht, Mickey Walker (USA), und Tommy Milligan (Großbritannien) an. »Was ich dort zu sehen bekam«, bekennt er später, »hätte mir den Mut nehmen können.« Besonders von Walker ist Schmeling sehr beeindruckt. »Max, jetzt haben Sie einen Begriff vom Nahkampf bekommen«, sagt Bülow und erklärt ihm, wie sich ein Boxer dagegen wehren kann. »Ich war dadurch gleich im Klaren«, kommentiert Schmeling das Londoner Erlebnis, »was mir in Amerika blühen würde, wenn ich mich mit den Großen des Boxsports messen wollte.« Außerhalb des Rings macht er in London eine bemerkenswerte Erfahrung: seine optische Ähnlichkeit mit Jack Dempsey, dem legendären US-Boxer, damals Weltmeister im Schwergewicht und 1925 ja Schmelings Schaukampfgegner in Köln. Als Bülow und Schmeling die Halle betreten, um zu ihren Plätzen zu gehen, grüßt sie der Kontrolleur mit den Worten: »Pass by, Jack Dempsey!« So zumindest berichtet es Rolf Nürnberg.

Schmeling orientiert sich an den Größen des Geschäfts. Kaum, dass er Europameister ist, weigert er sich etwa, seinen Titel gegen den Schweizer Eugéne Alonzo, einen Schwarzen, der von dem Kölner Otto Weichhardt gemanagt wird, zu verteidigen. Das Angebot von 1.500 Mark für den Sieger, »welches in bar deponiert werden muss«, ist ihm zu niedrig.

Mittlerweile hat Schmeling seine Mutter und seine Schwester nach Berlin geholt. Am 20. Juli 1927 unternehmen die drei, begleitet von Schmelings Freund Paul Noack, einen Ausflug nach Eberswalde bei Berlin. Schmeling will seine Harley Davidson vorführen, die er sich gerade gekauft hat. Auf dem Sozius sitzt Edith Schmeling, 14 Jahre alt, im Beiwagen die Mutter, Noack fährt dahinter. Was dann passiert, schildert Rolf Nürnberg so: »Schon wieder eine Kurve. Er senkte das Tempo auf zwanzig Kilometer und gab nur für den Bogen selbst etwas Gas hinzu. Weit neigte sich das Schwesterchen zur Seite. Das hatte sie gelernt, so parierte man die Biegungen. Waagerecht streckte sie das Körperchen aus der Bahn, allzu waagerecht. Entsetzlich schnell war alles geschehen.

Sie lag auf der Chaussee, hatte das Motorrad mitgerissen. Schmeling und die Mutter waren rasch auf den Beinen, das Kind blieb liegen. Es rührte sich nicht. Der Kopf blutete, Chausseestein. Noack kam heran, sie betteten das Mädchen, das ohne Bewusstsein war, in den Beiwagen und fuhren ins Eberswalder Krankenhaus. Vierundzwanzig Stunden kämpfte das Kind mit dem Tode, sie war eine Schmeling, sie ergab sich nicht leicht. Aber der Schädel war gebrochen, die Lunge verletzt. Sie starb.«

Fünf Tage nach dem Tod der Schwester ist in Hamburg ein Kampf gegen den Amerikaner Jack Taylor angesetzt. »Ich bat Walter Rothenburg«, schreibt Schmeling in seinen »Erinnerungen« über den Promoter, »den Kampf zu verlegen. Aber obwohl alle, auch meine Gegner, Verständnis und Mitgefühl zeigten, erlaubten die Termine nur eine Verschiebung von vier Tagen. Unmittelbar nach der Beerdigung von Edith musste ich daher in den Ring.« Sein scharfer Kritiker Nürnberg nimmt ihm die vermeintlichen Sachzwänge nicht ab. »Berufserfüllung, Vertragstreue? Lebenstraining!«, schreibt er und spekuliert: »Wer noch keinen Toten gesehen hat, hat noch zu viel Angst, über Leichen zu gehen. Die kleine Schwester war das Opfer, damit er diese Angst überwand.«

Den Kampf gegen Jack Taylor gewinnt Schmeling nach Punkten – zwei Jahre zuvor hatte er in Köln noch gegen ihn verloren –, nur acht Tage später besiegt er den Niederländer Willem Westbroek in der ersten Runde durch K.o.

Schmelings eiserner Wille, sich nach oben zu boxen, beschert ihm Erfolge. Doch leicht ist das nicht. Hein Domgörgen aus Köln macht sich die damalige Regel, wonach ein deutscher Meister den Meister der nächst höheren Gewichtsklasse herausfordern darf, zunutze: Der Mittelgewichtler fordert den Halbschwergewichtler.

Weil sein damaliger Manager Willi Fuchs angeblich den Boxer Hein Domgörgen mehr als ihn unterstützte, war Schmeling ein Jahr zuvor aus Köln weggegangen. Domgörgens Herausforderung sorgt nun für eine »unangenehme Begegnung«, weiß Schmeling: »Für mich stand vieles auf dem Spiele.« Er würde im Falle einer Niederlage nämlich nicht nur seinen deutschen, sondern auch seinen Europameistertitel los und müsste wieder von vorne anfangen, gute Gegner und hohe Börsen zu bekommen. Und Domgörgen ist gut. Niemand hat »ein so reichhaltiges, umfassendes Können«, lobt ihn die »Boxsport«, kein »Diener, Breitensträter, Wagener, Samson, Schmeling«.

Das erste Fernduell hat Schmeling gegen Domgörgen immerhin gewonnen: Schmeling ist der erste deutsche Europameister, Domgörgen verlor seinen Anlauf im März 1926 auf den Mittelgewichtstitel gegen den Belgier Rienus DeVos in Berlin.

Und nun dies. Vom »Kampf, der von der gesamten Presse als Unfug bezeichnet wurde«, schreibt Schmeling in »Meine Kämpfe – Mein Leben«, aber das entspricht nicht ganz den Tatsachen. Schmeling will einfach nicht gegen Domgörgen antreten. Um ein letztes Hintertürchen zu haben, hat er die Vertragsstrafe, falls er Übergewicht haben sollte, auf niedrige 1.000 Mark gedrückt. Dass »Schmeling die Titel als deutscher und Europameister nicht mehr als 1.000 Mark wert sind«, kommentiert die mittlerweile von Arthur Bülow emanzipierte »Boxsport« hämisch und befürchtet, dass Schmeling sich nicht stellen wird.

Schmelings Management unternimmt in der Tat einiges, um den Kampf zu verhindern. Manager Bülow und der mit Schmeling verbandelte Promoter Paul Damski geben ein zu niedriges Angebot ab, weil sie glauben, dass die Boxbehörde dafür den Kampf absagt. Und als ein anderer Promoter, Martin Koslowski, zuschlägt, protestiert Bülow beim Verband, um den Kampf zu verhindern. Damit Bülow und Schmeling nicht im letzten Moment abspringen, schlägt Domgörgens Manager Willi Fuchs sogar vor, dass der Sieger die gesamte Börse erhält und der Verlierer nichts. Das sorgt für öffentlichen Druck, Schmeling nimmt an. Austragungsort wird Leipzig mit seiner einen Monat zuvor fertig gestellten Halle namens Achilleion.

Nicht nur, dass Schmeling und Domgörgen sich erkennbar gegenseitig hassen, sie sind auch in der deutschen Öffentlichkeit nicht beliebt. Mit der Popularität von Kämpfern wie dem »blonden Hans« Breitensträter oder »Baule« Samson-Körner können sich die beiden nicht messen. Schmeling bezeichnet in einem Aufsatz aus dem Jahr 1928 Domgörgen zwar als »meinen früheren Lehrmeister«, aber in Wirklichkeit hasst er diesen schlanken Kerl, der technisch so perfekt boxt.

Um beim Publikum Punkte zu sammeln, tritt Schmeling am 8. Oktober 1927 bei der Eröffnung des Achilleion auf, um den Startschuss für ein Radrennen zu geben. Sein Manager Bülow lässt sich derweil auf einen Kleinkrieg mit Willi Fuchs ein, ob der Ring fünf-mal-fünf oder sechs-mal-sechs Meter groß sein soll. Der schwerere und schlagkräftigere Schmeling will den kleineren, der schnellere und gewandtere Domgörgen den größeren Ring.

Die Öffentlichkeit verfolgt den Streit der beiden mit großem Interesse. »Max Schmeling hat sein Können hauptsächlich Domgörgen zu verdanken«, lässt der Kölner Willi Fuchs verlauten, »und hat meiner Ansicht nach keine ernstlichen Chancen gegen Domgörgen.« Schmeling wiederum lässt die Öffentlichkeit wissen, dass er gar keinen Gedanken daran verschwände, dass er diesen Kampf auch verlieren könne.

Der Kampf verläuft zunächst nicht zugunsten Schmelings. Domgörgen trifft oft im Nahkampf, Schmeling kann zwar einige wirkungsvolle Haken setzen, aber seine stärkste Waffe, die starke Rechte, kann er partout nicht abschießen. Domgörgens Angriffe lassen Schmelings Auge anschwellen, und die Runden gehen immer klarer an den Herausforderer. »Niemand von all den Leuten bedachte«, schreibt Ludwig Haymann, »dass Max Schmeling ein echter Stoiker war und was das bedeutet.« Plötzlich sieht Schmeling eine Lücke in Domgörgens Deckung, schlägt eine Gerade, die Domgörgens Halsschlagader trifft. K.o. Der Ringrichter Paul Samson-Körner zählt, aber Domgörgen kommt nicht wieder hoch. Schmelings Gesichtszüge, glaubt man einem voreingenommenen Beobachter wie etwa Rolf Nürnberg, präsentieren sich hassverzerrt. »Ein Tier verschlang mit seinem Blick das niedergeschlagene Opfer.«

Ein Autor wie Hans Leip passt im Jahr 1935 Domgörgens Niederlage in das Weltbild vom arischen Boxen ein: »Die Materie war stärker gewesen als der Geist. Und denoch, es war nicht nur die rohe Kraft, die gesiegt hatte. Man musste erkennen, Max Schmeling hatte seine eigene eiskalte Mischung aus Stoff und Geist.«

In diesem Kampf zeigt sich erstmals der sehr eigene und sehr effektive Stil Schmelings zu boxen. Er gilt als Konterboxer, also als einer, der aus einer sicheren Deckung heraus kämpft. Und er gilt als Spätstarter, der in den ersten Runden eher schwach aussieht, weil er sich noch auf seinen Gegner einstellen muss. Schmeling wird oft nachgesagt, er komponiere gleichsam seine Kämpfe von Beginn bis zum Ende durch, jede

Runde erfülle ihre bestimmte Funktion für das letztliche Ziel, Sieger zu sein. Schmelings stärkste boxerische Waffe ist seine Rechte. Die kann er mit einem ungeheuren Punch schlagen – vor allem als Gerade und als Cross. Seine Rechte gehört zu den stärksten zumindest im damaligen Profigeschäft, vielleicht auch in der gesamten Boxgeschichte. Auf diese Rechte kann Schmeling auch dann noch vertrauen, wenn ein Kampf, wie etwa der gegen Domgörgen, nicht zu seinen Gunsten verläuft.

Schmeling schreibt in »Mein Leben – Meine Kämpfe« etwas arrogant über den Leipziger Kampf, »dass Domgörgen eigentlich schon in der ersten Runde fertig war. Immerhin dauerte es noch bis zur siebten Runde, ehe der Kölner das ›Aus‹ über sich ergehen lassen musste.« Mit den Jahren wird Schmeling gegenüber Domgörgen aber gelassener. Jahrzehnte später gesteht er »eine gewisse persönliche Rivalität« ein und ist sich nicht mehr sicher, ob Manager Fuchs damals in Köln wirklich den Mittelgewichtler bevorzugt hat. »Ich bildete es mir jedenfalls ein, wie sich eben ehrgeizige junge Menschen, denen nicht gleich alles nach eigenem Willen geht, schnell etwas einbilden.«

Domgörgen hingegen kommentiert die erste K.o.-Niederlage seines Lebens noch an gleichem Abend sehr präzise: »Mensch, hat der mich vielleicht getroffen.«

Dass Schmeling sich trotz erkennbaren Unwillens auf dieses Hassduell eingelassen und dass er es sogar gewonnen hat, verhilft ihm zu etwas, das er bislang kaum kennt, aber doch so sehr anstrebt. »Mehr noch als der Europameistertitel«, schreibt Arno Hellmis rückblickend, »hatte ihn die Leipziger Sensation populär gemacht.« Schmeling ist nun in Deutschland beliebt. Es war die nötige Vorarbeit für späteren Ruhm.

# »Paganini, Mussolini«

## Als Halbschwergewichtler in der europäischen Spitze (1928)

Nicht erst sein K.o.-Sieg über Joe Louis im Jahr 1936 macht aus Max Schmeling ein politisches Symbol. Schon in den zwanziger Jahren taugt er zu einer anderen politischen Symbolik, nämlich für die Demokratie. »Als er den damaligen, von Mussolini persönlich ermunterten italienisch-faschistischen Europameister besiegt hatte«, erinnert sich der Schauspieler und Regisseur Fritz Kortner an das Jahr 1928, »mutete uns das wie ein Sieg der Demokratie über den Faschismus an.«

Zwar liegt Kortner falsch mit seiner Vermutung, Michele Bonaglia, den Schmeling an diesem 6. Januar 1928 schlägt, sei der Europameister. Das ist Schmeling, aber die falsche Titelzuordnung entwertet Kortners Beobachtung nicht. Der Italiener gilt als Günstling des italienischen Diktators Benito Mussolini. Schmeling verteidigt gegen ihn im Berliner Sportpalast seinen Europameistertitel im Halbschwergewicht zum zweiten Mal erfolgreich (K.o. in der ersten Runde). Die meisten der 8.000 Zuschauer stehen auf und singen das Deutschlandlied, was nicht nur Kortner damals als Demonstration für die Demokratie versteht. Eine Gruppe junger Leute skandiert: »Es lebe Paganini, nieder mit Mussolini!« Dem Fachblatt »Boxsport« fällt die für 1928 gleichermaßen unschuldige wie ungewöhnliche Formulierung von »Schmelings Blitzsieg« ein.

Schmeling selbst wird nach dem Kampf der Satz nachgesagt: »Ich habe gegen Bonaglia geboxt und nicht gegen seine Freunde.«

Der Sportjournalist Rolf Nürnberg hält den Bonaglia-Kampf für »eine der größten Sensationen des Landes«. Die Menschen im Sportpalast hätten an jenem Abend »Alltag und Sorgen, Krise und Börse vergessen, Tausende überrennen die vorderen Reihen, Stühle werden niedergetreten, Frauen kreischen auf, einige springen in den Ring hinein. Aus dem Lärmen entsteht ein Beifallsrasen, wie man es seit Jahren nicht gehört. Und in all dem Tohuwabohu steht der, dem es gilt, plötzlich ein wenig hilflos und sehr glücklich, steht da, und die Spannung, die er angesammelt für fünfzehn Runden, löst sich.« In jener Nacht, so Nürnberg, »war Schmeling Deutschlands Sportheros geworden. Die Unfairness des Italieners, die Abstrafung, die der durch den K.o. erhalten hatte, alles das trug dazu bei, diesem sensationellen Sieg eine besondere Tragweite zu geben. Schmeling wurde der Held der Berliner Gesellschaft.«

Dem Heros selbst ist das recht, darauf hat er ja hingearbeitet. »Man hat es hundertmal geschrieben«, meldet sich Schmeling in einem wissenschaftlichen Sammelband zum Thema »Der erfolgreiche Mensch« (1928) zu Wort, »dass unsere moderne Gegenwart ein ›neues Körpergefühl‹ besitzt.« Daher müssten »wir heute wieder die Leistung des Sportsmannes in den Vordergrund stellen«. Schmeling argumentiert bemerkenswert unbescheiden, dass die Neubewertung des Sports »in Deutschland vor allem dem Boxsport zu verdanken ist«. Denn: »Der große Boxer scheint mir weit mehr als Persönlichkeit, als Individualität in das Bewusstsein der Massen einzudringen.« Wesentlich mehr als die Athleten anderer Sportarten. »Auch innerhalb der Sportgemeinde« sei es unstrittig, dass der Boxer eine besondere Stellung einnehme, und das »scheint mir durchaus begründet«, denn, so heißt es weiter in Schmelings Buchaufsatz: »Das Boxen ist Kampf, ist technisch vollkommenster, geistig durchdachter, von der ganzen Persönlichkeit getragener Kampf. Darum wird er in unvergleichlich stärkerem Maße Erlebnis für den Zuschauer. Der Zuschauer weiß auch aus eigenem Augenschein, dass unendlich viel dazu gehört, um in diesem ganz einzigartigen Kampf des Boxens Erfolg zu haben.«

Kurt Tucholsky lässt 1930 in einer Kurzgeschichte »einen älteren leicht besoffenen Herrn« die gesellschaftliche Stellung, die der junge Boxer innehatte, so beschreiben: »›Wir brauchen einen Diktator wie Maxe Schmeling oder unsan Eckner‹, sahre ick.« Der neben dem Boxer noch für dieses Amt in Frage Kommende war Hugo Eckener, der 1924 erstmals mit einem Zeppelin den Atlantik überquert hatte. »›Nieda mit den Milletär!‹, sahre ick, ›un hoch mit de Reichswehr!‹ (…) Ick sahre: ›Der Reichstach muß uffjelöst wern, das Volk muß rejiern, denn alle Rechte jehn vom Volke aus. Na, un wenn eener ausjejang is, denn kommt a ja sobald nich wieda!‹, sahre ick. ›Wir brauchen eine Zoffjett-Republik mit ein unumschränkten Offsier an die Spitze‹, sahre ick. ›Und in diesen Sinne werk ick wähln.‹« Tucholsky präsentiert sehr weitschauend im Jahr 1930 den Boxhelden als Folie, auf die alles interpretiert werden kann.

Schmeling ist erfolgreich, und er will seinen Erfolg genießen. Als Ausgleich entdeckt er die Jagd als neue Leidenschaft. 1928 legt er die Jagdprüfung ab. Von etlichen Größen der deutschen Gesellschaft wird er nun des Öfteren zur Jagd eingeladen, was ihm im späteren Leben noch zu Hilfe kommen wird.

Der Name Schmeling ist präsent in der Öffentlichkeit. 1928, nur wenige Monate nach seiner EM-Verteidigung gegen den Italiener Bonaglia, tritt Schmeling gegen den Deutschen Franz Diener an. »Für den deutschen Boxsport ist diese nationale Begegnung auf lange Zeit ›das große Ereignis‹«, schreibt das Fachblatt »Boxsport« im Vorbericht zu diesem 4. April 1928, »und selbst ein Kampf irgendeines populären deutschen Meisters mit einem Ausländer – sei es auch um eine Europameisterschaft – wird nicht so viel Widerhall in den Herzen des Publikums finden wie gerade diese Paarung.«

Schmeling geht, zumindest was die öffentliche Wahrnehmung betrifft, angeschlagen in den Kampf. Am 26. Februar 1928 ist er in Frankfurt/Main gegen den Engländer Gipsy Daniels in der ersten Runde k.o. gegangen, dabei sollte der doch nur ein Aufbaugegner für den gerade mit dem Diener-Kampf erstmals eine Gewichtsklasse nach oben wechselnden Schmeling sein. Franz Diener war im Oktober 1927 gegen Rudi Wagener deutscher Schwergewichtsmeister geworden. Drei Monate vor der Niederlage hatte Schmeling den Engländer, der sich wegen seiner Sinti-Herkunft »Gipsy« nennt, noch geschlagen. In seinem Buchaufsatz »Der Weg des Sporthelden« beschreibt Schmeling, wie er »am eigenen Leibe (hat) erfahren müssen, dass eine unvorsichtige Wendung genügt, um geschlagen zu werden«. Es ist zwar nicht seine erste K.o.-Niederlage – zwei hat es zuvor schon gegeben, da war er jedoch auch verletzt gewesen –, aber diese erwischt ihn zu einem sehr ungünstigen Zeitpunkt.

Auf Franz Diener bereitet sich Schmeling gründlich, beinahe wissenschaftlich vor. Einen weiteren Vorbereitungskampf, am 10. März

1928 in Dortmund gegen den Engländer Ted Moore, gewinnt er in zehn Runden nach Punkten. Außerdem geht sein Trainer Max Machon »alle vorhandenen Kampffilme Dieners mit mir Phase für Phase durch«. Die Schläge, Schritte, Meidbewegungen, alles wird in einzelne, möglichst kleine Schritte zergliedert, jeder Teilschritt auf seine Effizienz hin analysiert. In den Sport hält Einzug, was in der Industrie Taylorismus oder Fordismus heißt. Dieser »Sporttaylorismus«, wie er in der Arbeitersportbewegung kritisch genannt wird, sollte Schmeling später häufiger zugute kommen.

Die Vorbereitung verläuft übrigens bei Schmelings Gegner Diener genauso. In seinen Erinnerungen »Mein Weg« (1928) schildert Diener, »dass es mir nützlich ist und dass ich etwas lerne, wenn ich die neuen Filme der großen Meisterschaftskämpfe wiederholt betrachte. Der Film bietet ja wenigen Berufen so viel wie uns.« Und weiter: »Ich halte es für möglich, dass später diese Filme in großen Sammlungen zusammengestellt und unter vielfacher Anwendung von Zeitlupe und Zeitraffer dem Boxstudium dienen.« Auch das Fachblatt »Boxsport« weiß: »Moderne Boxer halten sich ein kleines Archiv von Flimmer-Chroniken der Kämpfe bekannter Konkurrenten.«

An Franz Diener muss Schmeling vorbei, denn der hat Schmeling zweierlei voraus: Er hat schon in den USA geboxt. Und obwohl Diener enge Kontakte zu rechtsextremen Kreisen unterhält, gilt er als Symbol und Liebling der eher linksliberalen Künstlerszene der Weimarer Republik. Auch Diener ist, wie Schmeling im Januar 1928 gegen Bonaglia und 1936 gegen Louis, als Boxer ein Symbol – auf eine Art, die mit ihm und seinem Leben und seinem Denken nichts zu tun hat. Dass die Berliner Boheme Diener anhimmelt, wie sie es später auch mit Schmeling tut, hat damit zu tun, dass sie in dem Boxer nur ein körperliches, wohl auch ein sexuelles Symbol erblickt.

Franz Diener, der aus dem thüringischen Bibra stammt und dort Metzger lernte, ging nach seiner Münchner Zeit nach Duisburg zum Boxen, wo er als Amateur auf Ludwig Haymann traf, den er noch aus der gemeinsamen Zeit im Freikorps kennt. Diesen Amateurkampf verliert Diener. In seinem Buch »Mein Weg« schreibt er darüber: »Ein Wendepunkt wurde der Kampf mit Haymann, er blieb überlegen, aber das war nicht das Wesentliche. Er war der ältere Boxer, auch schwerer, aber auch das war nicht das Wesentlichste. Er war keine Naturkraft, gegen die man nicht ankam, und er war auch kein König der Technik. Aber warum hat Haymann als Boxer so stark auf mich gewirkt? Ich hatte das Gefühl, das ist eine Persönlichkeit, die ernst und fleißig an sich arbeitet, er wird seine Wege wandeln, und wenn die Jahre rollen, wird er immer wieder ein Mann und ein ganzer Mann im deutschen Ring sein. Unser Wesen, unser Streben und unsere Weltanschauung ist grundverschieden.«

Wie grund- oder nicht so ganz grundverschieden die Weltanschauung ist, muss im Dunkeln bleiben. Jedenfalls tritt Diener in den dreißiger Jahren in die NSDAP ein, in der auch Haymann seine ideologische Heimat sieht.

Im April 1924 wird Diener Profi, sein Trainer und Manager ist der Türke Sabri Mahir. Der war in den Anfangsjahren des deutschen Berufsboxens als »der schreckliche Türke« eine Schauboxattraktion gewesen und hatte sich später in der Berliner City nahe dem Kurfürstendamm ein »Studio für Boxen und Leibeszucht« eingerichtet, in dem er nicht nur Diener und einige andere Profis trainierte, sondern wo er auch Frauenboxen anbot, an dem Leni Riefenstahl, Marlene Dietrich und andere bekannte Frauen der zwanziger Jahre teilnahmen. Berühmt ist Mahir auch durch seine Teestunden, ein Abendvergnügen der besonderen Art, zu dem sich die Berliner Boheme gerne in seinem Studio einfindet. Der Schriftsteller Güney Dal widmet diesen »Teestunden am Ring« einen Roman (1999). Angeblich bringen in Sabri Mahirs Studio Diener und Schmeling gemeinsam der Schauspielerin Carola Neher, Ehefrau des Dichters Klabund, das Boxen bei.

Bereits 1926 ist Diener als frischgebackener deutscher Schwergewichtsmeister gemeinsam mit Sabri Mahir in die USA gegangen. Zunächst hat Diener in Long Island am 14. September gegen Bud Gorman nach Punkten verloren, aber am 8. Oktober gewinnt er im Madison Square Garden in New York über den Dänen Knute Hansen. Der gilt, bis zu dieser Niederlage, als möglicher Herausforderer des neuen Weltmeisters Gene Tunney, der im September 1926 den legendären Jack Dempsey besiegte. Und hätte Diener gegen seinen nächsten Gegner, Jim Maloney, im Madison Square Garden gesiegt, hätte er wohl einen WM-Kampf gegen diesen Gene Tunney erhalten.

Sabri Mahir bereitet Diener gut auf Maloney vor, was aber dann geschieht, schildert Rolf Nürnberg so: »Drei Tage vor dem Kampfe hörte er mit dem Training auf. Undenkbar, dass Maloney diesen Mann sollte schlagen können. Achtundvierzig Stunden vor der Begegnung ging Sabri Mahir ins Schlafzimmer von Diener, um ihm ›Gute Nacht!‹ zu sagen. Das Zimmer war leer. Sabri wurde bleich. Er dachte an Dempsey, er dachte an die hohe Börse. Er suchte Diener, fand ihn nach Stunden im New Yorker Eispalast, an seiner Seite ein hübsches Mädel. Am nächsten Tage, vierundzwanzig Stunden vor dem Kampf, hatte Diener eine schwere Erkältung, und am 2. Dezember besiegte ihn Maloney ohne große Schwierigkeiten.«

Der deutsche Boxexperte Josef Machalewski urteilt 1927 nachsichtiger: »Große Hoffnungen ruhten auf Franz Diener, der seinerzeit mit ›vollen Segeln‹ über den großen Teich fuhr. Es ist nicht seine Schuld, dass diese Hoffnungen nicht realisiert wurden. Diener wurde ›übermatcht‹, d.h. zu schnell vor zu schwere Aufgaben gestellt.« Zwei Schuldige macht Machalewski aus: Dieners Trainer Mahir und den amerikanischen Promoter Tex Rickard, zuständig für den großen Madison Square Garden. »Ich kann es nicht begreifen, dass ein so erfahrener Mann wie der Türke Sabri Mahir den Fehler begehen konnte, sich den Agenten Rickards für ihre Reklamesuche nach dem ›logischen‹ Gegner für Tunney zur Verfügung zu stellen.«

Für seine Kritik, niedergeschrieben in dem Buch »Boxen – der Weltsport. Geschichte und Entwicklung, Veranlagung und Rassenfrage, Körperkultur, Charakterbildung und Boxsport«, wählt sich Machalewski das originelle Pseudonym »Kosmopolit«.

Franz Diener ist, unabhängig davon, ob er selbst sich beim Flirten im Eispalast verkühlte oder von Sabri Mahir wegen der amerikanischen Reklamesitten überfordert wurde, ein Liebling in der Berliner Literatenszene. Die kümmert sich auch nicht um die Freikorps- und SA-Neigungen ihres Lieblings. Der Mann, der beinahe erster deutscher Boxweltmeister geworden wäre, schreibt beispielsweise für die »Arena« Korrespondenzen aus Amerika.

Beides, das Abenteuer Amerika und die Freundschaft mit Künstlern, also ein hohes soziales Renommee, hat Max Schmeling, drei Jahre jünger als Franz Diener, noch vor sich. Aber dass er beides braucht, weiß der 22-Jährige schon jetzt. »Was ich in Europa erreichen konnte, hatte ich erreicht, und schon damals beschäftigte mich öfter der Gedanke, mein Heil auch einmal in Amerika zu versuchen«, schreibt er über das Jahr 1928 in »Mein Leben – Meine Kämpfe«. Schließlich gilt auch ihm Amerika als das »Dollarland«.

Experte Machalewski hält boxerisch nicht so viel von Diener: »Dafür ruhen die Hoffnungen der deutschen Sportgemeinde auf Schmeling, in dem hervorragendes Material steckt und der bei geschickter Führung und häufiger Kampfgelegenheit evtl. eine internationale Rolle spielen kann.« Warum das so ist, weiß Machalewski aber auch: »Diese Eigenschaften werden zum Teil durch Unterschied der Rassen beeinflusst.« Hier bewegt er sich von Schmeling weg und wird allgemein theoretisch. Gelobt wird bei ihm »der Jude«, denn »der angeborene Ernst und besondere Hirnqualitäten machen den Juden zu einem besonders geeigneten Vertreter der Boxkunst«. Was judenfeindlich erscheint, ist bei Machalewski nett und keineswegs antisemitisch gemeint. »Anders verhält es sich mit dem Neger«, von dem Machalewski boxerisch nicht so viel hält. Aber, und auch hier zeigt sich das Gutgemeinte: »Der Neger ist ebenso Mensch wie der Weiße. Der Neger hat ebenso Anspruch auf Anerkennung seiner Menschenwürde wie der Weiße.«

Ob es um das Symbol der demokratischen Republik, Max Schmeling, oder den Vertreter des Faschismus, Michele Bonaglia, geht, um die aus Freikorps kommenden Boxer Franz Diener und Ludwig Haymann oder um die Diskussion darum, wie Juden und Schwarze eigentlich kämpfen – das Boxen ist ein sehr genaues Abbild der Gesellschaft in der Weimarer Republik.

# »Hirn gegen Hirn«

## Deutscher Schwergewichtsmeister und Liebling der Boheme (1928)

Schmelings unter den Klängen des Deutschlandliedes gefeierte erfolgreiche Verteidigung seiner Europameisterschaft ist für ihn der Initiationsritus in die Zirkel der Berliner Intellektuellen. Nach diesem EM-Kampf gegen Bonaglia ist Schmeling bei dem Galeristen Alfred Flechtheim eingeladen. Die Bedeutung dieser Einladung beschreibt Schmeling in seinen »Erinnerungen« so: »Es war der Eintritt in die Welt.« An diesem Abend lernt er Josef von Sternberg, George Grosz und Heinrich Mann kennen. Auch Fritz Kortner, der in ihm das Symbol der Demokratie erblickte, begegnet er an diesem Abend zum ersten Mal. »Jetzt begann ich Klassiker zu lesen, ins Theater zu gehen und Film-Uraufführungen zu besuchen«, schreibt er in seinen »Erinnerungen«, »auch las ich nicht mehr nur den Sportteil der Zeitungen, hörte zu, über welche Bücher man sprach und kaufte sie.«

Thomas Mann notiert: »Was Max Schmeling betrifft, von dem Fiori eine schöne Statue gemacht hat, so ist er mit vielen Schriftstellern und Künstlern befreundet, zum Beispiel mit George Grosz.« Manns Tochter Erika bemerkt 1931, übrigens in einer Lobeshymne auf die Firma Ford, die Kotflügel ihres Autos erinnerten sie an die »geschmeidige Härte eines Max Schmeling«.

Schmeling, der nie einen Tropfen Alkohol zu sich nimmt, verkehrt nun regelmäßig im Romanischen Café gegenüber der Berliner Gedächtniskirche. Das ist einer der beliebtesten Künstler- und Journalistentreffpunkte. Der Boxer Paul Samson-Körner gibt 1930 in einer Prominentenumfrage an, warum er sich dort so gerne niederlässt: »Der eifrige Kaffeehausbesucher spart enorm viel! Und zwar all das viele Geld, was er sonst für die Zeitungen ausgeben müsste, die dort selbst zu der bescheidensten Tasse Kaffee gratis zur Verfügung stehen. Und die Beschäftigung mit den Journalisten ist mindestens so unterhaltsam, oft unterhaltsamer als das Gespräch mit einem Zufallskameraden. Man sieht, es bietet viel, wie sollten wir das Café entbehren können?«

Fritz Kortner nimmt bei Schmeling sogar Boxstunden. Der berichtet in seinen »Erinnerungen«, was der Schauspieler und Regisseur übers Boxen sagte: »Das Boxen ist gar kein Sport! Es ist Lebenskampf, auf ein Dutzend Runden zusammengedrängt.«

Schmeling ist interessant. Flechtheim, sein Förderer, ist Mitherausgeber der Zeitschrift »Querschnitt«, die im Untertitel »Magazin für Kunst, Literatur und Boxsport« heißt. Es verspricht seinen Lesern eine »wundervolle Mischung aus Scherz und Ernst, Kunst und Boxsport, Autobiografie und Anpflaumerei, Film, Kitsch, Tanz, Reklame«. Der Galerist Flechtheim ist in den zwanziger Jahren »ein wahrer Zivilisationsspiegel« (George Grosz), ihm ist die Kunst so wichtig wie die großen Boxereignisse, die er im »Querschnitt« manchmal persönlich analysiert. 1921 führte er Hans Breitensträter, den »blonden Hans«, in die Gesellschaft ein, 1928 Max Schmeling. »Alfred Flechtheim verfolgte das Ziel, Maler, Grafiker und Bildhauer nicht schlechthin als Zuschauer bei Boxveranstaltungen zu treffen«, schreibt der Kulturwissenschaftler Günter Witt, »sondern sie für die bild-künstlerische Gestaltung dieses Themas zu gewinnen.«

Von Schmeling ist das Zitat kolportiert: »Wenn ich Maler wäre, möchte ich in Flechtheims Stall sein.« Auf Vermittlung von Flechtheim schafft der Bildhauer Rudolf Belling 1929 die Bronzefigur »Boxer Schmeling«, von Ernesto de Fiori kommt 1928 in gebranntem Ton die Plastik »Max Schmeling«, und auch die Bildhauerin Renee Sintenis schafft eine Kleinplastik, die Schmeling als Kämpfer zeigt. Der Maler Rudolf Großmann fertigt 1929 eine Lithographie »Max Schmeling« an, und George Grosz porträtiert ihn 1926 in einem Ölgemälde. »Mir geht gerade durch den Kopf«, gibt Schmeling Grosz' beim Malen geäußerte Gedanken wieder, »dass Boxer und Maler ja zumindest eine Eigenschaft gemeinsam haben: Beide müssen einen Unbekannten, einen ihn fremd gegenübertretenden Menschen auf den ersten Blick taxieren können. Was ist das für ein Mann, wie sieht sein Leben aus, was mag er für einen Charakter haben? Ich muss ein Bild geben können, Sie müssen seine Kampfesweise voraussehen oder doch einschätzen können.« Von Rudolf Belling stammt diese Einschätzung Schmelings: »Sie sind, ohne dass Sie das begriffen haben, viel mehr als ein erfolgreicher Sportler.«

Nach dem Bonaglia-Kampf lernt Schmeling auch Sepp Herberger kennen, den späteren Reichs- und Bundestrainer im Fußball, mit dem sofort eine bis zu Herbergers Tod 1977 andauernde Freundschaft beginnt.

1928, in seinem Beitrag zu »Der erfolgreiche Mensch«, kann Schmeling zufrieden seinen Aufstieg in die bessere Gesellschaft bilanzieren: »Es ist noch nicht lange her, dass man die Sportsleute und ihre Leistungen vergaß, wenn es galt, irgendeine allgemeine Zeitfrage zu beantworten. Heute ist eine Darstellung der Gegenwart unmöglich, wenn sich auf dem Gemälde nicht auch das Porträt des Sportsmannes befindet.«

Das Programmheft für den Kampfabend um die deutsche Meisterschaft zwischen Schmeling und Diener dokumentiert auf wunderbare Weise die Boxbegeisterung der damaligen Zeit. Theaterintendant Leopold Jeßner lobt darin das Boxen, »weil die Bewegung an sich immer etwas Lebendiges bedeutet«. Theaterkritiker Herbert Jhering antwortet auf die Frage, was er vom Boxen halte: »So viel, dass jede Rundfrage überflüssig ist«, während Schauspieler Werner Krauß eine unwirsche Antwort in Satz geben lässt: »Seien Sie mir nicht böse, aber ich weiß wirklich nicht, wie ich Ihre Frage beantworten soll. Ich bin grade so müde und denkfaul.« Von dem Dramatiker Carl Zuckmayer gibt es einen Dreizeiler: »Boxen: Der prachtvollste, fairste Kampfsport / Der Kampf über den Klassen und Massen / Das heroische Ideal des Kampfes: Mann gegen Mann.«

Der Reporter Egon Erwin Kisch bemüht sich, die Attraktivität des Boxens besser zu verstehen: »Alle anderen Sports bedürfen eines Hilfsmittels – eines Balles, eines Säbels, eines Rackets, eines Schlittschuhs oder dergleichen. Beim Boxen steht Hirn gegen Hirn, Arm gegen Arm, Faust gegen Faust, Körper gegen Körper. Darum ist Boxen die logischste und natürlichste Art des Kampfes.« Der Schriftsteller und Kritiker Kurt Pinthus vergleicht den Boxring mit Schillers Verständnis des Theaters als moralischer Anstalt, der Dichter Max Herrmann-Neisse liefert ein Gedicht ab, in dem sich »der Schmeling« auf »Jürgen Fehling« reimt, auf einen damals sehr bekannten Schauspieler.

Der Theatermann Moriz Seeler, damals Leiter der »Jungen Bühne«, findet einen anderen Vergleich: »Ein guter Boxkampf ist interessanter, lebendiger, menschenwürdiger als neun Zehntel der zeitgenössischen Literatur von Thomas Mann bis Klaus Mann; das besagt nicht so sehr etwas für das Boxen wie gegen diese Literatur.«

Auch so unterschiedliche Autoren wie der Dramatiker Arnolt Bronnen, der Conférencier Paul Morgan, der Kommandeur der Schutzpolizei, Oberst Heimannsberg, der Schriftsteller Leo Lania, der Polizeivizepräsident Dr. Weiß, der Drehbuchautor Charlie Roellinghoff, Emil Faktor vom »Berliner Börsen-Courier« und Walter Steinthal vom »12-Uhr-Blatt«, die Schauspieler Willi Schäffers und Curt Bois (»Boxe, wie Du, wenn Du's könntest, / Wünschen wirst, geboxt zu haben«) melden sich in dem bemerkenswerten Heft zu Wort.

Auch dies findet sich darin: Eine Autorin namens Ilse Muth weiß: »Von anderen Kartenspielen unterscheidet sich das Boxen auch dadurch, dass hierbei wichtig ist, wer in der entscheidenden Runde richtig gibt.« Und die Schauspielerin Trude Hesterberg plädiert dafür, dass Boxen ein »ausgesprochener Männersport« bleibt, denn »ich finde es unästhetisch, wenn eine Frau mit armdicken Muskeln herumläuft«.

Die Boxer fehlen in dem großartigen Programmheft auch nicht: Der Federgewichtler Paul Noack verweist darauf, dass er schließlich »durch Boxen meinen Lebensunterhalt« verdient, der Leichtgewichtler Paul Czirson lobt, dass »Boxen als Gymnastik die beste Körperkultur« sei, und Ludwig Haymann, Schwergewichtsprofi und schon in den zwanziger Jahren überzeugter Nationalsozialist, schreibt: »Vom Boxen halte ich alles«, nämlich: »Ein starkes und hartes Geschlecht wird heranwachsen, allen und sich selbst zum Nutzen.«

Sabri Mahir, der Trainer von Franz Diener, lobt, dass das Boxen »alle männlichen Tugenden erfordert: Intelligenz und Gelenkigkeit, Schnelligkeit und verbissene Ausdauer, Urteilskraft und Geistesgegenwart, Temperament und Kaltblütigkeit und das alles vereint in einem Körper von geschlossener Harmonie, geleitet von einer höheren Kraft, einem beherrschenden Geist.«

Sein Schützling Franz Diener formuliert es kürzer: »Boxen ist sehr schön, wenn bloß dabei die Schlägerei nicht wäre.«

Boxen, und das zeigt sich in dem Programmheft gut, wird von vielen als Ausdruck des Lebensgefühls in der Weimarer Republik empfunden. Der Journalist Birk Meinhardt beschreibt in seinem Buch »Boxen in Deutschland« (1996) das Boxen als »eine allseits respektierte Ausdrucksform«, denn: »Die Zeit war reif gewesen für das Erscheinen eines Helden mit Boxhandschuhen.«

Die bessere Gesellschaft interessiert sich für die Boxer, und Max Schmeling drängt in diese bessere Gesellschaft. Ins Gästebuch von »Schwannecke's Weinstuben« in der Berliner Rankestraße trägt er ein: »Künstler, schenkt mir Eure Gunst – Boxen ist doch auch 'ne Kunst!« In einem Beitrag für ein Buch über Fritz Kortner schreibt Schmeling ähnlich ehrerbietig, beinahe devot. »Ich bin, gestatten Sie, dass ich mich vorstelle, nur ein Boxer. Ich bin also«, heißt es darin, »als amusisch abgestempelt. Schade. Denn ich kann es nicht verhindern, dass ich die Kunst liebe.« In diesem Stil geht es weiter: »Sie kennen Fritz Kortner? Sind Sie böse, dass ich, der Boxer, ihn auch kenne?« Nicht uneitel schreibt er: »Mein großer Stolz ist der Teil meiner Bibliothek, in dem ich Bücher mit dem Widmungen ihrer Autoren sammle.« Was er liest? »Alles! Der Roman von heute behandelt – soweit ich da mitreden kann – derart aktuelle Themen, die uns alle angehen, dass man diese Bücher lesen müsste, selbst wenn man sich nicht so sehr mit ihnen unterhält.« Als Ghostwriter für Schmelings Zeilen fungiert, so heißt es, der Schriftsteller Otto Zarek.

Die neue, demokratische Gesellschaft, die von einer starken Arbeiterbewegung erfolgreich gegen Kapp- und Hitlerputsch 1920 und 1923 verteidigt worden und in der der Achtstundentag durchgesetzt war, bietet viel Freizeit. Kino und Radio setzen sich durch, im Film und der Musik und vor allem im Sport gab es die ersten Weltstars.

Auch die deutsche Boxszene, die es doch legal erst seit 1918 gibt, ist erstaunlich groß. Als Erster stand Hans Breitensträter, der »blonde Hans« als bester deutscher Schwergewichtler für einen neuen Sportler- und Männertypus. »Hans, ein Boxermärchen«, schrieb die »Weltbühne« schon 1921 über ihn. Im Jahr vor dem nun anstehenden Kampf zwischen Franz Diener und Max Schmeling, 1927, gibt es für den Titel des besten deutschen Schwergewichtlers schon mindestens sieben, acht Anwärter. Unter den Bedingungen der instabilen Wirtschaft der zwanziger Jahre in der Weimarer Republik bietet das Berufsboxen vielen jungen Männern in der Tat eine Chance auf viel Geld. Und auf viel Anerkennung.

Zu den Fans von Franz Diener gehört auch Emil Jannings, der gerade in Hollywood drehende Schauspieler. »Ich hoffe, dass ›Franz‹ Ihrem geliebten ›Max‹ Saures gegeben hat. Das ist mein ehrlicher Wunsch«, schreibt er an einen Freund. »Denn um Schmeling wehen mir zu viel literarische Schmonzes, und seine Niederlage, die er gewiss erlebt hat, wird diesen sicherlich talentierten Boxer veranlasst haben, sich von Flechtheim und Genossen etwas zurückzuziehen.« Jannings' Haltung hängt auch damit zusammen, dass der vor Selbstbewusstsein nur so strotzende 22-jährige Schmeling ihm nach einer Filmpremiere ein Telegramm nach New York geschickt hatte, in dem stand: »Ich bin stolz auf Sie.«

Aber Jannings' »ehrlicher Wunsch« geht nicht in Erfüllung: Schmeling gewinnt in dieser Ringschlacht und wird deutscher Schwergewichtsmeister.

Im ausverkauften Sportpalast sieht allerdings Schmeling lange nicht wie der Sieger aus. Diener boxt mit hohem Tempo und setzt Treffer um Treffer. Nur einmal in den ersten vier Runden kann Schmeling mit seiner gefürchteten Rechten treffen. Die allerdings hinterlässt Wirkung: eine Platzwunde an Dieners Kopf. An der Überlegenheit Dieners ändert das jedoch nichts, aber Diener kann seine Überlegenheit nicht zum Sieg umsetzen. Rolf Nürnberg schildert es so: »In der vierten Runde scheint es um Schmeling geschehen. Um sein Glück, um seine Karriere, um seine Zukunft, um den Kampf. Diener hatte ihn an die Seile gedrängt, Schmeling war verwirrt, er wusste einen Moment lang nicht aus noch ein, dann hob er die Hände und ging in die Doppeldeckung. Aber er stand da, hilflos, unsicher, Diener schlug einen Moment zu spät zu.« Aus dem Fehler oder der Unentschlossenheit Dieners schöpft Schmeling Selbstvertrauen. Er wird von Runde zu Runde besser, und bei Diener lässt nicht nur die Kondition nach, sondern auch sein Siegeswille.

»Wie Diener gegen Schmeling unterlag. Ein schmeichelhafter Punktsieg«, titelt das »Berliner Tageblatt« am nächsten Morgen.

»Schmeling schlug Diener, das ist jedenfalls unsere Ansicht, wenn auch die Meinungen geteilt waren und geteilt sein konnten«, heißt es in der »Vossischen Zeitung«, und der »Berliner Lokalanzeiger« mäkelt, Schmelings Sieg sei »nicht in vollem Umfang überzeugend gewesen«, während das Fachblatt »Boxsport« urteilt: »Um Haaresbreite hat

Schmeling gewonnen.« Richtige Lobeshymnen muss Schmeling sich schon selbst dichten. »Die Presse am nächsten Morgen schrieb«, heißt es in seinen »Erinnerungen«, »der Ausgang sei eindeutig gewesen.« Ein paar Jahre früher ist Schmelings Gedächtnis noch besser. »Der Sieg über Franz Diener, so knapp er auch war, hob mein Selbstvertrauen«, sagt er in einem Interview im Jahr 1967, »und ich beschloss, mit Arthur Bülow nach Amerika zu fahren, in das Land der großen Fighter.«

Wie Schmeling gewonnen hat, ist ihm egal. Sein Meistergürtel dokumentiert, dass er nun bester deutscher Schwergewichtsboxer ist. Als solcher will er nach Amerika. Dass er in Deutschland schlechte Kritiken erntet, nimmt er in Kauf. Die deutsche Boxbehörde setzt für Schmeling eine Titelverteidigung an, nämlich gegen Ludwig Haymann am 13. Mai in Dortmund. Schmeling sagt wegen einer Handverletzung ab, die er sich im Diener-Kampf zugezogen habe. Wie ernsthaft die Verletzung am Daumen ist, bleibt umstritten. Schmeling-Schelte wird nicht nur bei den Deutschnationalen und Nazis laut, deren Ludwig Haymann zetert, dass Schmeling sich vor ihm drückte. Auch die Sportöffentlichkeit unterschiedlichster Couleur tobt. Der Sportjournalist Peter Ejk schreibt im »8 Uhr Abendblatt« von einem »Attentat auf die Westfalenhalle«, denn dort hätte der Haymann-Schmeling-Kampf stattfinden sollen. Und der linksliberale Schriftsteller Erich Kästner notiert verärgert: »Er hat also den deutschen Meisterschaftstitel aufgegeben, um seine verletzte Hand für die amerikanischen Dollar zu pflegen.«

Schmeling wehrt sich gegen diese Interpretation. Sein mit ihm befreundeter Biograf Carl Otto Hamann schreibt, es habe ein Treiben gegen ihn gegeben, »dessen Methoden ebenso fragwürdig waren wie seine Folgen. Die Herren, die in jedem Meistertitel nur ein hochverzinsliches Objekt sahen, hatten es ja spielend leicht, ihre Kübel voll Wut und Ärger zu entleeren.« Gemeint sind die deutschen Veranstalter, die auf die großen Einnahmen eines Schmeling-Haymann-Kampfes verzichten müssen. »Meine Amerikareise wurde damals von vielen als eine Flucht vor dem Münchner Ludwig Haymann ausgelegt, der mich um den Titel gefordert hatte«, lässt Schmeling in »Ich boxte mich durchs Leben« wissen. »Auch Ludwig Haymann behauptete, ich sei ihm aus dem Wege gegangen. Das ist aber Unsinn. Franz Diener war zweifellos stärker als Haymann und galt als einer der stärksten europäischen Schwergewichtler überhaupt.«

Dass Diener zu dieser Zeit »zweifellos stärker« war, drückt sich im Kampf nicht aus: Haymann gewinnt am 10. Juni 1928 gegen Diener den Kampf um die nunmehr vakante deutsche Meisterschaft durch technischen K.o.

Einen Kampf zwischen Haymann und Schmeling gibt es nicht und wird es auch nie geben. Am 7. Juli 1928, einen Monat nach seinem Sieg über Diener in Dortmund, kämpft Ludwig Haymann im spanischen San Sebastian gegen Paolino Uczudun als erster Deutscher um die Europameisterschaft im Schwergewicht, in der elften Runde geht er k.o. Am 2. Februar 1929 fordert er in Dortmund Uczuduns Nachfolger, den Belgier Pierre Charles, um die EM und verliert diesmal nach Punkten.

Haymann war in den frühen zwanziger Jahren deutscher Meister im Kugelstoßen und schloss sich früh der SA an. Rechtsextrem betätigte sich der Münchner auch schon vor Gründung der SA. »Man hatte mir die Reifeprüfung geschenkt, weil ich ins Freikorps eingetreten war. Ein herrliches Landsknechtleben hatte begonnen«, heißt es in Haymanns Erinnerungen »In der Weltarena«, die Adolf Löffler 1939 für seinen vielbeschäftigten Freund niederschreibt.

Auch Franz Diener gehört in den frühen zwanziger Jahren in München zu diesem Korps. Haymann erinnert sich an folgende Geschichte aus dem Jahr 1920: »Eines Tages hatten wir von der 3. Kompanie des 19. Regimentes einen Besuch von Boxkämpfen vereinbart. Hauptmann Dietl, Leutnant Egloffstein, Feldwebel Huber und Brechenmacher, die Schützen Diener, ich und noch einige Sportler. Da kam Egloffstein und erklärte traurig, dass er nicht mitkommen könnte. Er musste irgendwo einen politischen Vortrag halten und war ziemlich nervös, weil er ganz unvorbereitet war. Da trat ein Mann vor, der dieses Gespräch mit angehört hatte, salutierte und sagte: ›Wenn Herr Leutnant diese Sache mir übergeben wollten, wäre ich dankbar.‹ Egloffstein betrachtete ihn nachdenklich. ›Verstehen Sie denn etwas von Politik?‹ ›Herr Leutnant können sich auf mich verlassen!‹ ›Wie heißen Sie denn?‹ ›Adolf Hitler.‹«

1929 geht auch Haymann in die USA und hofft dort auf eine große Karriere. Nachdem er allerdings »mehr Schläge als Dollars« (»Boxsport«) kassiert hat, beendet Haymann seine Profikarriere, wird Redakteur bei etlichen rechtsextremen Blättern und wirkt ab 1932 als

Sportchef des »Völkischen Beobachters«. Im Oktober 1932 gibt er in Stuttgart noch ein Boxcomeback, das aber ohne Folgen bleibt.

Nachdem Schmeling, der sich ja einem Titelkampf gegen den Münchner entzog, in den USA Erfolg hat, flüchtet sich Haymann in einen Vergleich voller Selbstmitleid: Während er selbst sich »mit den schwersten europäischen Brocken« herumgeschlagen habe, »hatte Schmeling auf die deutsche Meisterschaft gepfiffen, alles, was in Europa so herumboxte, links liegen gelassen«.

Schmeling ist nämlich dabei, da hat Haymann Recht, die Sphären des deutschen Berufsboxens hinter sich zu lassen.

# »Dollarika«

## Aufbruch in die USA (1928/29)

Max Schmeling betritt am 18. Mai 1928 die »New York«, um nach New York zu gelangen. In Cuxhaven beginnt die zehntägige Überfahrt nach Amerika. »Max Schmeling stand an der Reling der ersten Klasse«, schreibt sein Freund Carl Otto Hamann. »Seine Augen sahen an der Bordwand hinab und vergruben sich in den Zwischenraum, der sich vom Kai zum Schiff immer mehr vergrößerte.«

Es geht in das Land, von dem er sich den sportlichen und wirtschaftlichen Durchbruch im Weltmaßstab erhofft, nachdem er in Deutschland alles erreicht hat. Es ist das Land, das im deutschen Fachblatt »Boxsport« gerne in einer Mischung aus Verachtung und Neid als »Dollarika« bezeichnet wird. Die ganze Abreise soll geheim bleiben, erst im Nachhinein wird bekannt, dass Schmeling sein Auto noch schnell und mit Verlust verkaufte. Außer Schmeling ist sein Manager Arthur Bülow dabei. Vier Wochen später kommen seine Trainingskollegen Hermann Herse, Paul Noack und deren Trainer Max Machon nach, die Freunde aus der Boxerkolonie Lanke. Noack kann nicht Fuß fassen und reist bald wieder ab. Aber: »Max Machon blieb bei mir – von da an bis zum Ende meiner boxerischen Karriere.«

1928 zeigt sich, dass Deutschland für Schmeling eine Zwischenstation war. Das verzeiht man ihm in Deutschland nicht so recht. Lediglich in der Rückschau, als sich Schmelings Erfolge in den USA einstellen und klar wird, dass sein Schritt richtig war, wird es anders interpretiert. Der Schriftsteller Hans Leip etwa, der 1935 mit »Max und Anny« einen »romantischen Bericht vom Aufstieg zweier Sterne« vorlegt, schreibt darin, dass Schmelings Handverletzung »wie ein Wink des Schicksals« erschien. Und sogar Ludwig Haymann urteilt 1939 milde: »Seine Handlungsweise verriet Weitblick.«

Amerika empfängt Schmeling nicht so, wie der sich das vorgestellt hat. Er ist oder war Europameister im Halbschwergewicht, Deutscher Meister im Halb- und neuerdings auch im Schwergewicht, er hat zuletzt große Summen kassiert und die größten europäischen Hallen gefüllt, aber als er in New York ankommt, merkt er verbittert, »dass sich ihm keine Hand zum Willkomm entgegenstreckt«, wie es sein mit ihm befreundeter Biograf Carl Otto Hamann ausdrückt. »Niemand Wichtiges an Bord«, sagen Journalisten, nachdem sie die Passagierlisten durchgeschaut haben, schreibt Schmeling in seinen »Erinnerungen«.

Dabei ist er angeblich gar nicht auf einen triumphalen Empfang aus. »Es war nicht so, dass der Meister kam, das Land des Dollars mit der Seele zu suchen«, schreibt Hamann. »Zu sehen, zu lernen war seine Absicht, er wollte den amerikanischen Boxbetrieb aus eigener Anschauung erforschen.«

Das tut er. Schmeling schaut sich Kämpfe an, und er macht sich in einem Trainingslager in Summit in New Jersey, nicht sehr weit von New York entfernt, fit. Aber Arthur Bülow kann ihm keine Kämpfe besorgen, und die Öffentlichkeit nimmt ihn auch nicht wahr. Zwar ist er einmal zu einem Empfang beim deutschen Botschafter in den USA, Friedrich von Prittwitz und Gaffron, eingeladen, wo dieser anmerkt, auch der deutsche Sport solle bald helfen, der deutschen Nation nach dem verlorenen Krieg wieder zu Ansehen zu verhelfen, und dabei Schmeling zugeprostet haben soll. Aber die Hauptperson ist Schmeling auch hier nicht, und die amerikanische Presse interessiert sich so gut wie gar nicht für ihn. Und wenn, dann nicht in der Weise, wie er es sich vorstellt – als hoffnungsvoller Boxer nämlich. Einmal, so heißt es in Hamanns »Ein Leben auf eigene Faust«, wird er von einer Zeitung gebeten, doch ein »Bild an der Seite ergrauter Mutter« zu schicken. Er will als Boxer wahrgenommen werden und nicht als Sohn, Schmeling ist nun erst recht verärgert.

Sein Unmut richtet sich immer stärker gegen seinen Manager Bülow, der ihn einst, 1926, in Berlin unter Vertrag genommen und ihn groß rausgebracht hatte. Dabei gehen die Pläne, in die USA zu fahren, auf Bülow zurück; schon vor dem Diener-Kampf hat er Kontakte geknüpft und erste Angebote eingeholt.

Aber in den USA kommen die Geschäfte zum Stillstand, Bülow kümmert sich nach Schmelings Meinung zu wenig um Kampfangebote, will lieber abwarten, bis sich Promoter bei ihm melden und auf keinen Fall zu früh zuschlagen. Allerdings reicht das Geld, das die beiden zur Verfügung haben, nur für drei Monate.

Ein Verwandter von Schmeling, der ihn auch schon am Hafen begrüßt hat, ist Konditor in Bloomington nahe New York. »Onkel Fuchs«, wie Willi Fuchs, der Bruder von Schmelings Mutter Amanda, genannt wird, hat sich schon immer mit einem gewissen Stolz über die sportlichen Erfolge seines Neffen auf dem Laufenden gehalten. Als die Finanzvorräte zur Neige gehen, fährt Max Machon nach Bloomington, um bei Onkel Fuchs tausend Dollar zu leihen. Schmeling hätte sich geschämt, und Bülow wäre zu stolz gewesen.

Der Onkel empfiehlt Schmeling auch, den bei US-Boxern beliebten Sportchirurgen Dr. Fralick aufzusuchen, um die Knochensplitterung am linken Daumen wegzuoperieren, die der offizielle Grund war, warum Schmeling nicht gegen Haymann um die Deutsche Meisterschaft boxen wollte. In Fralicks Praxis trifft Schmeling übrigens erstmals Jack Sharkey. »Ich fand Jack jedenfalls sympathisch und nett«, schreibt er in seinem Buch »8-9-aus!«. »Dass wir uns noch zweimal im Ring gegenüberstehen sollten – beide Male unter nicht besonders glücklichen Umständen – ahnten wir nicht.«

Nicht nur die Praxis des Arztes, auch das Trainingscamp, wo er trainiert, ist ein Treffpunkt von bekannten Boxern. Das Camp gehört Malame Sitky Bey, genannt »Madame Bey«, die Witwe eines türkischen Botschafters, bei der viele internationale Boxer gerne trainieren. Für Schmeling, der immer mehr an seinem Manager zweifelt, mit dem er, aufgrund des knapper werdenden Geldes, auch die Hotelzimmer teilen muss, ist das Camp ein idealer Ort, an dem die Emanzipation von Bülow beginnen kann. Er lernt u.a. André Routis kennen, einen französischen Federgewichtler, der im September 1928 Weltmeister wird. Der gibt Schmeling den Rat, sich von Bülow zu trennen, und empfiehlt seinen Manager, Joe Jacobs.

Jacobs, Sohn ungarischer Juden, die in die USA eingewandert waren, hat in der Boxbranche nicht den besten Ruf. Aber er sieht Chancen, Max Schmeling gut zu vermarkten. Zum einen, weil Schmeling dem legendären Jack Dempsey sehr ähnlich sieht. Zum anderen, weil er glaubt, mit dem Kampfnamen »Der schwarze Ulan vom Rhein« eine gute Nische in der amerikanischen Schwergewichtsszene besetzen zu können. In die drängen zu dieser Zeit sowohl viele ausländische Boxer als auch Boxer aus gesellschaftlichen Gruppen in den USA, denen lange der Zugang zum ganz großen Boxgeschäft verschlossen war: die Schwarzen Harry Wills und George Godfrey etwa, der Spanier Paolino Uczudun, genannt »der baskische Holzfäller«, der aus Litauen stammende Jack Sharkey, der Jude King Levinsky und der mit einem jüdischen Image spielende Max Baer. Das amerikanische Profiboxen ist in der Krise, und die eröffnet ja auch Chancen. Gene Tunney hatte am 23. September 1926 den legendären Jack Dempsey geschlagen, hatte danach noch zwei Kämpfe bestritten und war dann ungeschlagen zurückgetreten. Tunney, der mit George Bernard Shaw befreundet ist, gilt als arrogant und ist nicht sehr populär. Nach seiner Boxlaufbahn widmet er sich einer Universitätskarriere als Literaturdozent, später auch als Geschäftsmann in den USA und Kanada, wo er u.a. im Vorstand einer Bank, mehrerer Firmen und Versicherungen und einer Zeitung, der »Toronto Globe and Mail«, sitzt. Es gibt auch Gerüchte, dass er in späteren Jahren für das Amt des amerikanischen Botschafters in Nazideutschland im Gespräch ist. Nur eine persönliche Weigerung Hitlers soll das verhindert haben.

Um den vakanten WM-Titel bewerben sich etliche Boxer, der Weltverband NBA organisiert eine Ausscheidung, an der sich später auch Schmeling und der Spanier Paolino Uczudun beteiligen werden.

Schmeling bemerkt, dass in Amerika zu dieser Zeit eine große Chance auf ihn wartet und dass er, wenn er sie nutzen will, noch hart an sich arbeiten muss. Er erkennt, dass er in Deutschland seine Kämpfe überwiegend mit der Rechten gewonnen hat. Aber Schmeling weiß, dass es »die erfahrungsreicheren Amerikaner sehr schnell schaffen würden, meine etwas einseitige Kampfweise durch entsprechende Gegenmaßnahmen unwirksam zu machen«. Außerdem wolle das amerikanische Publikum, »weit mehr als das deutsche, Kampf und immer wieder Kampf« sehen.

»Die aufkommende Depression konnte Ende der zwanziger Jahre ein paar Börsen, nicht aber die Popularität des Boxsports nach unten drücken«, schreibt der deutsche Boxexperte Bertram Job. Und der amerikanische Soziologe Jeffrey T. Sammons analysiert die Boxszene nach Tunneys Abtritt so: »Ohne zu bemerken, dass sich die Zeiten gerade änderten und dass sich für die Geburt von Helden die sozialen Bedingungen verschoben, suchten die führenden Boxveranstalter verzweifelt nach einem Mann, auf dessen Kopf die Krone passen würde. Ihr Interesse, Geld zu verdienen, während ein ungeduldiges Publikum nach Helden verlangte, brachte das Boxen auf ein nie gekanntes niedriges Niveau. Mediokre Boxer, archaische Regeln, ausländische Invasoren, eine Inflation von ›foul fights‹ und kriminelle Abmachungen charakterisieren das Boxen in den frühen Dreißigern.« Die Anzeichen dafür sind schon ab 1928 zu bemerken, und Manager wie Joe Jacobs haben sie früh registriert.

Schmelings Motivation, sich ausgerechnet von Jacobs vertreten zu lassen, wird bei Rolf Nürnberg so interpretiert: Zum einen sei Schmeling in der damaligen Situation nie bereiter gewesen, sich etwas einreden zu lassen. Und zum anderen hätte der Umstand, dass Jacobs Jude war, Schmeling beeindruckt. »Er glaubte an die Allmacht der Juden«, einem von ihnen wollte er also am ehesten seine Geschäfte anvertrauen.

Schmeling selbst schildert Jacobs so: »Um diese Zeit lernte ich einen Mann kennen, der sich später in der Metropolitan Opera unmöglich benehmen sollte, der den Sektvorrat eines Ozeanriesen aufkaufen wollte, und den nichts so sehr aus dem Gleichgewicht brachte wie Marlene Dietrichs Beine.« Für Schmeling ist Jacobs ein Glücksfall. »Joe, der Mann mit den starken Ellenbogen. Joe, der Mann mit dem unschlagbaren Mundwerk.« Diesen geschäftstüchtigen Mann kennen gelernt zu haben, macht ihm auch die Trennung von Bülow leichter.

Letzter Auslöser des Krachs zwischen Schmeling und Bülow, der aus den beiden Männer intime Feinde machen sollte, ist aber ausgerechnet der erste Kampfvertrag, den Bülow für Schmeling organisiert hat: Für tausend Dollar Gage kann Schmeling gegen Joe Monte kämpfen. »Das Sechsfache war Schmeling seinerzeit schon, als er noch in Berlin weilte, telegraphisch angeboten worden«, notiert Hamann in seiner in enger Kooperation mit Schmeling verfassten Biografie aus dem Jahr 1948. Auch in Schmelings »Erinnerungen« sind es 6.000 Dollar. Im 1937 erschienenen Buch von Arno Hellmis ist noch die Rede von einem Angebot, das dreimal höher gewesen sei.

Schmeling beschwert sich bei der New Yorker Boxbehörde über den seines Erachtens illegalen Vertrag, aber dort bescheidet man dem aufgeregten jungen Deutschen, er solle den Kampf absolvieren, der Vertrag müsse erfüllt werden. Jim Farley, Commissioner in der Boxbehörde, gibt Schmeling zu verstehen, dass Bülow Zeichnungsrecht hat. »Machen Sie einen guten Kampf«, sagt Farley, »dann werden Sie schon weiterkommen.«

Schmeling berät sich mit seinem Trainer Machon, der ihm zuredet, sich von Bülow zu trennen. Nach Einschätzung des Schmeling-Biografen Volker Kluge wittert Machon seine Chance, groß rauszukommen und endlich alleiniger Trainer Schmelings zu werden. »Er stichelte gegen Bülow, den er zum Alleinschuldigen an der Misere erklärte.«

Es kommt zu einer Unterredung. »Nichts haben Sie für mich getan«, soll Schmeling dort zu Bülow gesagt haben. »Sie haben mir nur Unannehmlichkeiten bereitet.« Und: »Sie haben mir nur geschadet.« Schmeling fühlt sich bevormundet, er würde wie ein Kind behandelt.

In seiner ersten Autobiografie, »Mein Leben – Meine Kämpfe«, aus dem Jahr 1930 behauptet Schmeling: »Meine immer unternommenen Versuche, alles freundschaftlich einzurenken, scheiterten an der Halsstarrigkeit Bülows.«

Die Formulierung verweist auf die Härte des Streits, der, als das Buch geschrieben wurde, noch lange nicht ausgestanden ist. In Wirklichkeit ist es Schmeling, der – aus vermutlich berechtigter Kritik an der mangelhaften Betreuung durch seinen Manager – seinen langjährigen Förderer hinauswirft und beinahe überall versucht, ihn herauszuklagen.

In Deutschland wird der Krach zwischen Schmeling und seinem Ziehvater aufmerksam verfolgt und nicht gerade schmelingfreundlich kommentiert. Die Kämpfe von Schmeling, die jetzt nach dem Managerwechsel anstehen, finden weniger Aufmerksamkeit. Eine Schlagzeile lautet: »Sieben Monate in Amerika – und was hat er bisher geleistet?«

Den Kampf, der ihm von Bülow vermittelt wird und gegen den er, da er nur »für billiges Geld« geht, so sehr opponiert, findet am 23. November 1928 gegen Joe Monte aus Boston im New Yorker Madison Square Garden statt. Mit hohem Fieber, 40 Grad, geht er in den Kampf. Absagen will er nicht, denn zu lange hat er auf einen Kampf gehofft; er überlegt sich, »was man über mein Nichtantreten hier und in der Heimat gedacht hätte«. Es ist ja nicht nur sein erster Kampf in Amerika, es ist ja auch der erste im Madison Square Garden, und in einer vorderen Reihe sitzt Tex Rickard, damals der wichtigste amerikanische Promoter und zuständig für den Madison Square Garden. Betreut wird Schmeling nur von Machon, denn mit Bülow ist er ja verkracht, aber Jacobs besitzt noch keine Lizenz für den Deutschen. »Nach der siebten Runde fühlte ich mich am Ende«, schreibt Schmeling in den »Erinnerungen«, »mehr von meinem Zustand als von meinem Gegner mitgenommen.« Schmeling will aufgeben, aber Machon droht ihm: »Wenn du jetzt schlapp machst, kannst du wirklich aufhören. Dann bist du nicht nur für Amerika, sondern auch für Deutschland gestorben.« Die Drohung wirkt, und außerdem ist Monte für einen Moment unaufmerksam. Schmelings stärkste Waffe, die krachende Rechte, schlägt Monte k.o.

»What a right hand!«, ruft Tex Rickard begeistert. Dieser Ausruf des berühmten Promoters ist das Entree in die ganz große Boxwelt. »Dieser Satz«, schreibt Schmeling, »begründete meine Karriere in den Vereinigten Staaten.«

Dass nach dem Kampf auch Arthur Bülow in die Kabine kommt, um zu gratulieren, stößt Schmeling sehr unangenehm auf. Dabei hat der Umstand, dass sich an diesem Abend Tex Rickard persönlich den jungen Deutschen anschaute, nach Darstellung des Joe-Louis-Biografen Gerald Astor viel mit Bülow zu tun: Nat Fleischer, Herausgeber von »The Ring« und die publizistische Autorität im US-Boxen, hat eine Vereinbarung mit Tex Rickard, nach neuen Talenten für den Garden Ausschau zu halten. Bülow war bei Fleischer vorstellig geworden, der auch Schmelings Talent erkannte, und Rickard bat, sich den Jungen mal anzuschauen.

Für den neuen Manager Joe Jacobs ist »What a right hand!« die passende Grundlage zur Vermarktung des jungen Deutschen. Mit Bülow hat Schmeling gebrochen, auch wenn sich die juristischen Auseinandersetzungen noch lange hinziehen sollen.

Mit dem Sieg über Joe Monte hat sich etwas wiederholt, was Schmeling auch in Deutschland schon erlebte. Er hat sich vom Unbekannten über den Unbeliebten zu einer Respektsperson hochgearbeitet. Dass er noch von der Respektsperson zum ganz großen Helden aufsteigen soll, weiß er aber da noch nicht.

# »Dunkler, robuster Deutscher«

## Weltmeister gegen Jack Sharkey (1929/30)

Es ist Sommer 1929. Max Schmeling steht im Mittelpunkt einer Party, die in der Villa von Ernst Lubitsch stattfindet. Der von Berlin nach Hollywood übersiedelte Regisseur hat zu Schmelings Ehren allerlei Filmprominenz eingeladen: Douglas Fairbanks, Walt Disney, Mary Pickford, Gloria Swanson, Clara Bow.

Mittelpunkt dieser Party zu sein, zeigt dem deutschen Boxer, dass er auf dem richtigen Weg ist. Es war richtig, sich von Manager Bülow getrennt zu haben, und es war richtig, auf eine langfristige Zusammenarbeit mit Joe Jacobs zu bauen.

Hatte Schmeling auf den letzten von Bülow ausgehandelten Kampf, den K.o-Sieg über Joe Monte, sieben Monate warten müssen, so geht es mit Jacobs schnell. Sechs Wochen nach Monte, am 4. Januar 1929, gewinnt Schmeling nach zehn Runden durch Punktsieg über Joe Sekyra (USA). Bei Monte hat er nur 1.000 Dollar verdient, bei Sekyra sind es schon 7.500. Drei Wochen später hat Jacobs ihm schon das nächste Opfer vermittelt: Pietro Corri (USA), der in der ersten Runde k.o. geht. Und weitere zwei Wochen später wartet mit Johnny Risko (USA) der erste Boxer auf Schmeling, den man zur Weltklasse zählen muss.

»Der eisenharte Risko war noch nie k.o. Er hat gegen alle amerikanischen Klassefighter geboxt«, schreibt der Sportjournalist Helmut Sohre. »Pausenlos greift er an; er kämpft mit dem Nerv eines Löwen. Seine Angriffsweise aber liegt Schmeling gerade.«

Der Madison Square Garden in New York ist ausverkauft, in Amerika ein neues Gefühl für Max Schmeling. »Merkwürdig«, notiert Carl Otto Hamann zu dem Kampf, »Risko führte nach der fünften Runde zwar nach Punkten, Schmeling war jedoch nicht erschöpft und sein Wille ungebrochen.« Schmeling erhöht das Tempo, Beobachter sprechen von einem »Gemetzel«. Hamann berichtet weiter: »Dann ist es in der neunten Runde aus. Hilflos, demoralisiert bricht das Fleischbündel, das Johnny Risko war, zusammen. Eine der sensationellsten Begegnungen, die je ein amerikanischer Ring sah, hat einen neuen Helden geboren.« Und Max Schmeling steht plötzlich in der ersten Reihe der weltbesten Schwergewichtsboxer, interessant für große Gegner und für große Hollywoodpartys.

Der amerikanische Soziologe Jeffrey T. Sammons betrachtet den Aufstieg Schmelings etwas gelassener: »Die amerikanischen Schwergewichtler erwiesen sich als so wenig anregend, so dass Max Schmeling breite Unterstützung als viel versprechendster Boxer erhielt.«

Sammons legt 1990 die Studie »Beyond the Ring« vor, die die Rolle des Boxens in der amerikanischen Gesellschaft untersucht. »Schmelings Boxtalent war zunächst noch Gegenstand vieler Spekulationen«, schreibt Sammons dort, »denn er hatte bislang überwiegend gegen unbekannte und unerfahrene Europäer geboxt. Wie auch immer: Die amerikanische Presse und die hiesigen Boxpromoter unterstützten diesen dunklen, robusten Deutschen, handelten ihn gar als einen zweiten Jack Dempsey. Aber indem sie so handelten, missverstanden sie sowohl Schmeling als auch die amerikanische Öffentlichkeit.«

Joe Jacobs verwaltet dieses Missverständnis perfekt. Er hat für Schmeling nicht nur die guten und von Kampf zu Kampf besser bezahlten Kämpfer organisiert, er veranstaltet auch einen dem Deutschen sehr fremden Reklamefeldzug. »Max Schmeling besucht Schulen, besucht Krankenhäuser. Max Schmeling schüttelt Politikern, Industriellen und Filmschauspielern die Hände«, fasst der Sportjournalist Robert Hess später den Rummel zusammen. Schmeling im Kaufhaus, Schmeling bei einem Wohltätigkeitsball, Schmeling im Kinderkrankenhaus, Schmeling auf dem Empire State Building, Schmeling everywhere.

Nicht nur dank seiner sportlichen Qualitäten, sondern auch dank der Cleverness seines neuen Managers gelangt Schmeling in das Auswahlverfahren der Boxer, die um den vakanten Titel des Schwergewichtsweltmeisters boxen wollen. Jack Sharkey gehört in diesen Anwärterkreis, auch Paolino Uczudun, Harry Wills, allesamt Weltklasseleute.

Aber Schmeling kommt mal wieder etwas dazwischen. Tex Rickard, der mit Abstand wichtigste Promoter in den USA, stirbt. Rickards Ausruf »What a right hand« hat Schmeling seine Karriere in USA zu verdanken. Rickard hat ihn nicht nur ganz allgemein gefördert, sondern er hat auch Schmelings Trennung von Bülow akzeptiert, mit der sich zu diesem Zeitpunkt ansonsten noch Gerichte und die Boxkommissionen beschäftigen.

Bülow sieht nämlich noch lange nicht ein, dass er nicht mehr Schmelings Manager ist, und verkündet, dass er mit dem amerikanischen Promoter Humbert Fugazy, Konkurrent des gerade verstorbenen Tex Rickard, einen Vertrag ausgehandelt habe, wonach Schmeling gegen Paolino Uczudun, den »baskischen Holzfäller«, antreten solle.

Schmeling jedoch unterzeichnet – wie er selbst sagt: aus »dem Gefühl der Anhänglichkeit« heraus – am Tag der Beerdigung Tex Rickards einen Zweijahresvertrag mit dem Madison Square Garden, den Rickard jahrelang geleitet hatte. »Er konnte nur noch vertragsbrüchig werden«, resümiert Schmeling-Biografin Dorothea Friedrich: »Die Amerikaner kümmerten sich herzlich wenig um die deutsche Trennung von Schmeling und Bülow. Schmeling entschied sich für einen riskanten Ausweg: Er schwor hoch und heilig, er werde in Amerika überhaupt nicht mehr kämpfen, bis der Vertrag mit Bülow ausgelaufen sei.«

Nach dem Sieg über Risko fährt Schmeling in der Tat nach Deutschland zurück und kündigt sogar an, innerhalb der nächsten 18 Monate Europa nicht zu verlassen.

Solche Sätze fallen ihm leichter, da er in Deutschland erstmals Jubel um seine Person erlebt. Seine Erfolge in den USA hat man aufmerksam verfolgt, man weiß, dass er zu den Anwärtern auf den WM-Titel zählt, und im Streit mit Bülow sind die meisten Blätter auf der Seite Schmelings.

»Nach meiner Rückkehr lernte ich jene Erscheinung kennen«, heißt es in Schmelings erster Autobiografie, »die man sucht und sucht und wenn man sie gefunden hat, doch nicht ganz so schön findet, wie man dachte: den Ruhm.« Sein Freund Hamann schreibt über den Empfang in Hamburg: »Tausende waren gekommen, den Sportsmann zu begrüßen, der nach dem Wort eines amerikanischen Staatssekretärs in der Neuen Welt besser für sein Vaterland gewirkt hatte, als Diplomaten es vermocht haben.«

Für Schmeling ist dieser Jubel auch ein Grund, mit 24 Jahren, noch vor seinem Weltmeistertitel, seine erste Autobiografie zu niederzuschreiben. So ungewöhnlich ist das damals nicht. Auch seine Boxkollegen Franz Diener und Hans Breitensträter haben schon als 26- bzw.

27-Jährige ihre Autobiografien herausgebracht. Sehr originell sind die Titel allerdings nicht: Die von Schmeling heißt »Mein Leben – Meine Kämpfe«, die von Diener »Mein Weg« (1928) und die von Breitensträter »Meine Kämpfe« (1923).

Auch die Unterhaltungsindustrie wird auf Schmeling aufmerksam. Schon 1926 hat er in einem Film mitgespielt, damals an der Seite von Lola Legro in »Ein Filmstar wird gesucht«. Und nun fragt ihn der Regisseur Reinhold Schünzel, ob er nicht in einem Stummfilm die Hauptrolle eines Boxers übernehmen wolle. An seiner Seite spielt die damals sehr berühmte Olga Tschechowa. Die gleichfalls mitspielende Renate Müller beginnt mit diesem Film »Liebe im Ring« ihre große Karriere. Schünzel zerstreut Schmelings Bedenken. »Es wird alles stumm gedreht. Du musst dich nur der Rolle entsprechend bewegen«, soll Schünzel versichert haben. »Wir brauchen nur deine Mundbewegungen, weiter nichts.« Als der Film fast fertig gedreht ist, beschließt die Filmgesellschaft, daraus einen Tonfilm zu machen, und Schmeling muss, gegen seinen Willen, nicht nur sprechen, sondern auch singen:

»Was hat der Boxer vom Leben der Welt?
Das muss er meiden,
Was ihm grad gefällt.
Sucht er sich manchmal fürs Herz einen Schatz,
Hat er im Ring keinen Platz,
Was hat ein Boxer mit Liebe zu tun?
Nie darf er tun was er will,
Teilt er sein Herz,
Dann ist alles vorbei,
Dann ist's um ihm auf einmal still.
Das Herz eines Boxers kennt nur eine Liebe,
Den Kampf um den Sieg ganz allein.
Das Herz eines Boxers kennt nur eine Sorge,
Im Ring stets der Erste zu sein.
Und schlägt einmal sein Herz für eine Frau
    stürmisch und laut,
Das Herz eines Boxers muss alles vergessen,
Sonst schlägt ihn der Nächste knock out!
Ist oft ein Boxer berühmt und bekannt,

Weil er im Kampfe sein Bestes nur gibt,
Schnell bricht man ihm die geschworene Treu'
Schnell ist's mit allem vorbei.
Wenn er nur einmal den Kampf nicht besteht,
Wer nimmt noch seine Partei?
Nichts als der Spott ist der Dank, wenn er dann geht,
Dann kommt der Nächste an die Reih'«

Die »B.Z.« lobt damals: »Ohne zu schauspielern hat Max Schmeling seine Szene gespielt, unbefangen und natürlich, unverdorben von dem neuen Milieu, in dem er sich nun seit ein paar Wochen bewegt, mehr Liebhaber als Championboxer, mehr Herzens- als Kraftmensch.«

In seinen »Erinnerungen« aus dem Jahr 1977 empfindet Schmeling seine Filmauftritte und den Gesang als »schauderhaft«, aber damals ist er vom Film begeistert: »Ganz ehrlich muss ich noch feststellen, dass mir der Schauspielerberuf wahrscheinlich auch deswegen so sympathisch ist, weil man als Schauspieler wie als Boxer populär sein kann, und diese Volkstümlichkeit kann man nicht mehr entbehren, wenn man erst einmal Blut geleckt hat.«

Schmeling kann es immer noch kaum fassen, dass er auf einmal richtig populär ist. Sogar zu einem Kampf um die Deutsche Meisterschaft im Schwergewicht mit Ludwig Haymann, vor dem er sich doch im Jahr zuvor unter Kritik beinahe der gesamten deutschen Sportöffentlichkeit gedrückt hat, reist Schmeling – und wird dort mit Jubel empfangen.

In den USA gibt sein neuer Manager Joe Jacobs derweil der Frau des Großverlegers William Randolph Hearst, Millicent Hearst, das Wort, dass Schmeling zugunsten ihres Milchfonds boxen wird. Dieser Fonds ist in den USA der zwanziger und dreißiger Jahre eine Besonderheit und im Boxsport eine ganz wichtige ökonomische Größe. Der »Free Milk Fund for Babies« sammelt Geld, um die Kinder armer Familien mit Milch zu versorgen. Dafür dienen die Erträge aus Boxkämpfen, für die die 25 Tageszeitungen, 24 Wochenzeitungen, zwölf Radiosender und zwei weltweit operierenden Nachrichtenagenturen des Hearst-Konzerns Werbung machen. Die Bedeutung des Pressekonzerns und seines Besitzers, William Randolph Hearst, wird 1941 in dem Film »Citizen Kayne« von Orson Welles deutlich.

Auch der Madison Square Garden mit seinem neuen Chef William F. Carey ist mit dem Hearst'schen Milchfonds verbunden.

Wenn es zu dem noch von Bülow vereinbarten Kampf Schmelings gegen Paolino kommt, würde Schmeling gemäß der Vorgabe von Frau Hearst nur 20 Prozent der Gesamteinnahmen erhalten. Arthur Bülow beharrt aber auf 25 Prozent. Es ist ein Fehler, die Bedeutung des Milchfonds und der Hearst-Presse zu unterschätzen. Bülow macht noch einen zweiten Fehler: Er hat sich mit Humbert Fugazy verbündet, dem Konkurrenten des mächtigen Madison Square Garden. In der für die Lizenzierung dieses Kampfes zuständigen New Yorker Boxkommission wird Bülow ausgekontert, er erhält aber immerhin ein Drittel von Schmelings 20 Prozent, also fast sieben Prozent.

Weil Schmeling Angst vor Bülow und eventueller Verfolgung durch die amerikanische Justiz hat – schließlich hat der Ex-Manager in der Tat noch Rechtsansprüche an Schmeling –, ist er im kanadischen Montreal gelandet und nicht in den USA. Erst nach dem dort gefällten Spruch der NYSAC, der New York State Athletic Commission, ist der amerikanische Markt für Schmeling wieder offen, und seine beabsichtigten 18 Monate Wartezeit verkürzt sich bemerkenswert schnell.

So professionell wie noch nie in seinem Leben bereiten sich Schmeling und der nun zum Cheftrainer aufgestiegene Max Machon auf den Kampf vor. In Lakewood im Staat New York hat Schmeling ein eigenes Trainingsquartier, es gibt dort ein eigenes Kino für ihn, und sogar ein eigener Koch wird engagiert.

Am 27. Juni 1929 findet im New Yorker Yankee-Stadion der Kampf zwischen Max Schmeling und Paolino Uczudun statt. 40.000 Zuschauer kommen, das füllt das Stadion etwa zur Hälfte, und mit 385.000 Dollar wird auch keine Spitzeneinnahme verzeichnet. Aber es ist kein Titelkampf, und es steht kein Amerikaner im Ring, sondern zwei europäische Titelanwärter; so betrachtet ist es auch ökonomisch ein erfolgreicher Abend. Die Einnahme ist »eine Summe, wie man sie in Europa bei derartigen Veranstaltungen bisher kaum irgendwo gesehen hat«, wie Schmeling stolz notiert.

Den Kampf gewinnt Schmeling nach Punkten, und zwar recht unspektakulär durch »systematische Ermüdungsarbeit«, wie die »B.Z. am Mittag« berichtet. Es ist weniger eine boxerisch mitreißende Vorstellung, die aus Schmeling nun eine Attraktion macht, sondern mehr das Engagement der Hearst-Presse und die Genialität von Joe Jacobs. »Nach dem Siege über Paolino lernte ich alle Folgen einer Berühmtheit, die man in Amerika erwirbt, kennen. Ich konnte mich vor den unmöglichsten Angeboten nicht mehr retten und musste meine ganze Zeit mit Empfängen, Veranstaltungen und Verhandlungen verbringen.« Jacobs organisiert eine Schaukampftournee für Schmeling, damit er nicht nur in New York, sondern auch in den übrigen Vereinigten Staaten zur Berühmtheit avancieren kann. »Alles, was ich damals in Berlin mitmachen musste, wiederholte sich in Amerika in verstärktem Umfang.«

Und Amerika ist die Welt. Denn mit der Verbreitung des Radios wird der Weltmarkt medial erschlossen, und der Schmeling-Paolino-Kampf stellt technologisch eine Premiere dar. »Zum ersten Mal war ein Sportereignis durch den Rundfunk aus Amerika simultan übertragen worden«, berichtet Schmeling in seinen »Erinnerungen«. »Zum ersten Mal erlebte sich die Welt als Zeuge.«

Für Schmeling hat sich sein Mut, sich so konsequent auf Amerika einzulassen, ausgezahlt. Warnende Stimmen, wie etwa die des überzeugten Nazis Ludwig Haymann, der selbst als Schwergewichtsboxer in den USA gescheitert ist, gelten für ihn nicht. »Die meisten europäischen Stars wurden drüben in irgendeiner Form zu Tode gehetzt«, schreibt Haymann später. »Man schleifte sie von einem Empfang zum anderen, verfrachtete sie tagelang kreuz und quer durch Amerika und irgend einmal gelang es dann einem Amerikaner bestimmt, den müden Mann zu erledigen.« Haymann hält Schmeling einerseits für einen »Sonderfall«, andererseits beklagt er sich darüber, »wie sehr sich Schmeling amerikanisiert hatte«.

Auch in der »Boxsport« sind kritische Töne gegen Schmelings lang anhaltenden Amerikaaufenthalt zu lesen. »Wenn Max beweisen will, dass er noch ein paar Ideale hat«, schimpft dort ein Autor über Gerüchte, wonach Schmeling in den USA in Varietés auftreten wolle, »dann soll er hier einmal kämpfen. – Und sei es auch nur für ein Butterbrot (seiner Auffassung nach).«

Schmeling kann solche Kritik egal sein: Der Paolino-Kampf galt als Ausscheidungskampf um die Weltmeisterschaft, und nun steht Max Schmeling kurz vor seinem großen Ziel. Als Termin wird zunächst der September 1929 avisiert, aber es dauert letztlich noch bis zum 12. Juni 1930. Schmelings Gegner wird Jack Sharkey sein. Sharkey ist das Kind litauischer Einwanderer; nach Angaben des renommierten »Boxing Register« der International Boxing Hall of Fame war Sharkeys ursprünglicher Name Joseph Paul Cukoschay, die »Encyclopaedia Britannica« und der mit dem Ruf des Boxpapsts gesegnete Nat Fleischer geben den Nachnamen mit Zukauskas an. 1926 hat Sharkey den schwarzen Weltklasseboxer Harry Wills besiegt, ein Jahr später hatte er vor 72.000 Zuschauern im Yankee-Stadion unglücklich durch K.o. gegen Jack Dempsey verloren. Gegen Johnny Risko, der von Schmeling ausgeknockt wurde, verlor Sharkey im März 1928 nach Punkten.

Schmeling bezieht ein Trainingslager in Endicott im Staat New York, als Gast des Schuh-Milliardärs George F. Johnson.

Als Schmeling am Abend des 12. Juni 1930 ins Yankee-Stadion geht, macht er auf die meisten Beobachter einen gesunden und austrainierten Eindruck. Dabei hatte es in Deutschland Gerüchte über eine ernsthafte Erkrankung gegeben. Aber nun, an diesem Abend, ist Schmeling fit. »Zum ersten Mal erlebte ich das große Ballyhoo«, schreibt Schmeling in seinen »Erinnerungen«. Das Reporteraufgebot vor seinem Paolino-Kampf ist nichts gegen den Rummel, der jetzt beginnt.

Der Kampf wird wieder für den Milchfonds organisiert, und obwohl also wieder viel abzuführen ist, erhält Schmeling für den WM-Titel die Kampfbörse von 177.971 Dollar, umgerechnet etwa 750.000 Mark.

Die Rolle der Hearst-Presse schildert Hans Leip in seinem Buch aus dem Jahr 1935 so: »Hearst hatte einst den heiligen Krieg gegen Deutschland gepredigt, aber jetzt predigte er die deutsche Boxweltmeisterschaft.« Welche Haltung die so merkwürdig beschriebene, von ihrem Verleger allerdings einheitlich ausgerichtete Hearst-Presse gegenüber Deutschland einnehmen soll, stellt sich nach Hitlers Machtergreifung etwas deutlicher heraus. Als William Randolph Hearst 1934 nach Deutschland reist, wird er von Hitler als Freund empfangen.

Zum Ballyhoo auf deutscher Seite gehört ein im Radio live übertragenes Gespräch zwischen Mutter Schmeling (Berlin) und Sohn Schmeling (New York) am 22. Mai, wenige Tage vor dem Kampf. »Hier Frau Schmeling – Berlin. Max, bist du da? Wie geht es dir? Trainierst du fleißig für den Kampf? Bist du da, Max?«, ist aus Berlin zu hören. »Ja, Ma, mir geht's gut. Ich versteh' dich gut, hörst du mich auch?«, kommt aus New York zurück.

Die »Boxsport« findet, dass Schmeling einen guten Eindruck macht: »Er sieht braungebrannt aus wie ein Neger.«

Am Tag des Kampfes titelt die renommierte »Vossische Zeitung« auf Seite eins: »3 Uhr morgens Schmeling-Sharkey. Durch Radio übertragen.« Im Text heißt es: »Fünf Empfangsstellen mit insgesamt neun Empfängern bemühen sich diese Nacht um den Empfang der amerikanischen Kurzwellensender.« Hoffnungsvoll geht es weiter: »Wenn das Wetter keinen Strich durch die Rechnung machen sollte, wird (man) von 3 Uhr morgens ab den Boxkampf abhören können.«

Das Wetter macht aber. Bei diesem ersten Kampf gegen Sharkey funktioniert die Übertragung nicht. Die zentrale Station in Deutschland kann nichts empfangen. Nur Morsezeichen gelangen nach Deutschland. W2Xaf ist die Formel für Schmeling, W2Xac die für Sharkey.

Live vor Ort sind an jenem Abend 79.222 Zuschauer. Für Schmeling eine Rekordkulisse. Im Kampf selbst dominiert Jack Sharkey, er will von Beginn an punkten, wenn nicht gar eine frühe Entscheidung. In der vierten Runde kommt es zu einer solch frühen Entscheidung, allerdings nicht der, die Sharkey will. In einem Schlaghagel von Sharkey sackt Schmeling weg, hält sich die Fäuste vor die Hose. Ein Tiefschlag. »Das ist das Ende, aus, vorbei, Scheiße«, denkt er, so heißt es später.

Rolf Nürnberg, der nimmermüde Schmeling-Kritiker, will am Rande die Anweisung Joe Jacobs' an Schmeling hören: »Du bist auf jeden Fall kampfunfähig.« Schmeling bestätigt in seinem Buch »8-9-aus!«, dass er Jacobs spontaner Eingebung den Titel verdankt: »Nun kam Joes großer Auftritt.« Auch soll auf Initiative von Mrs. Hearst Arthur Brisbane, wichtigster Kolumnist der Hearst-Presse, in Richtung Ringrichter drohen. Nürnberg zitiert ihn so: »Wenn Schmeling nicht zum Sieger erklärt wird, erscheint in den New Yorker Zeitungen keine Zeile mehr über den Boxsport.« Bei Schmeling lautet das Brisbane-Zitat so: »Wenn Sharkey nicht disqualifiziert wird, dann mache ich den Berufsboxsport in Amerika kaputt.«

Ringrichter James Crowley greift Schmelings Hand und hält sie nach oben, der Ringsprecher verkündet: »Jack Sharkey disqualified. The winner and new champion: Max Schmeling.«

# »We wuz robbed«

## Verteidigung und Verlust des WM-Titels (1930-32)

Einerseits krümmt sich Schmeling in dieser Nacht vor Schmerzen. Andererseits ist er gerade zum Weltmeister aller Klassen erklärt worden.

Diese ungewöhnliche Kombination findet nicht nur Beifall. »Unbefriedigender Ausgang des Weltmeisterschaftskampfes«, titelt die »Vossische Zeitung« am 14. Juni und fügt noch hinzu: »Schmeling fälschlich totgesagt«, denn bedingt durch die misslungene Radioübertragung gab es nach dem Tiefschlag etliche Gerüchte in Deutschland.

In den USA urteilt der renommierte Experte Nat Fleischer: »Bis zu dem Moment, als der Tiefschlag registriert wurde, sah Sharkey wie der Gewinner aus, obwohl der Deutsche wie eine Bulldogge wirkte, andauernd aggressiv, immer ein echter Kämpfer.« Der Herausgeber von »The Ring« kommentiert weiter: »Unter den gegebenen Umständen konnte man nichts anderes machen, als Schmeling zum Weltmeister ernennen.«

Sein Konkurrent Jack Sharkey äußert sich in »The Ring« naheliegenderweise anders; den Tiefschlag schildert er so: »Zum Ende der vierten Runde entschloss ich mich, auch zu seinem Körper zu arbeiten. Bis zu dieser Zeit hatte ich mich ausschließlich auf seinen Kopf konzentriert. Ich legte meine Kraft in einen mit der linken Hand geschlagenen Aufwärtshaken zum Körper. Er landete genau auf dem Solarplexus, dem Nervengeflecht unter dem Brustbein. Es war einer der Schläge, mit denen auch schon die Boxer früherer Zeiten ihre Gegner zu Boden schickten. Es war ein absolut fairer Schlag, der mit großer Kraft geschlagen war.« Dass er dennoch disqualifiziert wird, erklärt sich Sharkey so: »Als Max gerade im Begriff war aufzustehen, schaute er kurz in seine Ecke hinüber. Danach fiel er wieder zu Boden und machte Anzeichen, er sei von einem Foulschlag getroffen worden.«

Der Soziologe Jeffrey T. Sammons bewertet den Kampfausgang so: »Der verdorbene Sieg bedrohte das Image des Boxens, und Offizielle schlossen daraus, dass Maßnahmen nötig wurden, um weitere Rückschritte zu verhindern.«

Was das Profiboxen aus der Krise herausführen sollte, dass es nämlich nach zwei Jahren endlich wieder einen Schwergewichtsweltmeister gibt, stürzt es in eine noch tiefere Krise. Max Schmeling wird nicht von allen Boxverbänden als Weltmeister anerkannt.

Zwar verleiht die National Boxing Association (NBA) Schmeling sofort den Weltmeistergürtel. In ihr sind 26 Boxkommissionen organisiert, darüber hinaus auch Verbände aus anderen Staaten. Nicht in der NBA vertreten ist allerdings die New York State Athletic Commission (NYSAC), die nicht nur älter als die NBA, sondern auch für den Madison Square Garden zuständig ist. Und diese NYSAC lässt den WM-Titel weiter vakant. Faktisch gibt es mit NBA und NYSAC schon damals zwei Weltverbände, und nun gibt es auch einen nur von einem Verband anerkannten Weltmeister.

Auch in Deutschland ist man mit der Art und Weise, wie Schmeling Weltmeister wurde, nicht so ganz zufrieden. »Ick hau dir unter de Gürtellinie, dette Weltmeister wirst«, ist ein verbreiteter Berliner Witz. »Es gehörte überhaupt zum guten Ton, gegen Schmeling zu sein«, schreibt Rolf Nürnberg. »In den Kabaretts erzielten die Conférenciers, vor allem die witzigen Willi Schäffers und Paul Nikolaus, jeden Abend Lachsalven, wenn sie Witze über die verunglückte Weltmeisterschaft rissen.«

Die »Boxsport« schreibt wohlwollend, dass Schmeling »am Ende der vierten Runde durchaus noch nicht den Eindruck des restlos geschlagenen Mannes machte«. Aber Sharkey gilt auch dem Fachblatt »als der bessere Boxer und Techniker in dieser Viertelstunde, die der Kampf dauerte«.

Im »Querschnitt«, dessen Meinung Schmeling wichtig ist, schreibt Carl-Erdmann Graf von Pückler: »Wir sind um einen langweiligen Boxkampf reicher.« In der Zeitung »Berlin am Morgen« heißt es: »Max Schmeling, der Weltmeister durch Disqualifikation, hat sich durch seinen weinerlichen Rechtfertigungsversuch in einer Berliner Mittagszeitung selbst zum ›Propheten‹ erhoben, der in seinem Vaterlande nichts gelte.« Schmeling sei aber »als ›Weltmeister durch Disqualifikation‹ nicht mehr als eine Karikatur. Und von diesem Schicksal kann ihn keine Verherrlichung durch die heutigen Sportchauvinisten erlösen.«

Fast nur Deutschnationale und Nazis verteidigen damals Schmeling. Hans Leip, der 1935 die Schmonzette »Max und Anny« vorlegt, will die Kritiker noch nachträglich maßregeln: »Man hatte den Kampf mit deutscher Gründlichkeit unter die Lupe genommen. Man fand plötzlich: Deutsch sein, heiße, Siege durch eigene Leistungen und nicht durch Fehler des Gegners zu erringen.«

Der Sportjournalist Alfred Eggers schriebt in Arno Hellmis' Schmeling-Buch aus dem Jahr 1937: »Max reiste der Heimat entgegen, deren öffentliche Meinung stark von seinen Gegnern infiziert war.« Weiter schimpft Eggers über die glücklicherweise abgeschaffte Demokratie: »Sie konnten sich ja damals austoben, diese Herren, die zusammenhielten wie eine Verschwörerbande.«

Gerade auf den jungen Journalisten Rolf Nürnberg wird in diesem Buch eingeprügelt: »Bei uns konnte ein junger Herr, vor dem sich ernst zu nehmende Männer auf den Bauch warfen, ohne sich ihrer Rolle klarzuwerden, von New York nach Berlin kabeln: ›Schmeling keine Weltmeisterklasse! .... Max Schmeling hatte kaum mehr eine Chance, das Treffen zu gewinnen ... Schmeling wäre noch vor Beginn der zweiten Hälfte k.o. gegangen ... Amerika liebte zwar die Männer des Erfolges, aber nicht Leute, die ausschließlich Glück haben ... Golf spielen und Star-Allüren machen nur Foul-Weltmeister...‹ Der so schrieb, war Rolf Nürnberg, eine Orchidee der Systemzeit. Wie sich Boxhandschuhe auf den Knöcheln fühlen, das hat er nie gespürt. Aber kritisieren konnte er fast sadistisch hemmungslos, bar jeder Verantwortung.«

Bemerkenswert ist, dass sich Schmeling in seinem Buch »8-9-aus!« aus dem Jahr 1956 ähnlich äußert: »Nürnbergs Hass galt nicht nur mir. Er saß tiefer. Nürnberg geißelte die ganze damalige Gesellschaftsordnung, den Kapitalismus und natürlich auch das Boxgeschäft.«

Es ist zwar fast nur die rechte Presse, die Schmeling lobt, aber die ist einflussreich. Carl von Ossietzky, Herausgeber der »Weltbühne«, schreibt damals über »die deutsche Seele«: »So ist die Einheitsfront um Max Schmeling perfekt. Wir lieben vereint, wir hassen vereint, wir kennen alle nur einen Feind: – Jack Sharkey.« Schließlich habe Deutschland endlich wieder einen Sieger, und Schmeling passe gut in die bisherige Reihe solcher Helden. »Dieser Sieg, weil der Feind regelwidrig geschlagen hat und dem Zusammengehauenen trotzdem der Titel zuerkannt wird, das ist der deutsche Wunschtraum seit zehn Jahren«, schreibt der spätere Friedensnobelpreisträger, den die Nazis 1938 umbringen. »Doch hat sich noch kein Ringrichter gefunden, der den Versailler Vertrag außer Kraft gesetzt, die Franzosen aus Straßburg, die Polen aus dem Korridor und, als köstliche Zugabe, die Juden auch noch aus Deutschland verjagt hätte. Es ist die kleine Komik des Zufalls, dass dieser Wunschtraum weder in einem Politiker noch einem Militär in Erfüllung gegangen ist, sondern in einem langen schlaksigen Gladiator von negroidem Einschlag.« Ossietzky spottet weiter: »Es ist da die merkwürdige Unstimmigkeit, dass der Besiegte auf seinen eigenen Beinen fortging, während der Sieger, dem es auch in den vier Runden nicht gut gegangen war, halb ohnmächtig auf der Bahre abgeschleppt werden musste. Auch den Freunden des Boxsports dürfte das auffallen.«

Ossietzky spricht aus, was andere auch sehen könnten: dass nämlich Schmelings Triumph und die Reaktionen auf Schmelings Triumph nicht losgelöst von der Situation Deutschlands betrachtet werden können, nicht losgelöst von der Wirtschaftskrise und der Arbeitslosigkeit, nicht losgelöst von der drohenden Machtübernahme der Nazis.

Ossietzky empfiehlt Schmeling auch, »unter diesen nicht sehr rühmlichen Umständen auf den hochtrabenden Titel zu verzichten«. Schmeling selbst berichtet an mehreren Stellen davon, dass er zunächst den Titel in der Tat nicht haben wollte. Sein Manager Joe Jacobs habe ihn überzeugt: »Der Kampf geht doch weiter, Max! Verteidige deinen Titel und zeig der Welt, dass du ihn zu Recht trägst. Wenn du dir das nicht zutraust – dann gib ihn ab!« In einem Fernsehinterview, das die ARD zu seinem Neunzigsten führt, sagt Schmeling, es sei der bekannte amerikanische Journalist Paul Gallico gewesen, der ihn überzeugte, den Titel zu behalten.

Schmeling reist zurück nach Deutschland, der Empfang fällt nüchterner aus als beim letzten Mal und auch nüchterner, als er sich das erhofft. Eine Schaukampftournee, die er durch diverse deutsche Städte unternimmt, wird unternehmerisch ein Reinfall. In München beispielsweise kommen nur 2.000 Zuschauer, ein »großer finanzieller Verlust«, wie die »Boxsport« schreibt. Die Tour wird vorzeitig abgebrochen.

Auch ein Max-Schmeling-Marsch, den Hugo Hirsch komponiert und Felix Josky textet, wird nicht zum Hit.

Schmeling zieht in Berlin um: in eine Wohnung am Sachsenplatz (heutiger Brixplatz). Über ihm wohnt der Schauspieler Willy Forst, im Nachbarhaus Joachim Ringelnatz, der unter seinem bürgerlichen Namen Hans Bötticher regelmäßiger Autor des Fachblattes »Boxsport« ist, in der Nähe wohnen auch der Komponist Paul Hindemith und der Regisseur Veit Harlan.

Im Nachbarhaus, direkt unter Joachim Ringelnatz, lebt auch die Filmschauspielerin Anny Ondra.

Bei der Überfahrt von Amerika nach Deutschland nach dem Paolino-Kampf hat Schmeling auf dem Schiff die tschechische Schauspielerin Jarmila Vacková, die er später auch in Prag besucht, kennen gelernt. Vacková erzählt ihm erstmals von Ondra. »Meine beste Freundin«, sagt sie, »ist nach Berlin gegangen. Vielleicht hast du von ihr gehört. Sie soll bei euch ganz bekannt geworden sein. Sie heißt Anny Ondra.«

Als Neuanwohner am Sachsenplatz geht Schmeling einmal mit seiner Filmpartnerin aus »Liebe am Ring«, Olga Tschechowa, ins Kino, sie führt ihn in »Die vom Rummelplatz«, den ersten Tonfilm der Ondra. Was im Kino mit ihm passiert, schildert Schmeling in seinen »Erinnerungen« so: »Sie bezauberte mich auf den ersten Blick. Schon als wir nach der Vorstellung den nächtlichen Kurfürstendamm hinuntergingen, gestand ich der Tschechowa unvermittelt und fast ein wenig verletzend: ›Ich möchte die Ondra kennen lernen. Kannst du das arrangieren?‹ Olga war halb pikiert, halb amüsiert. Leicht schnippisch erwiderte sie: ›Das musst du schon selber tun! Zum Kuppeln eigne ich mich schlecht.‹«

Zum „Kuppeln" guckt sich Schmeling jemand anderes aus. Sein damaliger Freund, der Promoter Paul Damski, soll den Kontakt herstellen – und im zweiten Anlauf immerhin schafft er es, Anny Ondra zu Schmelings 25. Geburtstag einzuladen. Im Kino hat sich Schmeling in Anny Ondra verliebt. Ihm selbst fehlte die Traute, die Nachbarin einmal anzusprechen, aber, immerhin, sein Freund ist erfolgreich. »Ich ließ mich breitschlagen, den Herrn Schmeling für fünfzehn Minuten in einem Kaffeehaus zu treffen«, sagt Anny Ondra später, »und ich erwartete einen ungehobelten Gewaltmenschen. Welch ein Irrtum. Ich war überwältigt. Das war ja ein Gentleman.« Sie lädt ihn später zu sich in die Wohnung ein. »Von dieser denkwürdigen Tee-Einladung an«, heißt es bei Hamann, »verband ihn eine herzliche Freundschaft mit dem Nachbarhaus, die nur oft dadurch beeinträchtigt wurde, dass seine neue Bekanntschaft mit derselben Leidenschaft an ihrem Beruf hing wie er an dem seinen.«

Anny Ondra, eigentlich Anna Sophie Ondrakova, wurde 1902 im polnischen Tarnów geboren, sie wuchs in Pola, Theresienstadt und vor allem in Prag auf. 1919 wird sie für den Film entdeckt, und an der Seite von Karel Lamac ist sie in der Tschechoslowakei und in Deutschland bald ein Stummfilmstar. Als sich Ende der zwanziger Jahre der Tonfilm durchsetzt, wird sie auch in diesem Genre berühmt. 1929 dreht sie in England etwa mit Alfred Hitchcock »Blackmail« und »The Manxman«. Der Filmkritiker Rudolf Arnheim notiert 1932 über Ondra: »Sie hat etwas von Keatons kalter Schönheit und seiner akrobatisch-tänzerischen Gliederbegabung. Dieser ungewöhnliche Typ des Girl-Golems ist ein Schatz, den unsere Industrie nicht zu würdigen weiß.«

Was Schmeling privat noch unternimmt, ist zweierlei: Er kauft sich ein Grundstück in Saarow-Pieskow, und er geht der Jagd nach. »Nichts schien ihn wieder nach Amerika zu locken«, heißt es bei Hans Leip, »er schien seine Heimat und seine Ruhe gefunden zu haben.« In Saarow kümmert sich Ondra bald um den Garten, Schmeling legt ein Wildschweingehege an, das er aber später wieder abbauen muss.

Als Schmeling erstmals seine Freundin der Öffentlichkeit präsentieren will und sie ihn zu einer Boxveranstaltung in den Berliner Sportpalast begleitet, geht die Inszenierung schief: Als er in den Ring klettert und öffentlich als »Weltmeister aller Klassen« vorgestellt wird, beginnt ein Pfeifkonzert. »Noch nie in meinem Leben war ich derart ausgepfiffen worden«, schreibt Schmeling in »8-9-aus!«. »Ich schämte mich entsetzlich. Da unten saß die Frau, in die ich verliebt war. Ich hatte ihr imponieren wollen, stattdessen erlebte ich diese demütigende Szene.« Anny Ondra jedoch, die als Schauspielerin großes Lob und heftige Verrisse gleichermaßen gewohnt ist, tröstet ihn.

Bald fährt er wieder in die USA, weil er die Modalitäten seiner ersten Titelverteidigung klären muss. Erstmals kommt damals – durch die Promoter Paul Damski und Josef Burda – auch die Idee auf zu versuchen, eine Boxweltmeisterschaft nach Deutschland zu holen.

Daraus wird so schnell nichts, und auch die Vermutung, dass bald ein Rückkampf gegen Jack Sharkey ansteht, bestätigt sich nicht, denn

Schmeling will sich dem Amerikaner so schnell nicht wieder stellen. Weil die NYSAC Schmeling nicht als Weltmeister akzeptiert, setzt die NBA die Titelverteidigung statt in New York in Cleveland an. Am 3. Juli 1931 soll der Kampf gegen Young Stribling (USA) stattfinden.

Schmeling bereitet sich gründlich vor, er weiß, dass er seinen in der Öffentlichkeit ramponierten Ruf reparieren muss. Im Trainingslager erhält er Besuch von Franklin Delano Roosevelt, damals Gouverneur von New York, der gerade seinen Präsidentschaftswahlkampf vorbereitet.

War nach seinem WM-Kampf gegen Sharkey noch die Presse der politischen Rechten für ihn gewesen, so bekommt Schmeling neuerdings sogar von dort Gegenwind. Der »Angriff«, das Blatt von Joseph Goebbels, berichtet eine Woche vor dem Stribling-Kampf über die »große Schmeling-Pleite in USA« und listet alles auf, was die Nazis anstößig finden. »Wie Schmelings Manager, der Jude Jacobs, deutsche Journalisten entwürdigend behandelt – Dieser jüdische Parasit darf nie wieder deutschen Boden betreten – Katastrophale Stimmung für den Titelfight Schmeling-Stribling – Bisher fast kein Vorverkauf – Stribling Favorit – Die gesamte Großpresse schweigt – Schmelings Ruf hat sehr stark gelitten.« Das Blatt behauptet, Jacobs wolle Schmeling verlieren lassen, um dann Manager des neuen Weltmeisters Stribling zu werden. Und über Schmeling heißt es, er solle nicht »vergessen, dass er selbst dann noch Deutscher ist. Oder trägt er sich mit dem Gedanken der Naturalisation?«

Der Kampf findet statt, 37.396 Zuschauer in Cleveland sorgen für eine Börse von 106.138 Dollar für Schmeling, umgerechnet etwa 450.000 Reichsmark, was eine gute Bilanz darstellt, wenn man bedenkt, dass es sich nicht um einen Milchfondskampf handelt und daher die Hearst-Presse im Vorfeld kaum berichtet hat. Das deutsche Publikum wird durch den diesmal funktionierenden Radiobericht informiert. Als Reporter fungiert Kurt Prenzel, ein früherer Berufsboxer.

William Stribling, genannt »Young«, der ein Jahr jünger ist als Schmeling, aber schon über 200 Siege als Profi aufweisen kann, gewinnt nach Auskunft aller Beobachter die ersten vier Runden. Aber ab der fünften Runde kommt Schmeling, der Spätstarter, in Fahrt. »Marmorkalt stand Max im Ring«, schreibt sein Freund Carl Otto

Hamann. Und in der 15. Runde wirft Striblings Trainer und Vater das Handtuch.

Schmeling beendet seinen ersten WM-Kampf stehend, die mächtige NYSAC erkennt ihm den WM-Titel zu, und spätestens ab diesem 3. Juli 1931 ist Schmeling nun unumstrittener Weltmeister aller Klassen und Verbände.

»Ich bin glücklich, gezeigt zu haben, dass ich doch der wahre Weltmeister bin«, sagt Schmeling nach seinem Sieg ins Radiomikrofon. »Wir sehen uns in Deutschland wieder.« Die Presse fällt nun freundlicher aus, Schmelings ramponiertes Renommee ist wieder hergestellt.

Sportlich aber wartet noch die Sharkey-Revanche auf ihn. Die findet am 21. Juni 1932 auf Long Island im Staat New York statt. 69.857 Zuschauer kommen, die Einnahme der Veranstalter beträgt 474.615 Dollar. Schmeling erhält 172.000 Dollar (über 700.000 Reichsmark). »Die Zuschauer bekamen einen der schönsten Schwergewichtskämpfe der letzten Jahre zu sehen«, berichtet Willy Meisl in der »Vossischen Zeitung«. Der berühmte Sportjournalist überschlägt sich fast: »Es war ein großartiger Kampf voller Boxkunst, Ritterlichkeit und Siegeswillen.«

So geht es über die 15 Runden, und der überwiegende Teil der US- und der deutschen Presse sieht Schmeling vorne. Die deutsche Öffentlichkeit erlebt den Kampf durch die Radioreportage von Harry Sperber, einen deutschen Journalisten, der in Amerika lebt. »Sharkeys Linke arbeitet noch immer mit der Sicherheit einer Pleuelstange an der Seite einer Lokomotive«, formuliert er, oder: »Unter seinem linken Auge beginnt sich das, was wir in Boxerkreisen eine Maus nennen, zu entwickeln.«

Willy Meisl schreibt in seinem Bericht, wie er den Kampf erlebt: »Hinter mir saß Sharkeys Ehefrau und die Gattin von Sharkeys Trainer Buckley und Manager Conway. Frau Sharkey war sehr ruhig, während die anderen Frauen mörderisch schrien und Sharkey anfeuerten. In den letzten Runden aber gaben sie klein bei, denn Sharkey ließ erheblich nach und sein linkes Auge war vollkommen geschlossen. Sharkey war sich völlig darüber klar, den Kampf verloren zu haben.«

Ob diese Beobachtung richtig ist, lässt sich im Nachhinein nicht mehr herausfinden. Jedenfalls wird Sharkey in einer »split decision« zum Sieger nach Punkten ernannt.

Meisl befindet zwar, dass Schmeling wohl »übertrainiert gewesen sein« muss und vermisst »seine früher oft gezeigte vernichtende Rechte«, aber auch er schreibt in der Überschrift: »Schmeling war besser als Sharkey.«

Unmittelbar nach der Urteilsverkündung stürmt Joe Jacobs in den Ring und brüllt mit seinem ungarisch gefärbten Englisch ein ums andere Mal: »We wuz robbed«, wir wurden bestohlen.

Auch Arthur Bülow, der Ex-Manager, der anlässlich des ersten Sharkey-Kampfes auf die Frage eines Reporters, was er noch in Amerika suche, geantwortet hat: »den Charakter von Schmeling«, befindet, dass Sharkey zu Unrecht Weltmeister wurde.

Für die Anhänger von Verschwörungstheorien ist »Gunboat« Smith der Schuldige. Der Ringrichter sei, so kolportieren es deutsche Blätter, »einer der besten Freunde Sharkeys«.

»Vielleicht haben meine Kritiker Recht, die behaupten, die Schlagkraft meiner Rechten sei nicht auf der Höhe gewesen«, äußert sich Schmeling in einem Interview mit der »B.Z. am Mittag« zu der Niederlage. »Sicher ist aber, dass sie ausgereicht hätte, mir den K.o.-Sieg zu bringen, wenn Sharkey nicht ständig davongelaufen wäre.«

Schmeling hofft auf eine baldige Chance zum Rückkampf, und ein Beobachter wie Willy Meisl ist sich sicher, dass es bald dazu kommt, »denn dieser Kampf war die größte Propaganda für den Boxsport, und ihre Wiederholung würde eine Rieseneinnahme bringen«. Aber Sharkey, der zwei Jahre lang warten musste, bis Schmeling ihm den Rückkampf gewährt, lässt nun den Deutschen zappeln.

Der amerikanische Journalist Jack Hirsch beschreibt das Verhältnis von Schmeling zu Sharkey als »Hassliebe«, es »war zu keiner Zeit viel Positives in der Beziehung zwischen Schmeling und Sharkey«. Er zitiert Jack Buckley, den Sohn von Sharkeys Manager Johnny Buckley: »Es ist möglich, dass Sharkey Max für einen Nazi gehalten hat, aber selbst wenn das so gewesen sein sollte, wird es ihn im Ring nicht beeinflusst haben, da der Krieg ja auch erst später losging. Zu dieser Zeit mochte Sharkey Deutschland insgesamt nicht.« Jack Buckley teilt auch mit: »Einige Jahre, bevor Sharkey starb, schrieb ich Schmeling einen langen Brief, in dem ich ihm mitteilte, dass es Sharkey nicht gutgehe. Ich sagte Schmeling, er solle doch Vergangenes vergangen sein lassen und einen

Brief an Jack aufsetzen, der ja mittlerweile im Pflegeheim war.« Aber, resümiert Buckley jr.: »Schmeling antwortete darauf nie und sah wohl nicht mal die moralische Verpflichtung, ein Telegramm zum Tode von Sharkey zu schicken.« Sharkey starb 1994.

Schmeling selbst hingegen sagte in einem Interview, das er 1990 der DDR-Zeitung »Junge Welt« gab, er und Sharkey seien »gute Freunde« geworden, er habe ihn zuletzt 1984 bei einer Stehparty getroffen.

Die Niederlage im Titelkampf gegen Jack Sharkey hat ungewöhnliche Folgen: Schmeling ist nämlich nun ein anerkannter Weltklassefighter ohne Titel. Vor zwei Jahren war es noch umgekehrt, da war er ein Weltmeister ohne großes boxerisches Renommee.

# »Gegen Vollblutjuden«

## NS-Machtübernahme und Niederlage gegen Max Baer (1933)

»Wenn Sie mal Probleme haben, lassen Sie es mich wissen.« Der freundliche Hinweis ergeht an Max Schmeling, er kommt von Adolf Hitler, und zwar Ende März 1933. Die Nazis sind seit wenigen Wochen an der Macht, und Schmeling gehört trotz seines verlorenen WM-Titels immer noch zur Weltspitze im Boxsport.

In der für ihn ungewohnten Rolle als moralischer Sieger, aber faktischer Verlierer geht Schmeling aus dem zweiten Sharkey-Kampf hervor, und schon drei Monate später schlägt Schmeling in New York Mickey Walker.

Als Walker noch Mittelgewichts-Weltmeister war, hatte Schmeling 1926 ihn in London im Kampf gegen Tommy Milligan gesehen und war damals sehr beeindruckt. Als er Walker nun, sieben Jahre später, erstmals im Ring gegenübersteht, legt er jeden Respekt ab, beginnt gegen seine Gewohnheit von Beginn an offensiv, und in der neunten Runde gibt Walker auf.

»Mit diesem Kampf glaubte ich, mir das Anrecht auf eine erneute Titelbegegnung gesichert zu haben«, sagt Schmeling. Aber Joe Jacobs, Schmelings Manager, schlägt ein Angebot von Sharkeys Manager aus, gegen zwölf Prozent der Gesamteinnahmen in einen dritten Kampf zu gehen.

Auf Schmeling wartet nun ein anderer Boxer. Maximilian Adalbert Baer wurde 1909 in Omaha, Nebraska, geboren und lebt in Kalifornien. Max Baer ist seit 1929 Profi, und schon ein Jahr nach seinem Debüt verschafft er sich traurigen Respekt, als sein Gegner Frankie Campbell nach einem K.o. stirbt. Baer erhält eine Sperre von einem Jahr, aber schon ein halbes Jahr später boxt er wieder. 1932 schlägt er Ernie Schaaf bewusstlos; kurze Zeit später stirbt auch Schaaf. Der Tod erfolgt zwar unmittelbar nach einem Kampf mit dem italienischen Schwergewichtler Primo Carnera, aber er »wurde in Teilen auch auf die Schläge, die von Baer verabreicht wurden, zurückgeführt«, wie es im »Boxing Register« der International Boxing Hall of Fame heißt.

Baer ist ein harter Schläger, aber seine Kampfnamen klingen nicht gerade wie die eines gefürchteten Punchers: »California Clown« ist einer der Spitznamen, den die Fachpresse ihm verpasst, ein anderer lautet »Merry Madcap«.

Baer, dessen Vater aus Irland und dessen Mutter aus Schottland stammen, beide Eltern sind Katholiken, hat sich in seinen letzten Kämpfen ein jüdisches Image zugelegt, indem er mit einem auf die Trousers genähten Davidstern in den Ring steigt. Daher gilt er vielen Zeitgenossen als Jude.

Die neuen Machthaber in Deutschland ahnen den symbolischen Gehalt, der in der Begegnung Schmelings mit diesem Mann stecken könnte. Erst wenige Wochen zuvor, im März 1933, traf der Bonner Halbschwergewichtler Adolf Heuser auf den jüdischen Weltmeister Maxie Rosenbloom (USA) und verlor deutlich. Dies war der erste Profikampf, den ein deutscher Boxer nach Hitlers Machtergreifung in Amerika bestritt, Schmelings Auftritt gegen Baer wird der zweite sein.

Vor dem anstehenden Kampf lädt Hitler Schmeling zu sich in die Staatskanzlei ein. In der Weimarer Republik suchte Schmeling schon die Nähe zu den Mächtigen, aber Reichspräsident Hindenburg ignorierte den bürgerlichen Emporkömling, obwohl er Weltmeister geworden war. Nach der NS-Machtergreifung darf Schmeling wohl geschmeichelt sein: Die Mächtigen suchen seine Nähe. Bei dem Treffen erklärt Hitler Schmeling, dass es in Amerika Kräfte gebe, die im Dritten Reich, das seine Regierung gerade aufbaue, eine Gefahr sähen. »Sie werden eine Menge Interviews geben, Herr Schmeling. Sagen Sie den Schwarzsehern, wie friedlich hier alles ist und wie es vorangeht.« Schmelings Antwort ist nicht überliefert, aber, so schreibt der Sporthistoriker Hans Joachim Teichler: »In der Folge wurde Schmeling – ungeachtet seiner sportlichen Krise in den Jahren 1933/34, in denen er keinen internationalen Kampf erfolgreich gestalten konnte – mehrfach von Hitler in die Reichskanzlei oder auch privat eingeladen.«

Der »Völkische Beobachter« versucht die Symbolik, dass mit Schmeling und Baer ein »Arier« gegen einen »Juden« boxt, nicht aufkommen zu lassen. Seine Vorberichte verwenden zwar antisemitische Stereotype, aber die Information, dass Baer ein jüdisches Image hat, fehlt. »Max Baer verfiel, als er sich der Presse im Training zeigte, auf einen ziemlich plumpen Trick. Er verfuhr mit seinen Sparringspartnern besonders höflich und bemühte sich, eine möglichst schlechte Figur zu machen, einerseits um die Wetter aufs Glatteis zu führen und Schmeling andererseits zur Vernachlässigung der Deckung im Kampf zu verleiten. Natürlich wird er bei einem so erfahrenen Boxer wie Schmeling mit solchen Tricks keine Erfolge erzielen können«, schreibt das Naziblatt im Vorfeld des Kampfs.

Oft ist in der damaligen deutschen Presse – in Fehlinterpretation des deutsch klingenden Namens Baers – vom »Deutsch-Amerikaner Baer« die Rede, aber selten vom »Juden Baer«. Einzig »Der Stürmer« des Julius Streicher, das schmierigste aller antisemitischen Radaublätter, lässt sich nicht auf die zurückhaltende Linie bringen. »Schmeling boxt gegen einen Vollblutjuden«, heißt es im Titel, dort ist vom »Pfundsjuden Bär« die Rede und dass dieser Kampf kein Sport, sondern eine »Kultur- und Rassenschande« sei. Julius Streicher hat sich auch, so hat es Ralf Müller für seine Diplomarbeit über Schmelings Rolle im nationalsozialistischen Deutschland herausgefunden, in den Diskussionen der NS-Führung gegen Boxkämpfe zwischen »Ariern« und »Nichtariern« ausgesprochen. Für viele Deutsche wäre ein Sieg kein Problem, ja, eher normal, argumentiert Streicher, aber eine Niederlage könnte Schmeling sehr unpopulär machen.

Die Angst vor einer Niederlage Schmelings ist wohl auch der Grund, warum ausgerechnet der »Völkische Beobachter« die vergleichsweise sachlichste Berichterstattung über den Baer-Schmeling-Kampf in Deutschland vorlegt. Selbst die »Boxsport«, die doch Fachblatt sein will, schwadroniert über den »Halbjuden Baer« und räsoniert, ob die US-Presse vielleicht »aus Rassegründen« nur Fotos versende, die Schmeling schlecht aussehen ließen.

Am 8. Juni 1933 findet der Kampf im New Yorker Yankee-Stadion vor 60.000 Zuschauern statt, allzu intensive Bestrebungen für einen Boykott gegen Auftritte von Sportler aus Nazideutschland gibt es damals noch nicht.

Das Ergebnis in einem Satz: Schmeling wird verprügelt, wie er noch nie in seinem Leben verprügelt wurde.

Der »Völkische Beobachter« kommt nicht umhin, den Schluss des Kampfes so zu beschreiben: »10. Runde: Mit dem Gongschlag stürzt sich Baer auf seinen Gegner und landet schwere Kopftreffer, die Schmeling zum Rückzug zwingen. Der Deutsche zeigt deutlich Wirkung, und die Spannung der Massen hat ihren Höhepunkt erreicht. Krachend trifft eine Rechte Baers das Kinn des einstigen Weltmeisters, den ein unmittelbar folgender Linker vollends auf die Bretter wirft. Schmeling ist schwer angeschlagen, nur mühsam kann er sich bis ›Neun‹ erheben, um den Kampf fortzusetzen. Wie ein Tiger stürzt sich Baer auf seinen noch völlig benommenen Gegner. Wieder saust ein gewaltiger Rechter durch die Luft, er landet in der Nackengegend Schmelings, der sofort in den Knien zusammenknickt. In diesem dramatischen Augenblick springt der Ringrichter Donovan dazwischen und trennt die Kämpfer. Er hat klar erkannt, dass Schmeling verteidigungsunfähig ist und bricht den Kampf ab.«

Verwundert über die erstaunlich unvölkische Sportbetrachtung des »Völkischen Beobachters« ist auch die in Berlin erscheinende »Jüdische Rundschau«: »Wir denken nicht, einen Boxer zu einer repräsentativen Figur des Judentums zu stempeln; aber eigentümlich ist es doch, dass der ›Völkische Beobachter‹ vom 10. Juni in seinem Sportbericht über den Boxkampf Baer-Schmeling erklärt, Schmeling sei in New York von dem ›Deutsch-Amerikaner Max Baer‹ besiegt worden.«

Für Schmeling ist die Niederlage gegen Baer der Auftakt zur bislang schwersten sportlichen Krise seiner Laufbahn. Statt wieder ein seriöser Herausforderer um die Weltmeisterschaft zu werden, verliert er im Februar 1934 in Philadelphia noch gegen Steve Hamas (USA) und erreicht im Juni 1934 in Barcelona nur ein Unentschieden gegen Paolino Uczudun, das freilich von vielen Beobachtern als erster Schritt aus der Krise interpretiert wird.

Schmeling erntet heftige Kritik in Deutschland. Die Zeitung »Der Deutsche«, auch ein Blatt der NSDAP, schreibt im Februar 1934: »Für den Schmeling aber, der nun etwa auch noch als letzte Station das deutsche Geschäft mitnehmen möchte, haben wir keinerlei Interesse mehr.«

Für Max Baer hingegen beginnt der Aufstieg. »Über Nacht wurde Baer eine große Nummer in der Unterhaltungsindustrie«, urteilt Nat

Fleischer in einem Büchlein über Baer. Das ist nicht gerade freundlich, denn Baer ist vielleicht nicht ein so seriöser Sportsmann, wie ihn ein Boxpapst wie Nat Fleischer haben will, aber 1933/34 ist Baer unzweifelhaft der beste Schwergewichtsboxer der Welt.

Während sich Schmelings Management durchaus mit Unterstützung der NS-Sportpolitiker um einen Rückkampf bemüht, am liebsten in Deutschland, bekommt Baer im Juni 1934 Primo Carnera vor die Fäuste. Der Italiener hat nämlich zwischenzeitlich Jack Sharkey entthront und ist – von den meisten als Repräsentant des faschistischen Italien wahrgenommen – dritter Nichtamerikaner mit dem Gürtel des Schwergewichtsweltmeisters. Schmeling war der zweite, der Brite Bob Fitzsimmons (1897-1899) war der erste Schwergewichtsweltmeister aus Europa.

Baer schlägt Carnera durch technischen K.o. in der elften Runde und ist somit Weltmeister. In den Worten von Jeffrey T. Sammons hat Baer Carnera nicht nur geschlagen, sondern »zerstört«.

Jetzt, wo Max Baer den Weltmeistertitel zu verteidigen hat, bemühen sich die deutschen Promoter erst recht um einen Revanchekampf Schmelings gegen Baer, immer noch gerne in Deutschland. »Jeder Punch, den ich Schmeling ins Gesicht haue«, antwortet Baer auf Kritik, die in Amerika an seiner Bereitschaft, auch in Deutschland zu boxen, laut wurde, »ist ein Schlag in das Gesicht von Adolf Hitler.«

Was Max Baer im damals durchaus antisemitischen Klima in den USA dazu bringt, sich selbst als Jude auszugeben und mit dem Davidstern in den Ring zu steigen, ist nicht sicher zu sagen. »Er gab sich nur als Jude aus«, sagt einmal Maxie Shapiro, einer der großen jüdischen Boxer der dreißiger und vierziger Jahre, »er wollte ein Jude sein. Ich weiß nicht, warum.« Von seinem Manager soll der Satz stammen, er habe Baer unter der Dusche gesehen, »er ist definitiv kein Jude«.

Der Historiker Peter Levine, der in »Ellis Island to Ebbets Field« die Bedeutung des Sports für Juden in den USA beschreibt, vermutet, Baers Attitüde sei »einfach ein cleverer Trick gewesen, um seinen Wert als boxerische Attraktion zu steigern«. Schließlich sei gerade im New Yorker Boxpublikum ein hoher Anteil an Juden zu finden. Der Soziologe Jeffrey T. Sammons sieht jedoch Baers jüdisches Image als Teil seines antifaschistischen Bekenntnisses: »Obwohl Baer für seine

Clownereien bekannt war, waren seine Attacken gegen die Nazis ernster gemeint, als die Presse mehrheitlich annahm.«

Dass auch die Erörterung dieser Frage einen anderen, unangenehmen Zungenschlag erhalten kann, demonstriert die »Boxsport« 1939. »Die irischen Manager hier«, heißt es in einem Bericht aus den USA, »behaupten nach wie vor, Baer sei nicht Jude, sondern von ihnen zum ›Juden gemacht‹, um das stark verjudete New Yorker Boxpublikum stärker anzulocken.«

Max Baer ist für viele junge Juden in Deutschland und in den USA in den dreißiger Jahren eine Identifikationsfigur, nur zu vergleichen mit der Bedeutung, die 1936 und 1938 Joe Louis in seinen Kämpfen gegen Max Schmeling innehaben wird. Die Zeitschrift »American Hebrew« schreibt damals, Baers Sieg über Schmeling sei »ein großer Witz auf Kosten von ›Herrn Hitler‹«, dessen Nazitheorie von arischer Überlegenheit einfach lächerlich gemacht worden sei.

»Komisch: welches Vergnügen es mir macht, dass heute gemeldet wird, der Kalifornier Baer habe gegen den italienischen Riesen Carnera die Boxerweltmeisterschaft gewonnen«, notiert der deutsch-jüdische Romanist Viktor Klemperer am 15. Juni 1934 in sein Tagebuch. »Baer, der neulich Schmeling schlug, ist Jude. Unsere Zeitung riss ihn gestern herunter und gab alle Gewinnchancen dem Italiener. – So geht jetzt wider allen Willen das Gefühl. Baer = Simson = Goliath – bellum judaicum.«

Der Mythos vom »Juden Baer« lebt weiter. Noch 1998 macht der damalige Regierende Bürgermeister von Berlin, Eberhard Diepgen, aus dem katholischen Amerikaner einen jüdischen Berliner und benennt ihn bei dieser Gelegenheit gleich um. »Max Beer wurde sogar Weltmeister im Boxen«, schreibt Diepgen ausgerechnet im Grußwort einer Festschrift zur hundertjährigen Geschichte der Makkabi-Sportbewegung in Deutschland. Offensichtlich ist das transportierte Image wichtiger als das, was der Boxer im wirklichen Leben ist.

Noch im Jahr 1955 formuliert Joe Biewer in der »Boxsport« unbewusst, dass die Bedeutung, die die Nazis dem Kampf gaben, fortlebt: »Baer, in Kalifornien geboren, Produkt des Rassenschmelztiegels USA, hatte viel deutsches und ein paar Tropfen jüdisches Blut in den Adern. Schmeling wurde als ›Nazi‹ abgestempelt, weil sich in Deutschland ein politischer Umschwung vollzogen hatte.« Zwölf Jahre später, 1967, schreibt Biewer im selben Blatt, Baer »hätte selbst im ›Dritten Reich‹ stets als Arier bestehen können«, und Baer habe mit dem Davidstern gekämpft, »obwohl er nicht einmal im Sinne des ›Dritten Reiches‹ Rassenmischling war«.

Neben und nach seiner Boxkarriere arbeitet Baer als Schauspieler: Seinen berühmtesten Auftritt hat er 1956 an der Seite von Humphrey Bogart in »The Harder They Fall« (»Schmutziger Lorbeer«). Der Film beschäftigt sich unter verschlüsselter Verwendung der Biografie Primo Carneras mit Korruption im Boxgeschäft. Als der Film 1956 auch in deutsche Kinos kommt, äußert sich auch Max Schmeling kritisch: Der Film sei »subjektiv und von boxfeindlicher Tendenz«.

Baers Filmkarriere dauert nicht lange. Schon drei Jahre später, am 21. November 1959, stirbt er im Alter von fünfzig Jahren an den Folgen eines Herzinfarkts.

# »Aus dem Ring gefegt«

## Hochzeit mit Anny Ondra und boxerische Krise (1933/34)

Max Schmeling unternimmt nach der vernichtenden Niederlage gegen Baer zunächst etwas anderes, netteres: Anny Ondra und er heiraten. Am 6. Juli 1933 ist die standesamtliche Trauung in Berlin-Charlottenburg, am 20. Juli die kirchliche in Saarow-Pieskow. Obwohl Schmelings Eltern zu den Zeugen Jehovas gehören, ist er selbst evangelisch; Ondra, die katholisch erzogen wurde, tritt zum protestantischen Glauben über. Vorher schreibt Anny Ondra noch einen langen Brief an Alfred Hitchcock, um ihm die Qualitäten Schmelings zu schildern. Der Regisseur hatte ihr nämlich ein Telegramm geschickt, »in dem er sich scheinheilig darüber entsetzte, dass sein Star einen primitiven Boxer heiraten wolle«, wie Dorothea Friedrich in ihrer Doppelbiografie von Ondra und Schmeling schreibt.

Die Zeremonie in Saarow beschreibt Friedrich so: »Die Dorfjugend stand Spalier, Mädchen mit Rosenkränzen im Haar streuten Blumen. Das Hotel Esplanade platzte vor wichtigen Gästen fast aus den Nähten. Die Brautleute hatten sich nicht lumpen lassen und sogar ein Feuerwerk bestellt.«

Schmeling vermisst, so schreibt er in den »Erinnerungen«, unter den Gästen Fritz Kortner, Ernst Deutsch und George Grosz, die vor den Nazis geflohen sind.

Nicht anwesend ist auch Adolf Hitler, der dem Brautpaar aber immerhin einen japanischen Ahorn zukommen lässt. Auch die Niederlage Schmelings gegen den vermeintlichen Juden Baer hat ihn nicht von diesem Geschenk abgehalten. »Das Interesse Hitlers an Schmeling war mehrschichtiger Natur«, meint der Historiker Hans Joachim Teichler. »Er hatte zunächst ein eher instrumentelles Verhältnis zum Boxen, das er vor allem zur Schulung des ›Angriffsgeistes‹ der männlichen Jugend und zur Einschüchterung des innenpolitischen Gegners, als ›politisches Terrorinstrument‹ verwendet wissen wollte. Über diese Affinität zur aggressivsten aller Sportarten entwickelte Hitler offensichtlich eine gewisse Sympathie für Schmeling.«

Schmeling schildert die unmittelbare Zeit nach der Hochzeit später schon als eine durch die Nazis bedingte Leidenszeit. Als er und Ondra aus den Flitterwochen zurückkommen, »warteten jedoch düstere Nachrichten auf Anny«, heißt es in den »Erinnerungen«. »Bis dahin hatte sie sich nicht daran gestört, dass vier von sechs Teilhabern ihrer Filmfirma Juden waren.« Nun aber sei alles anders. »Für Annys kleines Unternehmen in der Friedrichstraße aber war die Lage ganz und gar aussichtslos geworden. Plötzlich bekam sie keine Aufträge mehr.« Schmeling weiter: »Eine Zeitlang erwog Anny, die Firma nach Amerika zu verlegen; sie selber hatte mehrere Angebote aus Hollywood. Doch dann, nach längeren Beratungen mit den Anwälten, wurde beschlossen, die Ondra-Lamac-Produktion zu liqudieren.«

Dorothea Friedrich weist darauf hin, dass es »definitiv nicht so« ist, wie Schmeling es schildert. Vielmehr produziert die Ondra-Lamac-Produktion bis 1937 noch Filme. Erst 1938 fällt Karel Lamac bei Goebbels in Ungnade. »›Frühlingsluft‹ von Lamac«, heißt es da in den Tagebüchern des Propagandaministers über einen Film des Tschechen, »ich lasse abbrechen wegen allzu großen Blödsinns und ordne scharfe Maßnahmen an.«

Auch in einem Brief, den Max Schmeling im Februar 1946 verfasst, strickt er an der Legende, in dieser Situation zum Opfer geworden zu sein: »Im ersten Hitlerjahr, 1933, unterlag ich gegen den jüdischen Boxer Max Baer, ein Umstand, der wenig geeignet war, mich für die Nazis populär zu machen. So wenig wie meine im Juli 1933 vollzogene Heirat mit der Filmschauspielerin Anny Ondrakova, einer gebürtigen Tschechin.« Ende Dezember 1933 ist das Ehepaar Schmeling-Ondra erneut bei Hitler eingeladen, und auch nach der Niederlage gegen Steve Hamas und dem Unentschieden gegen Paolino Uczudun lässt der Führer nicht von Schmeling ab. Am 21. Mai, nur etwas mehr als eine Woche nach dem Uczudun-Kampf in Barcelona, unternimmt man gemeinsam – Hitler, Ondra, Schmeling und nur noch wenige Weitere – einen Pfingstausflug zum Tegernsee. Dabei sind noch die Hitler-Adjutanten Schaub und Brückner, sowie Heinrich Hoffmann, seit 1922 der Leibfotograf Hitlers und ein enger Freund Schmelings.

Anders als später als Legende verbreitet wird, verfügen Schmeling und Ondra über gute Kontakte zur NS-Spitze. Schmeling zu Göring, Ondra zur Familie Goebbels und beide zusammen zu Hitler. Von der Nazifizierung des deutschen Boxsports, die unmittelbar nach dem Januar 1933 einsetzt, ist Schmeling kaum betroffen. Auch Anny Ondra gehört nicht zu den Schauspielerinnen, die ins – meist amerikanische – Exil gehen müssen.

Die Boxsport-Behörde Deutschlands (BBD) und der Verband deutscher Faustkämpfer (VdF) beschließen bereits am 3. April 1933, sich auf »nationale Grundlagen« zu stellen. Der jüdische Sportjournalist Peter Ejk, mit dem Schmeling freundschaftlich verbunden ist, wird als BBD-Präsident abgesetzt. Ersetzt wird er durch den SS-Sturmbannführer Dr. Hans-Joachim Heyl. Einer »Nationalen Notgemeinschaft« steht das NSDAP-Mitglied Georg Radamm vor, im Vorstand sind fast ausschließlich NSDAP-Mitglieder vertreten, darunter der frühere Schwergewichtsmeister Franz Diener. Auch der parteilose Hans Breitensträter gehört zum Vorstand. Ab 1940 ist, wie es Volker Kluge für sein Schmeling-Buch recherchiert hat, Breitensträter als Oberscharführer Angehöriger der SS-Leibstandarte »Adolf Hitler«.

Die »nationalen Grundlagen« sind klar definiert: »1. Sämtliche Juden, auch getaufte, sind von der Mitgliederliste zu streichen.« Und: »3. Jeder deutsche Berufsboxer ist mit sofortiger Wirkung von der weiteren Erfüllung eines mit einem Juden eingegangen Arbeits- oder Managervertrages entbunden.« Diese Regel wird nie auf Schmeling, dessen Manager Joe Jacobs Jude ist, angewendet, sondern sie gilt anderen in Deutschland tätigen jüdischen Managern wie Heinrich Seelig, Josef Burda oder Paul Damski, die bald emigrieren.

Ende April 1933 wird Joe Jacobs von der »New York Times« auf diesen Arisierungsparagrafen angesprochen, aber er gibt sich teilnahmslos: »Wir gehören da einfach nicht dazu, wir werden es einfach ignorieren.«

Auch Spitzenboxer müssen emigrieren. Einer von ihnen ist Erich Seelig, der Bruder des Managers Heinrich. Er ist sowohl deutscher Mittel- als auch Halbschwergewichtsmeister, noch im Jahr 1933 verlässt er Deutschland. Später gelangt er in die USA, wo er seinen Vornamen von Erich in Eric ändert. 1935 gewinnt Seelig gegen Mickey Walker,

1939 unterliegt er in einem Mittelgewichts-WM-Kampf Al Hostak. Ein anderer deutscher Klasseboxer, der emigrieren muss, ist Harry Stein, Fliegen- bzw. Federgewichtler. Stein hatte 1930, allerdings in einem Nichttitelkampf, als erster Deutscher einen amtierenden Weltmeister, Frankie Genaro, geschlagen. Nach 1933 geht er in die Sowjetunion, wo er bald stirbt.

Der türkische frühere Trainer von Franz Diener, Sabri Mahir, der nicht unter die antisemitischen Beschlüsse fällt, will 1933 den aufstrebenden Schwergewichtler Arno Kölblin betreuen, doch »wegen einer Anzeige von Franz Diener«, wie es in der »Boxsport« heißt, besitzt er »nicht das Vertrauen des Verbandes« und wird suspendiert. Mahir geht nach Paris ins Exil, seine Boxschule wird von dem Profiboxer Helmut Hartkopp übernommen.

Max Schmeling ist nach seinen letzten Auftritten – Niederlage gegen Baer, Niederlage gegen Hamas, Unentschieden gegen Uczudun – in Deutschland nicht mehr unumstritten. Und ein anderer Kampf, der am Rande von Schmelings Hochzeit erstmals erwähnt wird, kommt nicht zustande: gegen King Levinsky. Der, ursprünglich Hershel Krakow (aber seinen neuen Namen lässt er sich auch amtlich bestätigen), ist einer der wenigen jüdischen Schwergewichtsboxer in der Weltklasse. Er wird King, manchmal Kingfish oder auch Fishking gerufen, weil er mit seiner Schwester, die ihm in der Ecke auch sekundiert (Ringname »Leaping Lena«), zusammen ein Fischgeschäft in Chicago betreibt.

Ein Schmeling-Levinsky-Kampf war für Mitte Februar 1934 in Chicago avisiert worden. Im Januar 1934 heißt es dann in mehreren amerikanischen Zeitungen, unter anderem in der »Jewish Voice« aus Kalifornien, dass aufgrund einer Anordnung von Adolf Hitler der Kampf abgesagt worden sei; als Quelle für die Information wird Joe Jacobs angegeben. In deutschen Zeitungen heißt es daraufhin, dass Jacobs diese Meldung dementiere. King Levinsky jedenfalls ist traurig, denn er hatte interessante Pläne: »Wenn Hitler Schmeling gegen mich kämpfen lässt, stimme ich auch zu, mich mit ihm im Soldier's Field bei freiem Eintritt zu treffen, und ich werde mir Hitler noch in derselben Nacht vornehmen, sobald ich Schmeling aus dem Ring gefegt habe.« Die »Jewish Voice« kommentiert, dass nicht nur King, sondern »etliche jüdische Kämpfer (und auch einige, die keine Boxer sind) gerne einige

Zähne aus Schmelings Mund schlagen und seine Mandeln rausreißen würden, die dann in ein kleines Paket wickeln würden, um es an Hitler zu senden und ihm so zu zeigen, was wir von ihm und seinen Kämpfern halten«.

Statt Schmeling bekommt Levinsky im Frühjahr 1934 Walter Neusel vor die Fäuste. Neusel gilt als einer, der »hoch in den amerikanischen Boxhimmel hinein« klettert, wie es der Boxpromoter Walter Rothenburg formuliert. Und Levinsky gilt als harter Brocken für Neusel. Einerseits wird Levinsky in der »Boxsport« als »unter den Welttitelaspiranten wohl der primitivste aber unberechenbarste Fighter« vorgestellt, andererseits atmet das Blatt auf, als es melden kann, dass Levinsky »von dem Deutschen überraschend nach Punkten geschlagen« wird.

In der »Boxsport« wird das Gerücht kolportiert, Schmeling wolle noch im Jahr 1934 gegen den aufstrebenden deutschen Schwergewichtler Vincenz Hower boxen und die Erlöse gingen an die »NS-Wohlfahrt«. Dass solch ein Gerücht geglaubt wird, deutet an, dass Schmeling nicht mehr die unumstrittene Nummer eins unter den deutschen Schwergewichtlern ist. Hower, obwohl er gerade Deutscher Meister wurde, ist aber noch nicht so weit, außerdem verliert er im Frühjahr 1934 zwei für ihn wichtige Kämpfe.

Einer der führenden deutschen Promoter zu dieser Zeit ist Walter Rothenburg. Schon im Jahr 1918 hatte er in Hamburg die ersten Kampftage organisiert, den späteren Trainer von Franz Diener, Sabri Mahir, ließ Rothenburg als »schrecklichen Türken« mit großem Erfolg durch Deutschland tingeln, und, ganz nebenbei, war er Texter der Schlager »Junge, komm bald wieder« und »So ein Tag, so wunderschön wie heute«.

Laut Rothenburg hat der Madison Square Garden sich von Neusel, dessen Manager Paul Damski ist, die Option auf einen WM-Kampf gegen Max Baer geben lassen. Will Schmeling also an Baer ran, muss er sich zunächst einer nationalen Auseinandersetzung mit Walter Neusel stellen.

Rothenburg ist der richtige Mann für dieses Projekt, denn er erfindet das hervorragend in die NS-Politik passende Ziel einer Hegemonie Deutschlands im Weltboxen. »Ich wollte dem Madison Square Garden die Weltmeisterschaft im Schwergewicht abjagen.« Jetzt scheint

Rothenburgs Chance gekommen: »Zwei Deutsche aus der Weltrangliste gegeneinander zu stellen. Einen Ausscheidungskampf um die Weltmeisterschaft machen! Max Schmeling gegen Walter Neusel! Neusel vom Garden abschießen! Das konnte eine große Sache werden.«

Ganz neu sind Rothenburgs Gedanken nicht; schon 1931 fabuliert in der »Boxsport« ein Autor namens Joseph Michler, die Entwicklung werde zeigen, dass Deutschland über Amerika obsiegt. Aber Rothenburg ist der Erste, der ernst macht. Und Ende 1934 weist die unabhängige amerikanische Fachzeitung »The Ring« tatsächlich Schmeling und Neusel auf Nummer vier und fünf der Weltrangliste aus.

Walter Neusel stammt aus Bochum, ist in Wanne-Eickel aufgewachsen und hatte in Dortmund Drogist gelernt, als ihn ein Bergwerksdirektor für das Boxen entdeckt. 1929 wird er Amateurmeister, und seit 1930 ist er Profi. Da er von Paul Damski betreut wird, einem aus Belorus stammenden Juden, der 1933 nach Paris emigriert, boxt Neusel ab 1933 vor allem in Großbritannien und Frankreich. Seine Kooperation mit Damski macht ihn bei den Nazis verdächtig. In der »Boxsport« steht im August 1933: »Auch Walter Neusel ist ein Schwergewichtler, der sich wenig um das Schicksal des deutschen Boxsports in seiner Heimat kümmert und nur im Auslande ans Geldverdienen denkt, ja, laut ›Boxing‹ sogar zugunsten des jüdischen Kampffonds (Jewish Relief Fund) in England in den Ring stieg.« Im März 1934 lässt Reichssportführer Hans von Tschammer und Osten verlauten, Neusel solle sich von seinem Manager Paul Damski trennen. Daraufhin zieht Neusel nach Paris zu Damski.

Trotz dieser Kritik und anderer gezielt gestreuter Gerüchte, etwa, dass Neusel die amerikanische Staatsangehörigkeit anstrebe, baut das Regime auch auf den boxerisch hochtalentierten Neusel. Und zwar nicht nur kurzfristig, sondern auch über mehrere Jahre. Wahrscheinlich geschieht das, um neben Schmeling noch eine weitere Option zu besitzen, mit der Deutschland im Weltboxen reüssieren könnte.

Walter Rothenburg organisiert am 26. August 1934 in Hamburg einen Großkampftag für die Auseinandersetzung zwischen Schmeling und Neusel. Er hat die Dirt-Track-Kampfbahn so herrichten lassen, dass 110.000 Zuschauer Platz haben. Als Veranstalter tritt die NS-Organisation »Kraft durch Freude« auf, die aus ganz Deutschland mit

Sonderzügen die Zuschauer herbeikarrt, doch trotz größtem Werbeaufwand – auf den Plakaten wird ein »End-Ausscheidungskampf um die Weltmeisterschaft« beworben – bleiben beinahe 30.000 Plätze leer. Dennoch: Die 80.000 Zuschauer, so resümiert Rothenburg stolz, bildeten die »größte Boxveranstaltung, die Europa je erlebte«, ausgetragen in der »größten Boxarena der Welt«.

Max Schmeling gewinnt die Auseinandersetzung mit Neusel nach neun Runden durch technischen K.o. Neusel bleibt nach der achten Runde einfach sitzen. »Nach der achten Runde war ich nicht mehr kampffähig, zum mindesten hätte ich mir, wäre ich weiter im Ring geblieben, schweren Schaden zuziehen können und vielleicht dabei meine ganze Zukunft zum Opfer bringen müssen«, berichtet Neusel später. »Ober- und unterhalb der Augenbraue war ich stark angeschlagen, tiefe Risswunden ließen das Blut strömen, das war das Ende eines Treffens, in das ich mit so viel Vertrauen, aber in schlechter Form gegangen war. Schmeling war mir an diesem Tage klar überlegen.«

Schmeling schildert das Ende der achten Runde so: »Eine schwere Linke warf ihn schließlich in die Seile, und einen Augenblick lang ließ er dabei die Deckung hängen, so dass ich den alles entscheidenden Schlag hätte anbringen können. Aber irgendetwas ließ mich zögern – eine Art Hemmung, einen offensichtlich Geschlagenen zu vernichten. Stehend erreichte Walter das Ende der Runde.«

Paul Damski schaut sich diesen Kampf nicht in Hamburg an. Aus Angst vor den deutschen Behörden bleibt der Mann, mit dem Schmeling einst eng befreundet war, ja, der sogar für ihn bei Anny Ondra den postillon d'amour spielte, in seinem Pariser Exil. Von Schmeling will Damski nichts mehr wissen.

Als neuer Promoter Schmelings drängt sich Walter Rothenburg aus Hamburg auf. Er will die Kämpfe, die nun anstehen, organisieren: Revanche gegen Steve Hamas und Paolino Uczudun.

# »Boxweltmacht«

## Aufbaukämpfe in Deutschland und Festhalten am jüdischen Manager (1935)

Ende 1934 ist Max Schmeling wieder ein Boxer mit Perspektive. Er hat mit Walter Neusel die zweite deutsche Schwergewichtshoffnung überzeugend geschlagen. Damit deutet sich ein Ende der Krise an, in die er nach Verlust der Weltmeisterschaft 1932 gestürzt war.

Für die NS-Oberen deutet sich spätestens nach dem immensen Zuschauerandrang beim Hamburger Kampf zwischen Schmeling und Neusel noch etwas anderes an: was nämlich Boxen ist, wie groß der Zuschauerzuspruch ist und welch enorme symbolische Bedeutung in diesem Sport steckt.

Dem Dresdner Philologen Viktor Klemperer, der als Jude den Holocaust in Deutschland überleben kann, fällt auf, dass »die einprägsamsten und dazu die allerrohesten Bilder«, die von Goebbels und anderen Nazipropagandisten benutzt werden, »durchweg dem Boxsport entnommen« sind. Nicht gegen das Boxen an sich richtet sich Klemperers Beobachtung in seinem Buch »LTI«, sondern gegen die »proletenhafte Boxverehrung, wie sie Hitler betreibt«. Nachdem die Wehrmacht 1943 die Schlacht um Stalingrad verloren hat, formuliert Goebbels: »Wir wischen uns das Blut aus den Augen, damit wir klar sehen können, und geht es in die nächste Runde, dann stehen wir wieder fest auf den Beinen.« Gleichfalls zu Stalingrad fällt ihm ein: »Ein Volk, das bisher nur mit der Linken geboxt hat und eben dabei ist, seine Rechte zu bandagieren, um sie in der nächsten Runde rücksichtslos in Gebrauch zu nehmen, hat keine Veranlassung, nachgiebig zu werden.« Und als der Krieg auch für die gläubigsten Nationalsozialisten nach den frühen Kriegserfolgen offensichtlich sich in Richtung einer deutschen Niederlage entwickelt, greift Goebbels auf die Vorstellung der Boxweltmacht zurück: »Ein Boxer pflegt nach Erringung der Weltmeisterschaft, auch wenn sein Gegner ihm dabei das Nasenbein eingeschlagen hat, nicht schwächer zu sein als vordem.«

Aber das ist ein Vorgriff. Noch ist das Jahr 1934, und da stellt sich Schmeling nicht abseits. Im Winter 1934/35 ist er einer der prominentesten Sammler des Winterhilfswerks, gemeinsam mit Anny Ondra, Leni Riefenstahl, aber auch mit Göring und Goebbels.

Der Promoter Walter Rothenburg kümmert sich derweil darum, aus der Symbolik, die im Boxen steckt, praktische Machtpolitik zu machen. »Hier ging es um das Ziel, um die Sache, darum, die Weltmeisterschaft nach Deutschland zu bringen!«, schreibt er in seinen 1948 erschienenen Erinnerungen. »Der neue Weltmeister war dann an mich gebunden. Der nächste Herausforderer genauso. So wären die Weltmeisterschaften in Deutschland geblieben, wie sie jetzt jahrzehntelang in Amerika waren.«

Die deutsche Sportöffentlichkeit ist begeistert. Das Fachblatt »Boxsport« schreibt bewundernd über Rothenburg: »Dann kann der Weltboxsport durch seine Hand eine ganz andere Gestalt bekommen.«

Boxweltmacht Nummer eins, davon ist auch Ludwig Haymann in seiner Schrift »Deutscher Faustkampf nicht pricefight« sehr angetan. »An uns Deutschen wird es einst liegen, die Vorherrschaft dieses amerikanischen Systems zu brechen«, fabuliert er und erwähnt, wie wichtig dazu die »Bejahung der deutschen Rasseeigenheiten« sei.

Dass das Boxen als das Betätigungsfeld für den Beweis deutscher Überlegenheit in der ganzen Welt dienen soll, hat mit Hitler zu tun. Der schreibt in »Mein Kampf«, dass beim täglichen Üben der Jugend »besonders ein Sport nicht vergessen werden (dürfe), der in den Augen von gerade sehr vielen ›Völkischen‹ als roh und unwürdig gilt: das Boxen.« Hitler ist begeistert: »Es gibt keinen Sport, der wie dieser den Angriffsgeist in gleichem Maße fördert, blitzschnelle Entschlusskraft verlangt, den Körper zu stählerner Geschmeidigkeit erzieht.« Und er hat pädagogische Vorstellungen: »Vor allem aber, der junge gesunde Knabe soll auch Schläge ertragen lernen. Das mag in den Augen unserer heutigen Geisteskämpfer natürlich als wild erscheinen, doch hat der völkische Staat eben nicht die Aufgabe, eine Kolonie friedsamer Athleten und körperlicher Degeneranten aufzuzüchten.«

Es fehlen zur Erfüllung des Führerauftrags nur noch die Erfolge. Walter Rothenburg nimmt die Sache in die Hand. Vom Management von Steve Hamas, gegen den Schmeling einen Rückkampf will, erhält er die Forderung von 25.000 Dollar plus Reisekosten. Er akzeptiert. »Das war, umgerechnet in Mark, nicht mehr, als Neusel bekommen hatte«, begründet er in seinen Memoiren den Schritt. »Das war sogar noch etwas weniger. Und der Kampf war noch bedeutender.« Rothenburg geht davon aus, dass der Madison Square Garden Hamas etwa 10.000 Dollar zahlen würde, und da ist weniger als das Dreifache für einen Kampf in Deutschland völlig okay. »Ja, – 25.000 Dollar, das war Hamas wert, das war das große Ziel wert, an die Weltmeisterschaft heranzukommen.«

Rothenburg bereitet die Verträge vor. Als Termin benennt er den 10. März 1935, als Ort steht in den Vertragsentwürfen »Deutschland«.

Den Kampf in einer Freiluftarena stattfinden zu lassen, wie er es zuerst avisiert hat, ist im März zu riskant. Also lässt Rothenburg extra für diesen Kampf eine Halle bauen. »Das würde die größte Sporthalle der Welt«, erinnert er sich an seine damaligen Gedanken, »denn der neue Madison Square Garden fasste höchstens 20.000 Personen.« Rothenburg wirbelt. »Die propagandamäßige Betreuung, den Werbe- und Wirtschaftsnutzen eines solchen Kampfes von Weltbedeutung für eine Stadt, hatte der Kampf Schmeling-Neusel bereits unter Beweis gestellt.« So lässt Rothenburg mit Unterstützung des Senats in nur 42 Tagen eine Holzlagerhalle an der Ausschläger Allee in Hamburg-Rothenburgsort zur Hanseatenhalle umbauen.

»Bei der Fertigstellung der Hanseatenhalle für den Boxkampf Schmeling-Hamas mussten Wohlfahrtserwerbslose für die gleiche geringe Entschädigung in drei Schichten arbeiten, also auch nachts«, heißt es in den »Deutschlandberichten« der Sozialdemokratischen Partei, die regelmäßig über die Entwicklung im Land Auskunft geben. Nach den dortigen Angaben werden die Arbeiter mit einem Wochenlohn von etwa 13 Mark abgefertigt, während in anderen Gegenden Deutschlands 18 bis 21 Mark Wochenlohn ausgezahlt wird.

Rothenburg bedient sich also nicht nur der Nazistrukturen, in denen »die Löhne der Notstandsarbeiter mit die wichtigsten Schrittmacher des allgemeinen Lohnabbaus« (»Deutschlandberichte«) sind. Selbst innerhalb dieser Nazistrukturen, die Arbeitslose beispielsweise zum Autobahnbau zwingen, zahlt Rothenburg die mit Abstand niedrigsten Löhne.

Da überrascht es nicht, dass Rothenburg sich in seinen Memoiren bei »jedem einzelnen Arbeiter besonders« bedanken möchte: »In drei Doppelschichten, Tag und Nacht, bei Regen und Kälte wurde diese fantastische Arbeitsleistung vollbracht.«

Wie geplant findet der Kampf am 10. März 1935 statt. 25.400 Menschen sind in die Halle gekommen. »Mustergültig funktioniert der Apparat aus Polizei, Feldjägern, SA und Schließern«, lobt die »Boxsport«. Der Schmeling-Biograf Volker Kluge spricht davon, es sei in Hamburg zugegangen »wie beim Reichsparteitag«. Im Vorbericht des »Angriff« heißt es, Schmeling sei »ein wahrhaftiger Fahnenträger seines Landes«.

Den sportlichen Höhepunkt gestaltet Schmeling so, wie man es im Reich von ihm erwartet: Er dominiert deutlich. In der sechsten Runde geht Hamas erstmals zu Boden, und in der neunten Runde beendet der Ringrichter den Kampf. Steve Hamas ist kampfunfähig. Das bedeutet technischen K.o.

Das Publikum singt das Deutschlandlied. »Wieder, wie einst 1928 nach dem Kampf gegen Bonaglia im Sportpalast«, schreibt Schmeling, »ging der Jubel mit einem Mal spontan in Gesang über.«

Für den Sieger gibt es Telegramme von Hitler, Goebbels und dem Reichssportführer Hans von Tschammer und Osten. Es ergeht an Schmeling eine Einladung von Hitler in die Reichskanzlei, er erhält die silberne Ehrenplakette der Stadt München, und eine »Kameradschaft der deutschen Künstler« gibt zu Schmelings Ehren einen Empfang, auf dem Goebbels Glückwünsche ausspricht. Die NS-Führung könnte mit diesem Abend also zufrieden sein, sie ist es aber nicht.

Wenige Tage später taucht nämlich ein Foto auf, das Schmelings Manager Joe Jacobs zeigt, wie er im Ring steht und mit der brennenden Zigarre in der Hand den Hitlergruß ausführt. Von Jacobs ist die Erklärung überliefert, er hätte in dem Augenblick nicht anders handeln können, weil er nicht wusste, wo er seine Zigarre hätte hinlegen sollte.

Tschammer und Osten ist über das Foto empört, schreibt Schmeling und bestellt ihn ein. Der solle sich endlich von seinem jüdischen Manager trennen, so sehe das auch Goebbels, eröffnet der Reichssportführer dem prominentesten Sportler Deutschlands, und außerdem solle Schmeling gefälligst öfter in Deutschland boxen. Dabei hatte Schmeling seine letzten zwei Kämpfe in Deutschland bestritten – sowohl gegen Neusel als auch gegen Hamas in Hamburg – und der nächste, gegen Uczudun, sollte in Berlin stattfinden.

Schmeling, der eben noch vom System so gelobt wurde, erinnert sich seiner guten Kontakte in die Reichskanzlei. Schon einmal, nach seiner Niederlage gegen Hamas im Februar 1934 in Philadelphia, wandte er sich erfolgreich an Hitler: Da drohte Schmeling nämlich wegen eines Devisenvergehens ein Vierteljahr Haft. Hitler persönlich bereinigte durch einen Anruf beim zuständigen Staatssekretär, dem späteren Volksgerichtshof-Präsidenten Roland Freisler, die Sache für Schmeling. Hitler mag das Ehepaar Schmeling-Ondra; von einer »gewissen Sympathie« Hitlers für Schmeling berichtet auch der Sporthistoriker Hans Joachim Teichler.

In einem Brief des Berliner Ratsmitgliedes Karl Protze an den Berliner Oberbürgermeister Heinrich Sahm heißt es: »Es ist ja bekannt, dass Max Schmeling sich der besonderen Gunst des Führers erfreut und dass z.B. seine Frau Anny Ondra am Boxkampftage selbst«, er bezieht sich auf den 10. März 1934, als in Hamburg der Kampf gegen Hamas stattfindet, »als Gast beim Führer in Berchtesgaden gewesen ist.«

Eva Braun, Hitlers Geliebte, schreibt am 11. März 1935, dem Tag nach dem Hamas-Kampf in Hamburg, eifersüchtig in ihr Tagebuch: »Drei Stunden habe ich vor dem Carlton gewartet und musste zusehen, wie er der Ondra Blumen kaufte und sie zum Abendessen eingeladen hat.« Später fügt sie allerdings hinzu: »Verrückte Einbildung geschr. am 26.III.«

Sibylle Knauss, die Cousine von Eva Braun, bestätigt diese vermeintliche Einbildung in ihrem Buch »Evas Cousine«. »Er war selten zu Hause«, schreibt sie über die Beziehung Hitlers zu Braun, »hatte wenig Zeit für sie, ließ sich gern und vorzugsweise mit anderen Frauen sehen: Magda Goebbels, Winifred Wagner, Anny Ondra, Leni Riefenstahl.« Das seien »Frauen, denen meine Cousine in keiner Hinsicht gewachsen war. Er vernachlässigte sie, wenn auch nicht sicher war, dass er sie betrog.«

Der Schmeling-Biograf Volker Kluge hat herausgefunden, dass in der Zeitung »Montag« nach Schmelings Sieg über Hamas zum Ärger der NS-Führung eine Meldung erschien, wonach Schmeling, als er telefonisch seiner Frau von dem Kampf berichten wollte, erfahren habe, »dass Adolf Hitler persönlich ihr von dem Siege ihres Mannes Mitteilung gemacht« hat. Diese Meldung sei später vom Propagandaministerium unterbunden worden.

Nun will sich Schmeling also beim Führer über Tschammer und Osten beschweren und für seinen jüdischen Manager Joe Jacobs vorsprechen. Er bekommt gleich am nächsten Tag einen Termin. Hitler lässt ihm ausrichten, dass er gemeinsam mit Anny Ondra in die Reichskanzlei kommen könne.

In seinen »Erinnerungen« schildert Schmeling, dass sich das Gespräch lange bei der Frage nach Tee oder Kaffee und bei dem Wort »Gugelhupf« aufhält, ehe er sich in einer Gesprächspause an Hitler wenden kann. »Ich habe einen Brief von der Reichssportführung bekommen«, habe er gesagt. »Dort will man, dass ich mich von Joe Jacobs trenne, der seit 1928 mein Manager ist.« Weiter habe er gesagt: »Gewiss, Joe Jacobs sei Jude, aber zwischen ihm und mir sei nie von Protestanten und Katholiken, Juden, Amerikanern oder Negern die Rede gewesen, sondern immer nur vom Boxen.«

Nach Schmelings »Erinnerungen« reagiert Hitler nicht, daher habe er einfach weitergesprochen. »Ich brauche Joe Jacobs dringend. Alles, was ich in Amerika erreicht habe, verdanke ich ihm. Mister Jacobs ist tüchtig, er ist ordentlich und korrekt. Außerdem kann man in New York ohne einen dort ansässigen Manager nichts werden. Außerdem ist doch die Treue eine deutsche Tugend.« Hitler reagiert nicht, statt zu antworten spricht er nur wieder vom Gugelhupf.

Schmeling beschließt daraufhin, nichts mehr zu unternehmen und Briefe und Anordnungen von untergeordneten Chargen wie Tschammer und Osten einfach zu ignorieren. Denn Schmeling weiß, dass er gerade für den US-Markt Joe Jacobs dringend braucht. Und er kann nach diesem Gespräch zumindest vermuten, dass er von der höchsten NS-Spitze dafür die Rückendeckung hat.

Joe Jacobs stammt von der New Yorker East Side, ist 1896 als das Kind ungarischer Einwanderer geboren. Er ist praktizierender Jude, sein Spitzname in New York ist Yussel. Weil er, ohne vom Boxen Ahnung zu haben, in dieser Branche sein Geld verdient, nennen ihn einige auch »Yussel the Muscle«.

Schmeling verdankt Jacobs in Amerika alles: Dass er ihn durch die schwierigen sportpolitischen und -juristischen Klippen navigiert, als er noch den Krach mit Jacobs' Vorgänger als Manager, Arthur Bülow, ausstehen muss, verdankt er genauso ihm, wie dass er mit einer modernen Werbekampagne zum Weltstar und Multimillionär wurde. »Schmeling schätzte ihn sowohl als ehrenwert als auch als clever«, schreiben die amerikanischen Historiker Robert Weisbord und Norbert Hedderich. »Welch ein ungleiches Paar die zwei doch waren, der deutsche Gladiator, von dem gesagt wurde, er sei ein Nazi durch und durch, und sein jüdischer Manager, der Sohn eines orthodoxen ungarisch-jüdischen Schneiders. Passend zu seiner damaligen Stellung wurde Yussel bei seinen Reisen nach Deutschland fürstlich bewirtet, denn man hoffte, dass er etwas gegen jüdische Bemühungen unternehmen würde, die von Deutschen bestrittene Sportereignisse und deutsche Sportler boykottieren wollten.« Weisbord und Hedderich schätzen Jacobs als »naiv in politischen Fragen« ein. »Er erzählte etwa in der Presse, dass die Juden in Deutschland nicht verfolgt würden. Geld sei für sie reichlich vorhanden, und Juden könnten auch problemlos in die Synagogen gehen. Er wusste nichts von Konzentrationslagern, und anscheinend kümmerte er sich nicht darum, solange er selbst wie ein König behandelt wurde.«

Der amerikanische Journalist David Margolick hingegen sieht in der Beziehung von Boxer und Manager eine größere Verantwortung des Boxers. Schmeling habe »seinen ihm hündisch ergebenen jüdischen Manager Joe Jacobs missbraucht«.

1938, nach Schmelings zweitem Kampf gegen Joe Louis, trennen sich beider Wege, Schmeling wird künftig von seinem Trainer Max Machon gemanagt. 1940, im Alter von 44 Jahren, stirbt Joe Jacobs in New York.

# »Was kostet Baer?«

## Pläne für eine Weltmeisterschaft in Amsterdam (1935)

Ein letzter Aufbaukampf steht noch an. Wenn Schmeling den gewinnt, kann man ihn wieder gegen die Weltspitze boxen lassen. Es ist der Revanchekampf gegen Paolino Uczudun, Schmelings dritte Auseinandersetzung mit dem Spanier. Als Veranstalter tritt diesmal Fritz Rolauf auf. Der Kampf soll am 7. Juli 1935 im Berliner Poststadion stattfinden. Rolauf ist ein früherer deutscher Meister im Federgewicht, der 1937 noch mit einem Buch reüssieren wird, in dem er sich um den Nachweis bemüht, dass »das Boxen wie kaum eine andere Leibesübung imstande ist, den ganzen Menschen in edelstem Sinne zu formen«, was »nicht zuletzt dank der weitblickenden Erkenntnis unseres Führers« so sei. Als Rolauf 1957 stirbt, steht im Nachruf in der »Boxsport«, »zahlreiche Angehörige jüdischer Familien verdanken Rolauf ihr Leben«.

Der Veranstalter Rolauf untersagt eine Rundfunkübertragung, weil es ungünstig für den Besuch sei, aber der fehlende Reklamerummel durch den Rundfunk bringt es mit sich, dass nur 15.000 Zuschauer kommen. Rolauf hat Probleme, die Kampfbörsen zu zahlen, aber politischer Wille sorgt dafür, dass der Kampf nicht abgesagt werden muss. Das sei eine »Blamage angesichts des Olympia-Jahres«, heißt es, und in einem Geheimdokument, das im März 1936 zu den Berliner Haushaltsdebatten angelegt wird, steht: »Die Stadt Berlin hatte an der Durchführung des Boxkampfes Schmeling gegen Paolino ein erhebliches Interesse.«

Also erhält der Spanier Uczudun seine Kampfbörse aus der Berliner Stadtkasse, denn die Stadt tritt als Bürge auf. Aber wegen der geringen Zuschauereinnahmen kann Rolauf auch die Börse für Schmeling nicht aufbringen. Mit Hinweis auf die Bürgschaft wendet sich Schmeling umgehend an die Stadt Berlin. »Vierzehn Tage nach dem Kampf erhob ich Klage gegen die Stadt und den preußischen Staat, vertreten durch niemand anderes als Hermann Göring und den Innenminister Wilhelm Frick.« Man einigt sich auf einen Vergleich, der Schmeling 35.000 Mark einbringt.

Den Kampf selbst gewinnt Schmeling. Über zwölf Runden geht es, und unumstrittener Punktsieger ist der Deutsche. Der Spanier ist zu diesem Zeitpunkt schon 36 Jahre alt, sechs Jahre älter als Schmeling.

Auf einem Nebenkampfplatz tut sich zeitgleich ein absurder Konflikt auf. Die IBU, der europäische Verband, der aufgrund deutscher Initiative gerne eigene Weltmeistertitel vergibt – allerdings sind die Titelträger in den meisten Fällen identisch mit den Weltmeistern der NBA und NYSAC – erkennt im Mai 1935 Max Baer seinen WM-Titel ab, den der gegen den Italiener Primo Carnera erkämpfte. Als Grund gibt die IBU an, dass Carnera ja zu diesem Zeitpunkt auch Europameister ist und einer Pflichtverteidigung gegen den Belgier Pierre Charles zugestimmt hätte. Nun müsste Baer, als Weltmeister auch des Verbandes IBU, erst gegen Charles boxen. Ähnlich wird bezüglich des Halbschwergewichts-Weltmeisters Bob Olin (USA) argumentiert, dessen Titel von der IBU auch nicht mehr anerkannt wird. Olin ist Jude, und Baer gilt bekanntlich als einer. Das erklärt die Hintergründe der IBU-Entscheidung vielleicht ein wenig.

Ein Machtkampf tobt in der IBU, denn Teile des europäischen Verbandes wollen die WM neu ausschreiben. Der deutsche Meister Vincenz Hower meldet sich sofort als möglicher Anwärter auf den Schwergewichtstitel an. Die »Boxsport« kommentiert das Theater in der IBU zurückhaltend, um Schmelings Position nicht zu gefährden. Der trachtet ja nicht unbedingt danach, europäischer Weltmeister, sondern lieber richtiger Weltmeister zu werden. Kurze Zeit später, im Juni 1935, meldet sich Schmeling öffentlich zu Wort, dass er eine eigene IBU-Weltmeisterschaft nicht möchte und sich als Boxer auch nicht darum bewerben wird.

Zunächst hatte die »Boxsport« noch geschimpft, die Amerikaner »seien überheblich und zum Teil sehr ungerecht, was ihre so genannten Weltmeisterschaften angeht«. Aber im Juli heißt es im selben Blatt, dass die Aberkennung des WM-Titels von Baer wohl doch »allerdings eine etwas vorschnelle Maßnahme« war. Gleichwohl wird eine eigene Weltmeisterschaft im Schwergewicht angesetzt: Pierre Charles soll am

2. Oktober 1935 gegen George Godfrey boxen, einen schwarzen Amerikaner. »Dass die ›europäische Weltmeisterschaft‹ irgendwie ernst genommen wird, glauben wir nicht«, heißt es in der »Boxsport«. Als dann noch Godfrey nach Punkten gewinnt, ist das Blatt erst recht empört: »Es ist blutiger Hohn, dass der Weltmeister Europas (wenn man eine derartig widersprechende Bezeichnung wählen darf) ausgerechnet ein Neger ist und noch dazu ein Farbiger, der die amerikanischen Bürgerpapiere besitzt.«

Die ganzen Auseinandersetzungen und Pläne für das absurde Projekt Gegenweltmeister werden Jahre später, nach Schmelings erfolgreichem Kampf gegen Joe Louis 1936, noch einmal aktuell werden.

Zunächst aber haben die Siege über Hamas und Uczudun Schmelings Anspruch deutlich gemacht, wieder einen – man muss wohl sagen: richtigen – WM-Kampf zu erhalten. Weltmeister ist Max Baer, bei dem Schmeling – wie zuvor bei Hamas und Uczudun – noch eine Rechnung offen hat. Um die Verhandlungen mit Max Baer kümmert sich Walter Rothenburg, der in Hamburg bewiesen hat, dass er größeres Unternehmertalent besitzt als Rolauf in Berlin.

»Was kostet Baer für einen Weltmeisterschaftskampf gegen Max Schmeling?«, telegrafiert er in die USA. So zumindest schildert Rothenburg es in seinen Erinnerungen. »Es war kein Geheimnis mehr: Deutschland war auf dem besten Weg, Amerikas Boxmonopol zu brechen. Der boxgewaltige Garden in New York war ziemlich matt gesetzt.«

Das Baer-Management fordert 300.000 Dollar, und Rothenburg überlegt sich, dass Baer eine solche Summe in den USA niemals erhalten könnte; für dieses Geld, so folgert Rothenburg, kann er den Kampf in Europa, vielleicht sogar in Deutschland, stattfinden lassen.

Deutschland als Boxweltmacht – »das allein war das Geld wert. Die Zukunft wurde bezahlt, nicht die Gegenwart!«

Gegen Deutschland als Austragungsland eines Baer-Schmeling-Kampfes gibt es seitens der NS-Führung Vorbehalte. In einem Brief an den Berliner Oberbürgermeister Sahm heißt es, dass ein Kampf gegen den »jüdisch-amerikanischen Boxer Baer« in Deutschland »auf Wunsch des Führers« nicht zustande komme.

Rothenburg startet Anfragen in England und den Niederlanden. In England denkt er an eine neue Arena in Blackpool und auch an das

Wembleystadion in London, aber laut »Boxsport« sind in England, wie auch in Italien, Kämpfe zwischen zwei Ausländern verboten. In Amsterdam denkt Rothenburg zunächst an das Olympiastadion von 1928. Als es konkreter wird, schreckt ihn die Amsterdamer »Lustbarkeitssteuer«, außerdem hält er das Stadion mit seinen 70.000 Plätzen für zu klein. Aber in der Nähe von Amsterdam guckt er ein Dorf aus, wo er eine Freiluftarena bauen lassen will. Allein der Innenraum soll hundert mal hundert Meter groß sein. »Diese Arena wollten wir dem Dorf, nach Austragung der Weltmeisterschaft, als Geschenk hinterlassen.« Ökonomische Probleme sieht Rothenburg keine, er hat schließlich gut mit dem Bürgermeister über die Gewerbesteuer verhandelt. »Die Steuerersparnis reichte aus, die Arena sozusagen umsonst zu bauen.« Rothenburg will schon den Vorverkauf organisieren. »Ich platzte beinahe vor Kraft und Freude. 100.000 Gulden waren nun auf einmal für mich zu verdienen. Dazu noch 10.000 Dollar Filmgeld. Rund eine viertel Million Mark für mich!«

Tatsächlich sind alle Verträge mit Baer und Schmeling schon unterzeichnet. Max Baer muss nur noch in Long Island seinen Titel gegen einen kaum bekannten und von niemandem ernst genommenen Boxer namens Jimmy Braddock verteidigen.

Doch diesen Kampf verliert Baer nach Punkten. Kaum vorbereitet geht er in den Ring. Seinen WM-Titel ist er los.

»Damit waren alle europäischen Weltmeisterschaftspläne ins Wasser gefallen«, jammert Arno Hellmis, »der Schwerpunkt der großen Boxschlachten verlagerte sich wieder nach ›Gottes eignem Land‹, wie die Amerikaner ihr Riesenreich in aller Bescheidenheit zu nennen belieben.«

Auf völlig unvorhergesehene Weise ist der Plan, dass Deutschland die USA als Boxhochburg ablösen soll, indem ein als arischer Übermensch geltender deutscher einen als jüdisch geltenden amerikanischen Boxer bezwungen hätte, zunichte gemacht. Ironischerweise ist es die Niederlage des Boxers mit dem Davidstern, die den Nazis ihren Triumph verhagelt.

Das Projekt, Deutschland zur Boxweltmacht zu machen, gibt die NS-Führung allerdings nicht auf. Im Halbschwergewicht bleibt die von den Deutschen dominierte IBU dabei, dem Amerikaner Bob Olin seinen Weltmeistertitel abzuerkennen und setzt eigene Titelkämpfe an, an denen sich die Deutschen fleißig beteiligen: Im Oktober 1936 verliert Adolf Witt (Kiel) gegen den Belgier Gustave Roth, im Januar 1938 unterliegt Jupp Besselmann (Köln) gegen Roth, und, endlich, am 25. März 1938, gewinnt Adolf Heuser (Bonn) in der Berliner Deutschlandhalle den Weltmeistertitel gegen Roth (K.o., 7.Rd.) und ist damit, irgendwie zumindest, zweiter deutscher Weltmeister nach Max Schmeling. Im April 1938 allerdings zieht die IBU all ihre Welttitel zurück, denn sie erkennt, dass das Projekt, »europäische Weltmeister« auszurufen, gescheitert ist.

»Aber nicht lange kann ich mich in meinem Weltmeisterglück sonnen«, schimpft Heuser, »mit meinen Fäusten habe ich mir die Weltmeisterschaft erkämpft – am grünen Tisch wird sie mir wieder abgesprochen.«

Promoter Rothenburg erweist sich nach der Niederlage Baers gegen Braddock 1935 als Stehaufmännchen. Seine Freunde »fanden mich aber nicht mit einer Kugel im Kopf vor«, schreibt er, »sondern mit einem neuen Plan«. Er will den geschlagenen Baer auch noch als Ex-Weltmeister nach Deutschland oder zumindest Europa holen. Er bietet nunmehr eine Gage von 100.000 Dollar, und nach den Angaben Rothenburgs ist Baer immer noch zu diesem Kampf bereit, allein eine Verletzung hindere ihn daran.

Wahrscheinlicher aber ist, dass Baer sich in aller Ruhe nach der Juni-Niederlage gegen Braddock auf einen Kampf gegen das aufstrebende Boxgenie Joe Louis vorbereitet, der im September 1935 stattfindet und den Baer durch K.o. in der vierten Runde verliert.

An den Weltmeister Jimmy Braddock kommt Rothenburg nicht richtig ran. »Es hat ihn lange genug gewurmt«, schreibt die »Boxsport« über den Promoter, »dass Braddock nur bereit ist, in Amerika seinen Titel als Weltmeister zu verteidigen und dass auch der neu hochgekommene Neger Joe Louis scheinbar nur in amerikanischer Luft kämpfen kann.«

Braddock bereitet sich, wie auch Max Baer, auf Joe Louis vor, und dieses Boxgenie wartet ja auch noch auf Max Schmeling.

# »Garantieren korrekten Verlauf«

## Botschafter für die Olympischen Spiele in Berlin (1936)

Seine zuletzt guten Kämpfe helfen Schmeling auf dem Weg zurück ins internationale Boxgeschäft. Er will einen Weltmeisterschaftskampf. Aus seiner Sicht sind nur noch ein paar Kleinigkeiten zu klären, doch diese Details erweisen sich als schwere Brocken.

Der aktuelle Weltmeister heißt Jimmy Braddock und gilt unter Boxexperten als schlagbar. Daher plant Braddocks Manager Joe Gould mit seinem Mann nicht langfristig, sondern holt so schnell wie möglich alle Angebote ein, die er kriegen kann. Das aus Deutschland erscheint ihm nicht attraktiv. »250.000 steuerfreie Dollar und prozentuale Beteiligung«, so berichtet Schmeling von diesem Angebot, gekämpft werden soll im Berliner Olympiastadion.

Nicht nur, dass Braddocks Management nicht so recht möchte; auch die Unterstützung der NS-Sportführung hat Schmeling zu diesem Zeitpunkt nicht in dem Umfang, in dem er sie gerne hätte. Die Olympischen Spiele 1936 finden in Deutschland statt, die Winterspiele in Garmisch-Partenkirchen, die Sommerspiele in Berlin. Und die sind der NS-Spitze wichtiger als ein WM-Kampf Schmelings.

Da sich aber in den USA eine Diskussion darüber entwickelt, ob nicht die Spiele in Nazideutschland zu boykottieren seien, ist es so, dass nicht Schmeling die Reichssportführung, sondern diese Schmeling für sich einspannt. Als bekannt wird, dass Schmeling Ende 1935 gemeinsam mit Max Machon in die USA reisen will, um den Kampf von Joe Louis gegen Paolino Uczudun zu sehen, meldet sich die Reichssportführung bei dem Boxer. Louis gilt immerhin mit hoher Wahrscheinlichkeit als Schmelings nächster Gegner, nachdem an Jimmy Braddock für deutsche Veranstalter partout kein Herankommen ist. Nach Schmelings zwar klarem, aber dennoch wenig überzeugenden Sieg über Paolino Uczudun entscheidet sich Louis' Management bewusst auch für den

Spanier. »Sie wollten«, erinnert sich Louis an das Kalkül seiner zwei Manager, »dass ich Uczudun schneller umhaue als Schmeling.« So ist es dann auch. Vor Schmelings Augen bezwingt Louis Uczudun am 14. Dezember in der vierten Runde durch technischen K.o.

Der stellvertretende Reichssportführer, Arno Breitmeyer, fordert Schmeling vor seiner Abreise zu diesem Ereignis in einem Gespräch dazu auf, doch die USA-Reise auch dazu zu nutzen, für die Olympischen Spiele 1936 in Berlin zu werben.

Kurz vor der Abfahrt trifft sich Schmeling auch mit Theodor Lewald. Das deutsche Mitglied des Internationalen Olympischen Komitees (IOC) war im Kaiserreich Staatssekretär und bis 1933 Vorsitzender des Deutschen Reichsausschusses für Leibesübungen. Er gilt den Nazis als »Halbjude«, ist aber, nicht zuletzt aufgrund seiner guten internationalen Verbindungen, Präsident des Organisationskomitees der Olympischen Spiele. Dem Nationalsozialismus steht Lewald mit »merkwürdiger Arglosigkeit« gegenüber, wie der Sporthistoriker Hajo Bernett konstatiert. Lewalds einziges Ziel ist die Durchführung der Olympischen Spiele, und damit die nicht gefährdet ist, gibt er Schmeling einen Brief an den damaligen Präsidenten des amerikanischen Olympischen Komitees, Avery Brundage, mit. Lewald garantiert darin die faire Gastfreundschaft der deutschen Regierung. Als Schmeling in New York den Brief übergibt, konfrontiert ihn Brundage mit Zeitungsmeldungen über die Diskriminierung der Juden in Deutschland: »Was sagen Sie dazu, Max? Einer amerikanischen Mannschaft würden Juden und Neger angehören. Wer garantiert uns, dass sie in Deutschland nicht behelligt werden?« Schmelings Antwort lautet: »Im Namen aller deutschen Sportler kann ich versichern, wir werden keine Diskriminierung zulassen, aus welchen Gründen auch immer, und garantieren für einen korrekten Verlauf der Spiele.«

Die Nazis hatten, als sie noch nicht an der Macht waren und noch keine diplomatischen Rücksichten nehmen mussten, klar formuliert, wie sie sich richtige Olympische Spiele vorstellen: »Neger haben auf der Olympiade nichts zu suchen«, hatte es 1932 im »Völkischen Beobachter« geheißen, und weiter wurde gefordert: »Die Schwarzen müssen ausgeschlossen werden. Wir erwarten es.«

Alle Beschwichtigungen der Olympiabewerber, wie leidlich zivilisiert doch Deutschland unter der Herrschaft der Nazis sei, werden durch den Nürnberger Parteitag konterkariert. 1935 werden dort die so genannten Nürnberger Gesetze beschlossen, nach denen nur Träger »deutschen oder artverwandten Blutes« die Staatsbürgerrechte ausüben dürfen und sowohl Eheschließungen als auch »außerehelicher Verkehr zwischen Juden und Staatsangehörigen deutschen oder artverwandten Blutes« verboten werden. Die Nürnberger Gesetze bilden die juristische Handhabe zur weiteren Judenverfolgung.

»Wie jedes Jahr, so auch 1935«, weilt Schmeling auf diesem Nürnberger Parteitag, so Ralf Müller in seiner Diplomarbeit zu Schmeling.

Obwohl die Nürnberger Gesetze klar machen, dass jüdische Sportler nicht für Deutschland antreten könnten, fordern die »Wackelgreise« (Hitler) des IOC von der deutschen Regierung eine »schriftliche Garantieerklärung«, dass die olympischen Regeln eingehalten werden. Die Deutschen erfüllen diese Forderung dann dergestalt, dass mit der Fechterin Helene Mayer und dem Eishockeyspieler Rudi Ball zwei von den Nazis als »Halbjuden« charakterisierte Sportler an den Spielen teilnehmen.

In den USA jedenfalls gibt es eine ernst zu nehmende Strömung, die für einen Boykott der Spiele eintritt. Ihr entgegen stehen antisemitisch geprägte Olympier. Von dem späteren IOC-Präsident Avery Brundage stammt etwa das Zitat: »In meinem Club in Chicago sind auch keine Juden zugelassen.« Und das Mitglied des amerikanischen Olympischen Komitees, Charles Sherrill, gibt zum Besten: »Es berührt mich keinen Deut mehr, wenn die Juden in Deutschland verfolgt werden, als wenn im Süden unseres Landes wieder mal gelyncht wird.«

Für einen Boykott der Nazispiele votiert der Präsident des größten Amateursportverbandes der USA, Jeremiah Mahoney. Die Entscheidung der USA, an den Spielen teilzunehmen, fällt knapp aus. Im Leichtathletikteam der USA dürfen dann, aufgrund des dort herrschenden Antisemitismus, die eigentlich qualifizierten jüdischen Sportler Marty Glickman und Sam Stoller nicht in der 4 x 100-Meter-Staffel laufen.

Dass die amerikanische Entscheidung für eine Berlin-Teilnahme ausfällt, rechnet Schmeling zu einem Gutteil sich selbst an. »Immerhin machte meine Fürsprache einigen Eindruck«, schreibt er in seinen »Erinnerungen«. »Zum Dank wurde mir bald darauf der Große Olympische Orden verliehen.« Dass die US-Entscheidung auch nur zu einem Teil auf Schmelings Engagement zurückgeht, wird von Olympiahistorikern jedoch weitgehend bestritten.

Arno Hellmis vom »Völkischen Beobachter«, der Schmeling in Amerika begleitet, hält jedenfalls Schmeling für den Mann, »dank dessen Bemühungen in New York die amerikanische Olympiabeteiligung überhaupt erst zustande kam. Dem Organisationskomitee für die XI. Olympischen Spiele hatte er damit einen unschätzbaren Dienst erwiesen.«

Jahre später schaut Schmeling durchaus kritisch auf seine Botschaftertätigkeit zurück: »Im Nachhinein wird mir die grenzenlose Naivität deutlich, mit der ich mich, trotz aller Erfahrungen, für Dinge verbürgte, die gänzlich außerhalb meiner Macht lagen. Keine Zusage, kein Versprechen konnte Hitler, sofern er überhaupt davon wusste, daran hindern, mich nach Belieben zu desavouieren.«

Im Herbst 1935 noch hat Schmeling bei seinem Freund und Nachbarn Josef Thorak bemerkt, dass die Verfolgungswut der Nazis gegen Juden auch vor Günstlingen des Systems nicht Halt macht. Thorak, neben Arno Breker der von den Nazis, besonders von Albert Speer, am stärksten geförderte Bildhauer des Dritten Reiches, war in zweiter Ehe mit Hilda Lubowska verheiratet, einer Jüdin. »Nicht nur eine reizvolle Erscheinung«, schreibt Schmeling in seinen »Erinnerungen« über Frau Thorak, »sondern auch eine hervorragende Köchin, deren Kaiserschmarrn bald weit über Saarow-Pieskow hinaus bekannt war.« Nach der Machtübernahme der Nazis lässt sich das Ehepaar Thorak pro forma scheiden und lebt ohne Trauschein zusammen in Saarow-Pieskow. Nach den Nürnberger Gesetzen vom Herbst 1935 ist dies eine »Rassenschande«. Schmeling kommentiert: »Die Trennung, die alles hatte leichter machen sollen, erwies sich nun als Unglück. Ohne die Scheidung hätten sie zusammenbleiben können; denn bestehende ›Misch-Ehen‹ wurden vorerst noch geduldet.«

Nach einer Denunziation, dass Thorak mit einer Jüdin zusammenlebe, kommt die Gestapo und überwacht das Haus der Thoraks. »Am nächsten Morgen nahm ich die Sache in die Hand«, schreibt Schmeling. »Ich fuhr nach Berlin und meldete mich kurzerhand bei Goebbels.« Der empfängt ihn zu Hause, gemeinsam mit seiner Frau, Magda Goebbels. Schmeling lobt Frau Thorak. Und anderem schildert er,

»wie Frau Thorak ihre Kinder anhielt, sogar Führer-Reden im Radio zu hören; ich selbst sei Zeuge gewesen, wie sie die unaufmerksamen Kinder mit den Worten zurechtwies, sie müssten in der Schule doch Bescheid wissen«. Schmeling bewirkt, dass ein Staatssekretär aus Goebbels' Propagandaministerium sich mit Frau Thorak trifft. Der schlägt ihr vor, weiter in Saarow-Pieskow zu wohnen, aber sich nicht mehr mit Josef Thorak zu treffen; daraufhin zieht sich die Gestapo zurück. Josef Thorak, der Nazigünstling, trennt sich bald von seiner Frau, die aber noch bis 1938 dort leben bleibt und dann nach Frankreich und später nach England emigriert. Schmeling-Biograf Ripperger berichtet, wie es weitergeht: »Nach dem Krieg nutzte der in Not geratene Thorak die Treue und Gutmütigkeit seiner geschiedenen, ihn anscheinend immer noch liebenden, einstigen Gefährtin ein weiteres Mal aus, indem er sie im Zuge der Entnazifizierung im Mai 1948 vor der Spruchkammer München zu seiner Entlastung aussagen ließ. Nach diesem Akt zeigte er ihr erneut die kalte Schulter, brach die Kontakte zu ihr ab und heiratete aus Karrieregründen eine Amerikanerin.«

Als Schmeling wieder zurück in Deutschland ist, meldet sich auch Adolf Hitler wieder bei ihm. Der Führer will, so wird es Schmeling durch seinen Freund Heinrich Hoffmann ausgerichtet, persönlich darüber informiert werden, was Schmeling bezüglich der amerikanischen Olympiapläne ausrichten konnte. Zunächst trifft man sich im Restaurant »Osteria Bavaria« in München, später in Hitlers Münchner Stadtwohnung. »Herr Reichskanzler«, gibt Schmeling seine Worte wieder, »es stand wirklich auf der Kippe. Mister Brundage hat mir gesagt, dass nur eine oder zwei Stimmen den Ausschlag gegeben hätten. Gewisse Übergriffe einzelner Parteistellen haben in Amerika böses Blut gemacht. Vor allem fürchteten viele für die Sicherheit der jüdischen und schwarzen Besucher.« Hitler antwortet: »Das ist ja kein Wunder, dass alles verhetzt ist. Wo die ganze Presse verjudet ist!«

# »I've zeen zomezing«

## Vor dem ersten Kampf gegen Joe Louis (1936)

Der Hauptzweck von Schmelings Reise nach New York im Dezember 1935 ist aber nicht die Werbung für die Olympischen Spiele. Schmeling und Machon schauen sich vor allem den Uczudun-Kampf von Joe Louis an. Von dem jungen Boxgenie ist Schmeling beeindruckt: »Jede der drei Runden zeigte mir, dass die Faszination, die der 21-jährige Boxer überall erregte, nicht übertrieben war«, heißt es in den »Erinnerungen«. Gegenüber Journalisten sagt Schmeling einerseits, Louis sei »der härteste Schläger, den ich je gesehen habe«, andererseits aber hat Schmeling in den letzten sechs, sieben Jahren genug über die Bedeutung der Reklame im US-Boxen gelernt. »I've zeen zomezing«, sagt er mit deutsch gefärbtem Englisch, und auch auf Nachfrage versichert er, er habe da etwas gesehen, das Louis schlagbar mache. Aber was, das wolle er nicht sagen.

Nicht zuletzt durch diesen Reklametrick wird Schmelings Vertrag für einen Louis-Kampf perfekt gemacht. Er schließt ihn mit Mike Jacobs. Der, nicht verwandt mit Schmelings Manager Joe Jacobs, nutzt die Krise des Profiboxens Anfang der dreißiger Jahre, um sich von seinem früheren Arbeitgeber, dem Madison Square Garden, zu trennen und mit dem Twentieth Century Sporting Club selbstständig zu machen. Vor allem, und mit Erfolg, promotet er Joe Louis, der ihn einen »true hustler«, einen echten Gauner, nennt.

»John, du und Joe seid Farbige«, soll Jacobs zu Louis-Manager Black gesagt haben, »ich bin Jude. Aber wenn wir uns vertrauen, werden wir es schaffen.« Jacobs verbündet sich mit dem Hearst'schen Milchfonds, dem er einfach ein günstigeres Angebot macht als der Madison Square Garden. Den Garden aus dem Kontrakt mit dem Milchfonds herauszulösen, ist umso leichter, als Jacobs mit drei Reportern der Hearst-Presse besonders innig verbunden ist.

Der Aufstieg von Mike Jacobs zum wichtigsten Boxpromoter der USA hat für Kämpfer wie Louis den Vorteil, dass ihnen nun endlich auch New York offensteht. Bislang galt, dass New York kein Markt für schwarze Boxer ist. Der Boxexperte Nat Fleischer hält den Aufstieg von Mike Jacobs für »eine historische Wende im Boxen«. Während der Garden mit dem Weltmeister Braddock verbunden ist, hat Jacobs »die größte Attraktion in Amerika« unter Vertrag – Joe Louis.

Joe Louis wurde 1914 in Alabama geboren und wuchs in Detroit auf. Sein bürgerlicher Name ist Joseph Louis Barrow. Nach einigen Amateurjahren wird er 1934 Profi. Betreut von einem schwarzen Trainer, Jack Blackburn, und zwei schwarzen Managern, Julian Black und John Roxborough, beginnt eine der größten Boxkarrieren der Sportgeschichte. »Joe Louis kam nicht langsam und gut aufgebaut wie andere Boxtalente«, sagt Schmeling einmal, »Joe Louis war ohne Anlaufzeit eines Tages einfach da und schlug alles zusammen.« Vor dem Schmeling-Kampf 1936 hat Louis seine 27 Kämpfe alle gewonnen, 23 davon durch K.o., und die Gegner, die er vermöbelt, sind Leute aus der Weltklasse: Paolino Uczudun etwa oder King Levinsky. Nachdem er Max Baer im September 1935 in der vierten Runde k.o. geschlagen hat, bekennt der: »Ich hätte vielleicht weiterboxen können, aber wenn die Zuschauer eine Hinrichtung sehen wollen, müssen sie mehr als 25 Dollar Eintritt bezahlen.«

Als er im Juni 1935 den Ex-Weltmeister Primo Carnera k.o. schlägt (6. Rd.), hat Louis auch schon Erfahrungen sammeln können, wie es ist, ein politisches Symbol zu sein. Das faschistische Italien schickte sich da nämlich gerade an, Äthiopien zu erobern, und Carnera gilt als Günstling des Diktators Mussoloni. »Eine lustige Sache, wie ziemlich viel Ärger, der sich in Europa zusammenbraute, uns auf einmal berührte«, schreibt Louis in »My Life«. »Hier hatten ein schwarzer Mann und ein Italiener einen Kampf. Die ganze Welt schaute auf uns. Jede Menge Gruppen schwarzer Leute kamen ins Trainingslager, um mir zu erzählen, dass ich Äthiopien repräsentierte.« Vor dem Kampf wird tatsächlich eine Ankündigung verlesen, in der alle Zuschauer gebeten werden, »den Kampf als die Auseinandersetzung zweier Kämpfer zu sehen und als nichts mehr«, schreibt der Historiker Arthur Ashe in »A Hard Road to Glory«, dem Standardwerk zur Geschichte der schwarzen Sportler Amerikas. »Aber für viele Beobachter war der Kampf dennoch ein Beispiel für die Auseinandersetzung zwischen amerikanischer Demokratie und italienischem Faschismus. Nach Louis' Sieg über Carnera stieg sein Ansehen in der schwarzen Community enorm«, heißt es bei Ashe weiter, der in seiner aktiven Zeit der erste und bislang einzige schwarze Tennisprofi ist, der Wimbledon gewinnt.

Bevor es nun gegen einen Vertreter Nazideutschlands geht, absolviert Louis noch einen letzten Aufbaukampf: Am 17. Januar 1936 schlägt er Charly Retzlaff in Chicago in der ersten Runde k.o.

Als Machon und Schmeling nach dem Uczudun-Kampf zurück nach Deutschland fahren, gehen sie auf die Suche nach dem Fehler, den Schmeling gesehen haben will. »Ein ganzer Koffer war voller Filmrollen«, erinnert sich Schmeling. »Machon hatte mir unbemerkt Kopien aller Filme von früheren Louis-Kämpfen besorgen müssen. Zu Hause wollte ich sie mir auf Zeitlupe umkopieren lassen, um jede Phase im Vor- und Rücklauf immer wieder minutiös studieren zu können.« Für Schmeling und Machon steht fest, dass sie nur dann eine Chance gegen Joe Louis haben, wenn sie sich der Methoden der noch jungen Sportwissenschaft bedienen. »Der Kampf gegen Joe Louis würde gleichsam generalstabsmäßig vorbereitet werden müssen – oder ich war ohne Chance.«

Der Fehler, den Machon und Schmeling bei der Filmanalyse entdecken, ist der: »Jedesmal, wenn Joe mit der Linken seine kurzen, gefährlichen, oft zwei- bis dreimal wiederholten Haken schlug, ließ er im Anschluss daran den linken Arm fallen.«

Zu diesem kleinen Fehler von Louis passt ausgerechnet Schmelings Stärke: die krachende Rechte, die er abschießen will, sobald Louis seinen linken Arm zu tief halten wird. »Es war eine kaum merkliche, unbewusste Reaktion, und sie mochte nur dem auffällig sein, der den Boxer zugleich versessen und ganz nüchtern, gewissermaßen mit dem Auge eines Naturwissenschaftlers, beobachtete«, heißt es in den »Erinnerungen«.

Nicht nur bezogen auf die Olympischen Spiele, auch wegen des Schmeling-Louis-Kampfs engagieren sich vor allem jüdische Gruppen in den USA für einen Boykott. Dass sie wirkungslos bleiben, hat zum Teil mit dem Klima in den USA zu tun, das schon entlang der Olympiadebatte deutlich wurde.

Louis-Biograf Gerald Astor schreibt über den Promoter: »Mike Jacobs hatte geglaubt, dass die ideologische Aura um diesen Kampf gut für sein Boxgeschäft wäre. Er war überrascht, als Gespräche darüber begannen, ob man diesen Kampf nicht boykottieren sollte.« Jacobs, ein Jude, antwortet auf solche Boykottforderungen, »dass Louis Schmeling ohnehin schlagen wird«, wie die »American Jewish Historical Society« berichtet.

In seiner Autobiografie »My Life« schreibt Louis: »Später haben wir herausgefunden, dass einige jüdische Organisationen einen Schwung von Flyern an Vorverkaufsstellen verschickt hatten, in denen diese gebeten wurden, den Kampf zu boykottieren, weil Schmeling Nazideutschland ›repräsentiert‹. Die ganze Sache machte mich nervös.«

Auch Schmeling wird unruhig. Er beschwert sich bei Frank Graham, einem Sportjournalisten der »New York Post« über die kritische Vorberichte in dessen Zeitung: »Was hat Hitler mit mir zu tun? Er ist Politiker, ich bin Sportsmann.«

Schmeling zu unterstützen, ist in den USA vor allem eine Spezialität rassistischer Südstaatler. Als eine »Herrschaft des Terrors im Schwergewicht« charakterisiert die Zeitung »New Orleans Times-Picayune« etwa Louis' Aufstieg, die vom »Schwarzen Uhlan«, so Schmelings Kampfname, beendet werden solle.

Aber auch in New York findet sich unverhüllter Rassismus in den Zeitungen. »Hier war eine wahrhaft wilde Person«, berichtet der Journalist Paul Gallico in den »New York Daily News« über ein Treffen mit Louis. »Ich hatte das Gefühl, dass ich zusammen mit einem wilden Tier in einem Raum war.«

Einen weiteren Grund, warum es 1936 keine größere Boykottbewegung gibt, nennt Gerald Astor in seiner Louis-Biografie »And a Credit to His Race«. »Auch in den Vereinigten Staaten trug die Nazisaat Früchte. 1936, als Max Schmeling seine Freunde in den USA und in seiner Heimat erfreute, organisierten sich die Freunde des Neuen Deutschlands in einem Deutsch-Amerikanischen Bund mit einem eingebürgerten Amerikaner und deutschem Armeeleutnant aus dem Weltkrieg namens Fritz Kuhn als ›Fuehrer‹. In diesem Jahr unternahm der ›Bund‹ Kundgebungen ausgerechnet im Madison Square Garden.« Auch in Pompton Lake, dem Trainingslager von Joe Louis, tauchen die amerikanischen Nazis auf, um für »sozial gerechte, weiße, nichtjüdisch geführte Vereinigte Staaten« zu demonstrieren, wie es in ihrem Aufruf heißt.

»Ich habe gehört, dass sie da sein sollen«, sagt Louis' Manager Julian Black desinteressiert, »aber ich habe sie nicht gesehen.« Joe Louis selbst antwortet auf die Frage, ob er, im Angesicht des Rassismus, wirklich gerne Amerika repräsentiere, kurz und überzeugend: »Man, whatever's wrong with my country ain't nothing Hitler can fix.« Was auch immer in meinem Land falsch läuft, Hitler ist bestimmt nicht der, der es beheben kann.

Schmeling bezieht mit seinen Leuten sieben Wochen vor dem Louis-Kampf Quartier in Napanoch, etwa 150 Kilometer außerhalb von New York. Dort probieren Schmeling und Machon neueste Trainingsmethoden aus. Nicht nur, dass die Filmanalyse weitergeht, auch das Lauftraining wird verstärkt: Schmeling läuft etwa tausend Kilometer in diesen sieben Wochen. Außerdem achten Schmeling und Machon darauf, dass keiner der Journalisten beim Sparring ihren »I've-zeen-zomezing-Trick« erkennen kann. Schmeling setzt im Training so gut wie nie die Rechte ein.

In Deutschlands NS-Presse ist im Vorfeld des Kampfes Zurückhaltung angesagt. Im Propagandaministerium geht man nämlich nicht von einer Siegchance Schmelings aus und weist daher die Redaktionen an, die Boxer in den Vorberichten nicht als Vertreter »der weißen und der schwarzen Rasse« darzustellen. Dies gelte auch »im Falle eines Sieges Schmelings«.

Bei den amerikanischen Buchmachern liegt Louis um Längen vorn, und prominente Tipper auf Schmeling sind selten. Aber ausgerechnet Jack Johnson, der erste und bis zu diesem Zeitpunkt einzige schwarze Schwergewichtsweltmeister der Geschichte (1908-1915), setzt auf Schmeling und gibt ihm öffentlich Tipps, wie Louis zu besiegen sei. Johnson wird in der deutschen Presse ignoriert.

Auch Marlene Dietrich setzt Geld auf Schmeling, sogar auf einen K.o.-Sieg Schmelings. Der deutsche Weltergewichtler Gustav Eder, der sich zur gleichen Zeit in den USA aufhält, schwört ebenfalls auf Schmeling, wie auch ein Reporter der Hearst-Presse, den aber niemand so recht ernst nimmt. Auch wenn, mit der einen Ausnahme dieses Bill Farnsworth, die Hearst-Reporter von einem Sieg Louis' ausgehen, so bemühen sich doch die Blätter des Konzerns, dem Kampf seine politische Symbolik zu nehmen. Vielleicht ist das auch ein Grund für das

▲ Vom Halbschwer- ins Schwergewicht. Max Schmeling 1929

▲ Mit Ernst Lubitsch (rechts) und Clara Bow. Hollywood 1929

▲ Als Star aus Amerika zurück. Ankunft in Berlin 1929

▲ Verlust des WM-Titels gegen Jack Sharkey. New York 1932

◄ Geschlagen von dem Boxer mit dem Davidstern. Mit Max Baer in New York 1933

◀ Mit seinem Freund und Trainer Max Machon. Um 1930

▼ Mit seinem Manager Joe Jacobs. Um 1930

▲ Mit seiner Mutter Amanda. Berlin 1932

◀ Mit seiner Ehefrau Anny Ondra. 1930

▲ Sieg über Walter Neusel. Hamburg 1934

◄ Mit Anny Ondra bei Hitler in der Reichskanzlei. Berlin 1936

▲ Der K.o. des Joe Louis. New York 1936

Die Wiegeszene vor dem ersten Kampf gegen Joe Louis. New York 1936 ►

▲ Das Comeback, Sieg über Werner Vollmer, Frankfurt/Main 1947

◄ Vor seinem Haus in der Nordheide. Hollenstedt 1986

Scheitern der Boykottbemühungen. Der Verleger William Randolph Hearst hält gute Kontakte zu Nazideutschland; in einigen seiner Blätter erscheint sogar eine Artikelserie von Hermann Göring, die nach Protesten bald eingestellt wird.

Die Zurückhaltung, die das Goebbels-Ministerium verordnet, ist aber in Deutschland Mitte der dreißiger Jahre kaum aufrechtzuerhalten. 1935 etwa hatte eine naiv-verblüffte »Boxsport« ihren Lesern Joe Louis vorgestellt: »Der Neger kann wirklich schlagen.« Und die Überschrift zum Vorbericht auf den Kampf lautete: »Schwarz oder Weiß?« Was es an Lob für Louis vorzutragen gibt, klingt so: Er sei »still und bescheiden bei seiner Rasse, bei seiner Farbe«.

Im Jahr zuvor war noch zu lesen gewesen, Louis sei ein »Eisenklotz«, getrieben von »Vernichtungswut« und einer »urwaldhaften Wildheit«, und selbst für Blinde leicht zu erkennen, denn »sie riechen anders, die Neger, als die Weißen – und dazu braucht man nicht einmal eine besonders feine Nase zu haben«.

Arno Hellmis, der in diesen Jahren zum führenden Boxreporter Deutschlands aufsteigt, schreibt über Louis: »Zieht man seine boxerischen Qualitäten, seinen unerhört beidhändigen Schlag und sein instinktmäßiges, durch die Rasse bedingtes ›Boxgefühl‹ ab, dann bleibt Joe Louis – ein primitiver, durchaus unintelligenter Naturbursche von einigen zwanzig Jahren.« Dass so einer in den USA Karriere macht, kann sich ein Nazijournalist wie Hellmis nur damit erklären, dass die amerikanische Piongeneration satt sei, »die Parasiten kamen – wie überall – erst später«. Den Umstand, dass Louis in den USA auch bei vielen Weißen populär ist, begründet er damit, dass Louis ein »Halbneger« sei, »hellhäutig, also ›amerikanisiert‹«. Die weißen Amerikaner sähen »in Joe Louis so etwas wie das Produkt der von ihnen erreichten Aufzucht einer als minderwertig verfemten Rasse, mit der sie nun mal zusammen leben müssen«.

Der Gegenentwurf zu dem schwarzen Boxer Joe Louis ist der überlegene Arier, verkörpert von einem deutschen Boxer, der aufgrund »unserer völkischen Eigenart« auch ganz anders boxt. »Der Nordländer«, so hat es Ludwig Haymann in seiner Schrift »Deutscher Faustkampf nicht pricefight« formuliert, sei stets überlegen, denn er ist es, der »vermöge seiner blitzartigen Reaktionsfähigkeit vernichtende Kontermöglichkeiten besitzt.«

In die Rolle des nordmännischen vernichtenden Ariers stößt man, ob er will oder nicht, Max Schmeling. Und Schmeling stellt sich dem auch nicht entgegen.

Bevor er im Frühjahr mit der unmittelbaren Kampfvorbereitung beginnt und ein Trainingslager bezieht, besucht Schmeling seinen Freund Bengt Berg in Schweden und schießt dort seinen ersten Elch. Berg ist Zoologe und Tierschriftsteller, verwandtschaftlich lose und ideologisch eng verbandelt mit Hermann Göring, der zu diesem Zeitpunkt Ministerpräsident von Preußen, Oberbefehlshaber der Luftwaffe, Beauftragter für den Vierjahresplan und später auch Reichswirtschaftsminister ist. Bengt Berg himmelt Göring, der sich auch Reichsjägermeister nennt, an. Für die NS-Machthaber arbeitet der Schwede an der Idee eines deutschen Urwildparks für den Naturschutz, der im Darß an der Boddenküste entstehen sollte.

Schmeling, der 1934 dem Reichsbund Deutsche Jägerschaft, Gruppe Grunewald-Schmargendorf-Halensee, beitrat, hegt ebenfalls engen Kontakt zu Göring. Und von Bengt Berg sind Schmeling wie Göring sehr angetan. Auch nach 1945 hält Schmeling den Kontakt zu dem Schweden, der »bis zum Zusammenbruch des Deutschen Reichs ein Sympathisant des Regimes« blieb, wie es Schmeling-Biograf Ripperger formuliert.

Am 18. Juni, als es so weit ist, regnet es in New York. Was die Gesamtdramaturgie der Auseinandersetzung angeht, sorgt der Regen dafür, dass die Spannung herausgezögert wird: Die Veranstalter im Yankee-Stadion müssen um einen Tag verschieben. »Normalerweise wäre auch ich von der Verlegung nicht begeistert gewesen«, heißt es in »8-9-aus!«, »in diesem Fall aber kam sie wie gerufen! Ich fühlte mich trotz der beim Wiegen zur Schau gestellten Zuversicht längst nicht so topfit wie in den Tagen zuvor. Aber 24 Stunden später konnte alles wieder in Ordnung sein.«

Joseph Goebbels notiert in sein Tagebuch: »Boxkampf Schmeling-Louis abgesagt. Abends kommt Anny Ondra. Sie ist unglücklich. Wir heitern sie auf.«

Etliche Zuschauer fordern ihr Geld zurück. »Sag ihnen, sie sollen zur Hölle gehen«, weist Promoter Mike Jacobs seine Angestellten an, wie sie mit solchen Wünschen umzugehen haben. »Ich habe die Tickets nicht für ein Datum verkauft, sondern für einen Kampf.«

Am nächsten Tag kommen nur 42.088 Zuschauer ins Yankee-Stadion. Für Schmeling liegt der Grund darin, »dass man in den Vorschauen auf diesen Fight die Chancen allzu einseitig vergeben hatte«. Wahrscheinlich aber liegt der geringere Zuschauerzuspruch schlicht an der durch Regen bedingten Verschiebung. Immerhin, die Gesamteinnahme beträgt 547.531 Dollar. Die Filmrechte sichert sich für bescheidene 25.000 Dollar Max Schmeling persönlich.

Kurz vor dem Kampf kommt der bereits 80-jährige Boxmanager Tom O'Rourke, der unter anderem früher Ludwig Haymann in den USA betreute, in Schmelings Kabine, um ihm Glück zu wünschen. »Wenn einer mit diesem Joe Louis fertig wird«, soll O'Rourke gesagt haben, »dann bist du es, Max.« Dann greift er sich ans Herz, bricht zusammen und stirbt. »Ich kam nicht dazu, über den tragischen Vorfall nachzugrübeln«, heißt es in Schmelings »8-9-aus!«.

Im Stadion bekommt man von dem tödlichen Vorfall nichts mit. Die Radioübertragung für Deutschland übernimmt Arno Hellmis. Erst im Frühjahr 1933 ist Hellmis zur »Boxsport« gekommen, doch dann beginnt eine rapide Karriere des überzeugten Nationalsozialisten, die ihn bald zum Schriftleiter des »Völkischen Beobachters« macht. Bei diesem Kampf in Amerika ist er der einzige Journalist aus Deutschland, der auch für deutsche Medien arbeitet. Hellmis überträgt nicht nur fürs Radio, sondern schreibt auch u.a. für die »Boxsport« und den »Völkischen Beobachter«.

Vor den Radios, aus denen Hellmis' Stimme knattert, versammelt man sich in Deutschland. »Den Inhabern der Radiogeschäfte wuchsen die Reparaturaufträge über die Köpfe, und in den Auslagen standen nur noch wenige Apparate mit Amerikaempfang«, schreibt Schmeling-Biograf Carl Otto Hamann.

Die Familie Goebbels hat, wie schon am Vorabend, Anny Ondra eingeladen. Sie ist häufig bei den Goebbels zu Gast, erst am 19. Mai, also vier Wochen vor dem Kampf, hatte Ondra mal wieder die befreundete Familie besucht und war über Nacht geblieben.

»Schwanenwerder: Frau Schmeling ist da. Wir warten auf Maxens Boxkampf mit Joe Louis«, heißt es am 19. Juni im Tagebuch von Joseph Goebbels über die Stunden vor Schmelings großem Kampf. »Wir sind den ganzen Abend in Spannung. Die kleine Anny Ondra ist ganz aufgelöst … Abends noch mit den Kindern gespielt. Die Nacht aufgeblieben. Boxkampf Schmeling/Louis. Zerletts da, die Anny Ondra und Ello. Wir erzählen, lachen und heitern Anny auf. Sie ist entzückend. Dann um 3h beginnt der Kampf.«

# »Kuh tötet Metzger«

## Sieg über Joe Louis (1936)

»Ja, hier ist Edwin C. Hill im Yankee-Stadion von New York City.« So meldet sich am 19. Juni 1936 einer der berühmtesten Sportjournalisten der USA, um gemeinsam mit seinem Kollegen Clem McCarthy über den Boxkampf zwischen Joe Louis und Max Schmeling zu berichten. »Sie werden die Frage auskämpfen«, knattert Hill weiter ins Mikrofon, »wer im nächsten September Jimmy Braddock um die Weltmeisterschaft im Schwergewicht herausfordern wird.«

Es ist für die amerikanischen Radiohörer der Auftakt zu dem Boxkampf, der in der deutschen Presse später als der »Kampf des Jahrhunderts« bezeichnet werden wird.

Wie Deutschland die Radioreportage von Arno Hellmis erlebt, schreibt am nächsten Tag der »Berliner Lokal-Anzeiger« in seiner Abendausgabe. »Wir glauben nicht, dass große Schicksale sich in Faustkämpfen entscheiden«, gibt sich das Blatt scheinbar zurückhaltend. »Wir mochten nie und keinen Augenblick lang in dem Misserfolg eines deutschen Boxers eine Minderung des deutschen Ansehens erblicken. Aber Leid tat es uns doch, als heute Nacht nach der zweiten Runde des Kampfes der fantastisch lebendig nah-ferne Mann am Mikrofon drüben besorgt und tröstend zugleich das ›Veilchen‹ am Auge Schmelings beschrieb, von dem man nur hoffen konnte, dass es nicht doch noch von dem braunen Gärtner Louis zu einer Dahlie aufgepflegt werde.«

In den ersten Runden beginnt Louis in der Tat stark, und Schmeling ist ja ohnehin als Spätstarter bekannt, der seine Kämpfe langsam aufbaut.

In Arno Hellmis' Schmeling-Buch aus dem Jahr 1937 liest sich die Schilderung der ersten Runden so: »Die Weißen im Stadion waren wieder still geworden. Es stand böse um den letzten Schwergewichtler der weißen Rasse, den Letzten aus dem Eliteaufgebot zweier Kontinente.«

Aber nach den ersten Runden bekommt Schmeling Oberhand. »Die Sensation bringt die vierte Runde, in der es Schmeling nach anfänglicher Überlegenheit von Louis gelingt, denselben durch einen schweren Rechten zu Boden zu zwingen. Der Neger kommt zwar gleich wieder hoch, doch hat ihn der Schlag gewaltig erschüttert«, heißt es in Hellmis' Artikel für den »Völkischen Beobachter«.

In Clem McCarthys Radiobericht wird die Szene so geschildert: »Louis versucht es mit einer Linken. Keine Wirkung. Schmeling mit einer weiteren Linken. Louis wieder mit einer Linken, und sie stehen weiter in der Ringmitte. Schmeling drückt Louis vorsichtig zurück, er wartet auf eine Öffnung, die er sich wünscht, und Schmeling schlägt eine Rechte hoch an Louis' Kiefer, die seinen Kopf erschüttert. Schmeling hat Louis am Boden. Joe Louis ist am Boden! Er wartet nicht das Zählen ab, er steht schon bei ›zwei‹ wieder.«

Was der amerikanische Reporter entdeckt, ist genau das, was Schmeling in der Kampfvorbereitung zu dem Satz »I've zeen zomezing« bewegte. Für Schmeling stellt sich das so dar: »Joe schlägt eine Linke, trifft mich, schlägt eine zweite Linke, trifft mich noch einmal. Er nimmt den Arm zurück, um zu einer dritten auszuholen. Dabei lässt er ihn um Zentimeter nach unten fallen. Auf diese Sekunde, auf diese Chance habe ich gewartet! Wie der Blitz bin ich mit einem Konterschlag in dieser Blöße, schmettere Joe die Rechte ans Kinn. Ich treffe ihn um eine Idee zu hoch, doch der Schlag genügt: Der ›Braune Bomber‹ sackt in sich zusammen und geht auf die Bretter.«

Ein erfahrener Kämpfer wäre länger am Boden geblieben, hätte das Anzählen des Ringrichters bis »acht« abgewartet, um sich ein bisschen zu sammeln. Aber der 22-jährige Louis springt sofort wieder auf.

Diese vierte Runde ist die Schlüsselrunde des Kampfes. Noch 1964 gibt der Sportjournalist Helmut Sohre in seinem Buch »Bis zur letzten Runde« die originelle Beobachtung zum Besten, dass ab dieser vierten Runde die Stimmung gekippt sei: »Das ganze Stadion steht hinter Max Schmeling. Selbst die Neger werden ihrer Sache untreu und wechseln mit fliegenden Fahnen ins Lager des Deutschen über. Die Gleichen, die vorher Schmelings Begräbnis vorausgesagt haben, schreien nun: ›Kill him, Max, kill him.‹« Sohres Behauptung ist durch nichts gedeckt: nicht durch die Berichte von Augenzeugen, nicht durch den Film, nicht durch die deutsche oder die amerikanische Radioreportage, in denen jeweils deutlich die Geräuschkulisse zu hören ist. Man muss schon dem »Völkischen Beobachter« und seinem »zum Schmeling-Louis-Kampf entsandten Sonderberichterstatter Arno Hellmis« glauben, um die These von den das Lager wechselnden Schwarzen ernst zu nehmen. »Ganz Amerika von der großen Leistung des Deutschen begeistert«, titelt das Naziblatt nämlich.

Immerhin, mindestens zwei Zuschauer sind begeistert. »Als Joe Louis wieder einmal die Rechte von Max zu kosten bekam und ein Orkan von anfeuernden Schreien den Kampf begleitete«, berichtet Hellmis über sein Erlebnis an diesem Abend, »sah ich hilfesuchend zu meinem Techniker herunter: Auf dem Stuhl, auf dem der Mann eigentlich sitzen sollte, lagen ein Paar einsame Kopfhörer. Mein Techniker aber, der stand obendrauf auf seinen Wunderkisten und brüllte aus Leibeskräften: ›Go on, Maxieboy, kill that nigger, kill him!‹«

Edwin C. Hill, einer der zwei amerikanischen Radioreporter, lobt kurz vor Beginn der zehnten Runde die »Fairness der Fighter« und befindet: »Hier fühlt man keine Spur von rassistischen Gefühlen, von Antinazismus oder Ähnlichem. Die Leute hier im Yankee-Stadion stellen nur fest, dass wir hier zwei ganz große Athleten erleben.«

Schmeling erarbeitet sich weitere Vorteile. »Die zwölfte Runde bringt das Ende. Nach anfänglichem Herumtasten fängt Schmeling den Neger in der Ringmitte durch einen genau gezielten Uppercut ab, Louis hängt sich, vollkommen groggy, an Max, der zurückspringt und dem Gegner einen ganzen Hagel von Schlägen anbringt«, so Hellmis weiter in seinem Bericht für den »Völkischen Beobachter«. »Von diesen schweren Serien kann sich der Neger nicht mehr erholen und muss sich auszählen lassen. Sieger durch K.o. und damit weiter einmal Anwärter auf die Weltmeisterschaft aller Klassen: unser Landsmann Max Schmeling.«

Nach dieser boxerischen Sensation, die von den deutschen Machthabern entsprechend politisch ausgenutzt wird, geht die Mehrzahl der Zuschauer traurig nach Hause. Am Tag nach Louis' Niederlage beginnt die »Detroit Free Press« ihren Bericht so: »Die Kuh tötete den Metzger. Der Delinquent hat seinen Henker ausgeknockt. Ein Millionendollargeschäft ist in den Bankrott gestürzt.«

Auf amerikanischer Seite wird nach boxerischen Gründen für die Niederlage des großen Talents gesucht. Zu sorglos sei er in den Kampf gegangen, habe den Deutschen als zu alt und zu unbeweglich angesehen. Schließlich hatte Louis ja die Quervergleiche vorab alle gewonnen: Paolino Uczudun, mit dem Schmeling über die Runden ging, besiegte er in der vierten Runde durch technischen K.o. Max Baer, der Schmeling so verprügelte, ging unter Louis' Fäusten k.o., gleichfalls in der vierten Runde.

Zum Vorwurf der Sorglosigkeit gehört auch, dass Louis neben seiner Ehe auch immer Affären mit Frauen hatte. Sein Trainer »Chappie« Blackburn habe die jungen Frauen in Louis' Nähe immer vertrieben, »aber ich habe sie doch überall gefunden«.

Außerdem sei Louis zu kampfunerfahren gewesen. Er habe den Kampf zu schnell gewinnen wollen, sei voreilig in die ersten Runden gegangen, habe zu wenig auf die Defensive geachtet, und nach dem ersten Niederschlag sei er zu früh aufgestanden.

Zu viel Golf habe Louis gespielt, lautet eine andere Theorie. Schließlich sponserte er eine kleine Profigolftour und verpflichtete für sich selbst einige schwarze Profis als Trainer. Die beim Golf trainierten Muskelpartien, hieß es – was sportwissenschaftlich Unfug ist –, seien schädlich fürs Boxen.

Auch Verschwörungstheorien kursieren in der schwarzen Community: Schmeling habe sich den Sieg erkauft, Louis oder seine Betreuer hätten sich von Schmelings Trainer Max Machon Bargeld geben lassen.

Eine besonders absurde Theorie wird erst im Deutschland des Jahres 1970 formuliert, im »Neuen Deutschland« aus der DDR: »Man kann niemand daran hindern, von einem Wettbetrug zu reden«, heißt es dort, und als Beleg wird die falsche Behauptung angeführt, Promoter Mike Jacobs und Schmeling-Manager Joe Jacobs seien Brüder. Der Autor der Betrugstheorie, Klaus Huhn, teilt dem Schmeling-Biografen Kluge übrigens mit, dass er bis heute der Meinung ist, dass der Kampf »eindeutig ›verabredet‹ worden war«. Worin der Nutzen für Louis bestanden haben könnte, bleibt unklar.

Auch in die wirtschaftswissenschaftliche Literatur geht der Kampf ein: Der Ökonom W.C. Neale stellte 1964 die Theorie vom »Louis-Schmeling-Paradox« auf: Es geht ihm um die Besonderheiten der Ökonomie des Profisports und dass es für Louis sinnvoll, ja erforderlich war, sich mit Schmeling einem sehr starken Gegner zu stellen. Das birgt zwar das Risiko der Niederlage und des Rückschlags in der Karriereentwicklung, aber die völlige Überlegenheit eines Berufssportlers bedeutet eine Monopolstellung und führt, anders als im sonstigen kapitalistischen Wirtschaftstreiben, zum Ruin.

Nicht alle Stellungnahmen, die man in Amerika zu dem Kampf hört, sind von Sorge um das Boxtalent Louis getragen. Jack Dempsey etwa, der frühere Schwergewichtsweltmeister, ist von Schmelings Sieg begeistert. Das sei »das Beste, was dem Boxen seit langer Zeit passiert ist«. Dempsey macht sich über Louis lustig: »Gegen wen hat Louis denn schon gekämpft? Baer, der sich zu Tode gefürchtet hatte, Uczudun und Carnera. Die große Blase platzte Freitag Nacht. Joe Louis wird von jeder Flasche in diesem Land verdroschen.« Auch Gene Tunney, der Dempsey bezwang und als ungeschlagener Schwergewichtsweltmeister 1928 zurücktrat, lobt Schmeling: »Strategie übertraf Kraft. So wie es beim Boxen und im Leben sein soll. Was du jetzt im Ring gezeigt hast, ist ein Spiegel des Lebens gewesen. Du und ich, wir haben es bewiesen. Ich hatte bei der Masse, dem Popanz Zuschauer, keinen Erfolg. Ich kämpfte wie du mit Strategie.«

Die Nachrichtenagentur »Associated Press« berichtet von einer »stürmischen Unterbrechung« der Sitzung des amerikanischen Kongresses, der gerade über Steuern diskutiert. »Viele Senatoren und Abgeordnete, die über den Rundfunk den Kampf mit angehört hatten«, so zitiert Schmeling-Biograf Forster die Agentur, »liefen nach der Siegesnachricht in den großen Sitzungssaal, wo sich unbeschreibliche Szenen abspielten. Die Senatoren ließen Schmeling hochleben, schlugen einander auf die Schultern und schüttelten sich vor Freude die Hände.«

Louis-Biograf Gerald Astor fasst zusammen: »Nur für die schwarzen Amerikaner war diese Niederlage eine inakzeptable Beleidigung.« 1979 erzählt der damalige US-Präsident Jimmy Carter Max Schmeling, wie sein Vater die schwarzen Nachbarn der Familie in Plains, Georgia, eingeladen hatte, um die Übertragung im Radio zu hören. Nach dem Kampf seien fast alle weinend nach Hause gegangen.

Spätestens die boxerischen Erklärungen des Schmeling-Siegs, die aus Deutschland zu vernehmen sind, machen deutlich, dass dieses Schwergewichtsduell nicht von Politik zu trennen ist. Ludwig Haymann, der ehemalige deutsche Schwergewichtsmeister, schaut auf frühere Misserfolge Schmelings zurück. Schmeling sei, schreibt er in seinem Buch »Deutscher Faustkampf nicht pricefight«, immer dann erfolglos gewesen, wenn er die ursprünglich deutsche Art zu boxen aufgegeben habe. »Zweifellos ist diese Unterbrechung seiner Siegesserie in der Tatsache begründet, dass er, was man ihm durchaus nicht zum Vorwurf machen kann, gewissermaßen hypnotisiert durch die typische amerikanische Kampf- und Sensationsatmosphäre, seinen ursprünglich deutschen Stil der amerikanischen Auffassung anglich. Er sollte dem Geschmack des Publikums Rechnung tragen und nur mehr dem Auge der Yankees gefallen, um Millioneneinnahmen zu erzielen und die Massen herbeizulocken. Und weil er nicht mehr zurückzufinden schien zum deutschen Boxen, darum drohte unserer Sportbewegung leider eine Hoffnung verloren zu gehen, auf der man getrost auf Jahrzehnte hätte fortbauen können.« Aber dann kamen Schmelings Siege über Neusel, über Hamas, über Uczudun und letztlich über Louis, »und wir wissen, dass sie nur erzielt werden konnten, weil unser früherer Weltmeister zurückgefunden hat zu seinem deutschen Kampfstil. In seinem Treffen mit Joe Louis erbrachte unser Max neuerdings den Beweis dafür, dass dieser deutsche Faustkampf sich selbst gegen einen von urwüchsigem Instinkt getragenen Boxstil erfolgreich durchsetzen kann.«

Das »Reichssportblatt« präsentiert knapp drei Wochen nach dem Kampf dreisprachig – deutsch, englisch, französisch – eine aus dem von Schmeling mitgebrachten Film gezogene Fotoserie, die vorgibt, Schmelings Sieg zu analysieren, die aber nur mit Erkenntnissen solcher Qualität aufwarten kann: »Das war der erste Niederschlag: Louis sinkt auf die Bretter, als echter ›Tiger‹ schlägt er noch im Stürzen zu, der kampferfahrene Schmeling deckt sich sorgfältig.«

Vorher, eine Woche nach dem Kampf, beschwört dasselbe Blatt schon die historische Bedeutung: »Bei uns in der Heimat wird die allgemeine Bedeutung großer Boxsport-Ereignisse meist unterschätzt. Wir müssen die Maßstäbe der anderen anlegen. Die ganze Welt sprach von Louis, die ganze Welt ist jetzt gezwungen, von Schmeling zu sprechen, dem Deutschen ihre Anerkennung zu zollen.« Wohin das führt, weiß das Blatt auch: »So wurde aus der Plage Wohltat«, die Plage nämlich, gegen einen Schwarzen boxen zu müssen. »Schmelings Selbstvertrauen, seine geistige Beschaffenheit und sportliche Schule waren der

Wildheit, dem Instinkt und der Naturbegabung des Negers überlegen.« Schmeling Sieg ist »der vollkommene Triumph des beherrschten, klugen Boxers«.

Auch unabhängig von den Zeitumständen, die Louis als Repräsentanten der amerikanischen Demokratie, Schmeling hingegen als Repräsentanten der deutschen Nazidiktatur erscheinen lassen, ist der Sieg Schmelings die boxerische Sensation der dreißiger Jahre. »Zur Überraschung aller gab Schmeling seine beste Vorstellung jemals«, schreibt Nat Fleischer, der Herausgeber von »The Ring« und mit dem Ruf des Boxpapstes ausgestattet. Grantland Rice von der »New York Sun« resümiert noch einmal Schmelings zuletzt nicht mehr so beeindruckende Bilanz: »Bleibt die Feststellung, dass der Kämpfer, der von Max Baer k.o. geschlagen wurde, der eine Punktniederlage gegen Sharkey verzeichnete, der sich nur knapp gegen Paolino Uczudun durchsetzen konnte, der schwer gezeichnet und vorzeitig von Steve Hamas in Philadelphia geschlagen wurde, es schaffte, Joe Louis wie einen Amateur erscheinen zu lassen. Schmeling hatte den Kopf und das Herz, um hier zu gewinnen.«

Während sich die Nazisportexperten freuten, dass der »wilde Neger« vom »arischen Helden« bezwungen ist, setzt in der amerikanischen Öffentlichkeit ein Wandel in der Wahrnehmung des jungen Joe Louis ein. Nach seinen ersten, vielen Beobachtern unheimlich anmutenden Siegen »wurde Louis von den bedeutendsten Sportjournalisten die Menschlichkeit abgesprochen«, befindet der Philosoph Wolf-Dietrich Junghanns in einer Analyse boxpublizistischer Arbeiten: »Entweder durch das dominante Klischee eines instinktgetriebenen, grausamen ›jungle killers‹ oder das einer gefühllosen ›Kampf- und Zerstörungsmaschine‹. Erst die Niederlage gegen Schmeling vermochte das Image des ›jungle killers‹ zu beschädigen – Louis war besiegbar und nur noch ›menschlich‹.«

Die amerikanische Öffentlichkeit nimmt durch Louis' Niederlage gegen den Deutschen zur Kenntnis, dass sie verwundbar ist und dass Louis für sie geboxt hat und boxen wird. »Die Amerikaner fanden heraus, wie wichtig Joe für einige von ihnen geworden war«, schreibt Robert Lipsyte in seiner Louis-Biografie. Und in der in New York erscheinenden »Amsterdam News« ist zu lesen: »Heute ist es mit dem unernsten Schwung vorbei, auf Nachlässigkeiten muss verzichtet werden.«

# »Ein Horrido, ein Weidmannsheil«

## Nach dem Sieg über Joe Louis (1936)

Es dauert lange, bis Schmeling nach dem Kampf in seinem New Yorker Hotelzimmer ein wenig zur Ruhe kommt. Vorher telefoniert er noch mit seiner Frau Anny, die ja den Kampf im Hause der Goebbels' in Berlin-Schwanenwerder hörte. Sein Sekretär Herbert Ritze geht die eingegangenen Glückwunschtelegramme durch, 1.200 sollen es gewesen sein. »Heinrich Schlusnus, schrie er beispielsweise«, steht in den »Erinnerungen«, »oder: Hans Albers, Primo Carnera, Viktor Schwannecke. Dazwischen fremde, unbekannte Namen aus Deutschland, Amerika, Frankreich und aus aller Welt. Dann wieder: Ernst Lubitsch, Hugo Abels, Marlene Dietrich, Anne Maenz, George Grosz: Einen Augenblick schien es, als komme ein Stück jener alten, halb verlorenen Welt wieder auf mich zu. Dann schrie er: Douglas Fairbanks, dann: Adolf Hitler. Dann rief er: Göring sagt dir einen kapitalen Hirsch zu!«

Schmeling will, zumindest nachträglich, mit politischen Interpretationen seiner Kämpfe nichts zu tun haben. Die amerikanische Zeitung »Birmingham News« berichtet jedoch am 5. August 1936 von einer Äußerung Schmelings auf einer Pressekonferenz, dass »Hitlers Inspiration, mehr als alles andere, uns zu Höchstleistungen anspornt«. Ähnliche Gedanken schreibt er ja, wie erwähnt, im Vorwort des Buches »Deutscher Faustkampf nicht pricefight« von Ludwig Haymann nieder.

Auch Schmelings scharfer Kritiker aus der Weimarer Republik, Rolf Nürnberg, sitzt am Ring. Er reist, übrigens gemeinsam mit dem früheren Promoter Josef Burda, mit der »Bremen« nach New York. Der jüdische Journalist ging nach 1933 nach Wien und schrieb dort das Buch »Zwei Söhne der Zeit – Lindbergh und Hauptmann«. Es handelt von dem Atlantikflieger Charles Lindbergh und dem als Entführer und Mörder des Lindbergh-Babys verurteilten deutschen Amerika-Immigranten, Bruno Richard Hauptmann. Nürnberg arbeitet parallel zu dem

Lindbergh-Buch auch an einer vollständig überarbeiteten Neuausgabe seine Schmeling-Biografie, deren Original ja 1932 erschien. Nürnbergs aktualisiertes, faktisch also zweites Schmeling-Buch soll 1936 in einem Wiener Verlag erscheinen. Nach dem Kampf aber sendet Nürnberg an Schmeling ein Telegramm, so berichtet es zumindest Schmeling mehrfach: »Ich nehme zurück, was ich jemals gegen Sie gesagt habe«, soll es darin heißen, »und mein Buch ziehe ich sofort aus dem Handel.«

Der Boxsportjournalist Joe Biewer erwähnt kein Telegramm, sondern einen Auflauf in einem New Yorker Hotel nach dem Louis-Kampf, »als ein schlanker, blasser Literat in die Menge schrie: Sie sollen es alle hören, ich bin Rolf Nürnberg, und ich sage mich los von dem Buch, das ich einst über Schmeling schrieb. Ich schwöre es ab und ziehe es zurück. Max und kein anderer ist im Boxsport der Größte von allen.«

Das 1932 erschienene Buch kann Nürnberg gar nicht zurückziehen, die Nazis haben es schon verboten. Sofern die Darstellung von Schmeling oder Biewer richtig ist, kann nur das fertig gestellte neue Manuskript gemeint sein. Dass aber Nürnberg, der in Wien unter schwierigen finanziellen Bedingungen lebt, es sich nach jahrelanger Arbeit leisten kann, ein gerade abgeschlossenes und beim Verlag auf Veröffentlichung wartendes Manuskript zurückzuziehen, ist nicht unmittelbar einsichtig. 1937 emigriert Nürnberg in die USA und nimmt dort den Namen Ralph Nunberg an.

Schmeling behauptet in seinem 1956 erschienenen »8-9-aus!«, er hätte versucht, Nürnberg/Nunberg »drüben die Wege zu ebnen«, indem er ihn »mit Journalisten und einflussreichen Leuten« bekannt gemacht habe. Der Sportjournalist Sepp Scherbauer schreibt, Schmeling hätte den dort lebenden Nürnberg 1934 in den USA getroffen und, weil es Nürnberg schlecht ging, bei dem deutschsprachigen Blatt »New Yorker Staatszeitung und Herold« untergebracht. »Eine noble Tat des Mannes, den Nürnberg auf mancher Seite massiv beleidigt hatte«, kommentiert Scherbauer. Da Nürnberg/Nunberg aber erst 1937 emigriert, hat Schmelings bzw. Scherbauers Version gewisse Plausibilitäts-Defizite.

In den USA arbeitet Nunberg an einem neuen Buch, das 1945 unter dem Titel »The Fighting Jew« herauskommt. Der Schriftsteller Curt Riess, Nunbergs Freund schon aus Berliner Tagen, zeichnet im Vorwort Nunbergs Leben nach. »Als die Nazis die Macht übernahmen, hörte er auf mit dem Schreiben, lange Zeit, bevor Juden und solche, die nicht mit dem Nazismus sympathisierten, gezwungen wurden, ihre Berufe aufzugeben.« Nach seiner Wiener Zeit geht er in die USA, »wo sein umfassendes Wissen über die komplizierten Details des Dritten Reiches und seiner Personen ihn zu einem sehr wertvollen Helfer für seine vielen Freunde machten, die die Nazis versuchten zu bekämpfen, indem sie die Wahrheit über sie schrieben.« Auch Riess, Verfasser etlicher Biografien, lässt sich von Nunberg helfen, aber selbst journalistisch tätig wird Nunberg nicht mehr.

Interessant ist, dass sich weder in Riess' Vorwort noch in »The Fighting Jew« irgendeine Erwähnung von Schmeling, von Boxen oder ganz allgemein von Sport findet. Dies lässt sich als Indiz interpretieren, dass Schmelings Notiz über den geläuterten Nürnberg, der alles Kritische zurückgezogen habe, sich doch als richtig erweist. Nunberg stirbt 1949 in New York verarmt an einem Herzschlag.

In »8-9-aus!« schreibt Schmeling über seine Rückkehr nach Deutschland, da »sah ich in den Schlagzeilen und Karikaturen meinen Kampf zur Rasse-Schlacht stilisiert, mein Sieg war ein ›deutscher Sieg‹ gewesen«. Und dann baut er dort einen scheinbaren Widerspruch auf: »Auf der anderen Seite wiederum nahm man mir die Glückwunschtelegramme der Machthaber und den gelegentlichen Umgang mit ihnen übel.«

Für Schmeling, und nicht nur für ihn, ist das, was aus seinem Kampf gegen Louis gemacht wurde – der Sieg eines »arischen Übermenschen« über einen »wilden Neger« – eine bloße »Politisierung des Sports«. Entschuldigend schreibt er: »Dabei hatte doch auch Roosevelt Joe Louis vor dem Kampf ins Weiße Haus geladen.« Das deutet Schmeling so: »Die Politisierung des Sports, die vom Dritten Reich so ausschweifend betrieben wurde, fand nun auch jenseits des Atlantiks eine Art Echo. Die einen glichen sich den anderen an. Den Sport dazwischen richtete es zugrunde.«

Davon, dass nicht nur in Deutschland, sondern »auch in Amerika eine Veränderung vor sich« ging, ist Schmeling fest überzeugt: »Immer hatte ich bis dahin den Eindruck gehabt, dass vor allem der Boxsport eher in den Händen von Unternehmern als von Politikern sei und das Publikum von allen chauvinistischen Regungen frei.« Aber nun dränge sich, in Deutschland wie in den USA, die Politik in den Sport.

Auch an anderer Stelle setzt Schmeling das NS-Regime, das ihn vereinnahmt, mit anderen Regierungen gleich. »Es ist durchaus normal für die Regierung eines Landes, einen erfolgreichen Athleten zu ehren und einzuladen«, schreibt er. »Mich ärgerte in der Berichterstattung mancher Zeitungen nur, dass immer unerwähnt blieb, wie oft ich eine solche Einladung auch abgelehnt hatte und dass ich ebenso von Präsident Roosevelt empfangen wurde.«

Und in »8-9-aus!« heißt es: »Merkwürdigerweise hat man mir später Besuche dieser Art übel genommen. Warum? Als Russe wäre ich wahrscheinlich von Stalin empfangen worden, als Amerikaner vom Präsidenten. Es ist nun mal üblich, dass erfolgreiche Sportler – ob sie es wollen oder nicht – zu Heroen gestempelt werden.«

Das NS-Regime ist begeistert von Schmelings Sieg über Louis, und nun erblickt es in ihm den künftigen Weltmeister. Schmeling wird nicht nur zu offiziellen und privaten Empfängen eingeladen und ist weiterhin, wie auch schon vor 1936, regelmäßiger Ehrengast der Nürnberger Parteitage. Bei einer privaten Einladung vermittelt er seinen Arzt, Dr. Theo Morell, an Hitler. Morell wird bald Hitlers Leibarzt.

Auch private Einladungen zu von dem Boxer so sehr geliebten Jagden erhält er und nimmt er an. Wie bizarr es bei solchen Gesellschaften zugeht, berichtet Waleri Ripperger: »Lehrer Struth ließ seine Schüler im Flur des Gasthauses Aufstellung nehmen und ein Lied singen. ›Erzählen Sie uns von Ihrem Kampf‹, rief einer der Weidgenossen in die Runde, die Anwesenden klatschten. Das Saftglas in der Hand, gab Schmeling den Bitten der versammelten Jägerschaft nach. Er begann nun, die Geschichte vom Kampf mit dem ›Braunen Bomber‹ zum Besten zu geben – sie fiel reichlich kurz und prägnant aus: ›Ich hatte einen Fehler bemerkt, den Joe regelmäßig machte. Seitdem glaubte ich, ihn besiegen zu können. Es hat geklappt!‹ Alles jubelte. Einige sprangen auf die Stühle, stießen die Bierhumpen gegeneinander, dass sie fast zerbrachen, und die ›Paffer‹ ließen eine Rauchwolke aufsteigen. ›Ein kräftiges ›Weidmannsheil‹ für unseren Weltklasseboxer –, Horrido‹, schallte es aus der fröhlichen Menge, die lauthals zu juchzen und schließlich zu singen begann: ›Ein Horrido, ein Horrido, ein Weidmannsheil…‹ Der Gefeierte genoss sichtlich die Ausgelassenheit der versammelten Jägerschaft mit dörflichem Ambiente von Sewekow.«

# »Stellt sich aus Feigheit nicht«

## Phantomkampf um die Weltmeisterschaft (1936/37)

Max Schmeling ist auf dem Höhepunkt seiner Karriere angelangt. Er ist der Mann, der es geschafft hat, dieses Riesentalent Joe Louis k.o. zu schlagen. Also hat er Anspruch auf einen Titelkampf gegen Weltmeister Jimmy Braddock, so ist es vorher vereinbart worden. Schmeling will der Erste sein, der das Gesetz »They never come back« durchbricht, und die Chancen dafür stehen sehr gut. Mit Braddocks Vorgänger als Titelträger, Max Baer, war ja alles vereinbart gewesen, jetzt soll Braddock her.

Die Begeisterung in Deutschland nach Schmelings Sieg über Louis ist immens. Man sieht, dass die Chance, dass Schmeling wieder Weltmeister wird – und damit der erste Boxweltmeister Nazideutschlands – enorm groß ist. In Begleitung von Hans von Tschammer und Osten, dem Reichssportführer, besucht Schmeling die Olympischen Spiele, die im August 1936 in Berlin stattfinden. Im Rahmen des künstlerischen Beiprogramms ist er dort sogar schon verewigt, als er ankommt: Die Statue »Faustkämpfer« seines Freundes Josef Thorak wird neben den Breker- und Kolbe-Statuen ausgestellt.

Sowohl bei Sportlern als auch Besuchern gehört Schmeling zu den großen Stars. Der Schmeling-Biograf Helmut Sohre schreibt: »Als er anlässlich der Olympischen Spiele 1936 in Berlin das olympische Dorf besucht, erhält er von den Sportlern aller Länder einen Beifall, wie ihn kein Staatsmann, kein Künstler, kein Mensch der Erde zu verzeichnen hat.« Dem deutschen Olympiasieger im Schwergewichtsboxen, Herbert Runge aus Wuppertal, stiehlt Schmeling wie selbstverständlich die Show, er überragt selbst internationale Gäste wie den Atlantikflieger Charles Lindbergh. Beim Besuch der US-Mannschaft gratuliert er Jesse Owens, der mit vier Goldmedaillen der Star der Spiele ist und als Schwarzer so gar nicht ins Nazikonzept arischer Überlegenheit passt. »Haben sie dich geschickt, Max?«, fragt ihn Owens, Schmeling verneint.

Als Schmeling die deutsche Fußballnationalmannschaft trifft, die beim olympischen Turnier letztmals von Dr. Otto Nerz und danach von Schmelings Freund Sepp Herberger trainiert wird, macht man ihn dort zum Ehrenmitglied. »Wir spürten gleich, dass Max einer der Unseren war«, gibt Herberger die Stimmung in der Mannschaft wieder, und Herberger-Biograf Jürgen Leinemann berichtet, was die Fußballer daraus machen: »Mit einem traditionellen Aufnahmeritual, bei dem der Neue hoch über die Köpfe der Spieler gehoben und plötzlich abgekippt wurde, um dann wieder aufgefangen zu werden, vereinnahmten die deutschen Fußballnationalspieler Max Schmeling.«

Schon vor den Olympischen Spielen, unmittelbar nach Schmelings Sieg über Louis, beginnen Joe Jacobs und Max Machon die Verhandlungen für einen WM-Kampf gegen Jimmy Braddock. Nach den Olympischen Spielen reist auch Schmeling selbst dorthin, um mit der New Yorker Boxkommission zu verhandeln.

Sein geschlagener Gegner Joe Louis nimmt derweil schon bald das Training auf. »Nach diesem Kampf gab es für mich zunächst nur noch zwei Dinge«, schreibt er in seinen schon 1951 auf Deutsch erschienen Erinnerungen »Die Geschichte meines Lebens«: Zum einen arbeitet er an seiner Deckung. »Und zweitens fasste ich den festen Vorsatz, Schmeling zu schlagen, wenn ich jemals die Chance bekommen würde, wieder gegen ihn zu kämpfen – dies war mein erster und letzter Gedanke.« Aber Schmeling lehnt einen Rückkampf zunächst ab, denn er will ja den WM-Kampf gegen Braddock. Mike Jacobs bietet Schmeling 300.000 Dollar garantierte Gage für einen Louis-Kampf an, aber der winkt ab.

Jacobs' Angebot ist der Auftakt einer sportpolitischen Auseinandersetzung zwischen Joe Louis und Max Schmeling, die die nächsten zwei Jahre andauern wird. Es geht um das Recht des WM-Kampfs: Darf Schmeling Weltmeister Braddock herausfordern? Darf Louis das? Und nachdem Louis Weltmeister ist, wird Schmeling dann Gegenweltmeister?

Für Louis wird von seinen Managern nach der Niederlage gegen Schmeling ein eng gestecktes Comeback-Programm ausgetüftelt. Bereits am 18. August tritt er im Yankee-Stadion an. Sein Gegner ist von seinem Management klug ausgewählt: Jack Sharkey. Der Mann, gegen den

Schmeling 1930 Weltmeister wurde und gegen den er 1932 seinen WM-Titel verlor. Sharkey hatte vorher rumerzählt, kein farbiger Boxer könne ihn je schlagen. Diese Ankündigung hält nur bis zur dritten Runde, dann triumphiert Louis: »Ich hatte meinen fünfundzwanzigsten und vielleicht willkommensten K.-o.-Sieg errungen!« Danach geht es, quasi Schlag auf Schlag, weiter: Im September schlägt Louis Al Ettore (k.o., 5. Rd.), im Oktober Jorge Brescia (k.o., 3. Rd.), im Dezember Eddi Simms (t.k.o., 1. Rd.), im Januar Steve Ketchel (k.o., 2. Rd.), und am 29. Januar 1937 wartet mit Bob Pastor wieder ein Weltklasseboxer auf ihn. Über den gewinnt er nach zehn Runden durch Punktsieg. Danach, im Februar, schlägt er noch einen Boxer namens Natie Brown k.o.

Nun ist der Rückschlag der Schmeling-Niederlage verarbeitet, und nun hat auch das Louis-Management kein Interesse mehr an einem Rückkampf gegen Schmeling. Jetzt will auch Louis einen WM-Kampf gegen Braddock.

Louis geht auf Schaukampftournee durch die USA, und seine Manager sowie sein Promoter Mike Jacobs verhandeln derweil.

Auf Schmelings Seite kommen die Verhandlungen über einen WM-Kampf mit Braddock zunächst schon im August 1936 zum Abschluss. Da vereinbaren Schmeling und Braddock in New York, dass sie kurzfristig, nämlich noch im September dieses Jahres, den WM-Kampf austragen werden. Als vor Trainingsbeginn beide Boxer vor der New Yorker Kommission erscheinen sollen, erklärt Braddocks Manager Joe Gould, sein Mann leide unter einer Handverletzung, er könne nicht trainieren und im Herbst nicht boxen.

Der Schmeling-Seite wird klar, dass sie nicht auf einer Einhaltung des Kampfvertrags bestehen kann – auch wenn sie die Ernsthaftigkeit der Verletzung bestreitet –, und gibt sich flexibel. »Wir sind nicht daran interessiert, gegen einen kranken Mann oder gegen einen Gegner Weltmeister zu werden, der sich nicht im Vollbesitz seiner Möglichkeiten befindet«, sagt Max Machon und schlägt die Verschiebung um exakt ein Jahr vor. Braddock willigt ein, der Kampf wird auf den 3. Juni 1937 angesetzt. Beide Kämpfer hinterlegen ein Pfand von 5.000 Dollar bei der Kommission. Gleichzeitig wird auch bekannt, dass es einen (wie er zunächst bezeichnet wird) Schaukampf zwischen Braddock und Louis geben soll, für den vorerst Atlantic City als Ort angegeben wird.

In der amerikanischen Öffentlichkeit wächst der Unmut über einen WM-Kampf mit dem Deutschen Max Schmeling. Dass die Teilnahme an den Olympischen Spielen vielleicht ein Fehler war, ist die Einschätzung von immer mehr Amerikanern, und nun will Schmeling »den Titel zurück nach Deutschland holen und ihn für Adolf Hitler im Deutschen Museum präsentieren«, wie ein Sportjournalist formuliert. In Amerika hat gerade der Schwergewichtstitel ein besonderes Renomee. Als »großen Zeh Gottes« hat der Schriftsteller Norman Mailer die Schwergewichtsweltmeister bezeichnet.

In den USA erstarkt, koordiniert von der Anti-Nazi-League, eine Boykottbewegung gegen den Kampf. Die deutsche Seite ist nun von Sorge ergriffen, ob Braddock diesen Kampf wirklich wahrnehmen will. Als Schmeling mal wieder in die USA reist, um seine Bedenken der NYSAC vorzutragen, und auch um Bedenken wegen der Situation in Deutschland zu beschwichtigen, verspricht er sogar, dass er, wenn er Weltmeister würde, diesen Titel in den USA verteidigen würde. »Wer zum Teufel sollte ihm diesen Shit glauben?«, fragt Joe Louis in seiner Autobiografie »My Life«. »Wenn er den Titel gewonnen hätte, dann wussten doch alle, dass der Titel für eine sehr lange Zeit weg aus Amerika wäre.«

Joe Louis, der nach seinem Sieg über Pastor auch wieder in der Weltspitze angelangt ist, hat zu diesem Zeitpunkt noch schlechte Karten auf einen Titelkampf gegen Braddock. Denn Braddock ist für WM-Kämpfe exklusiv an den Madison Square Garden gebunden, aber Louis' Promoter Mike Jacobs vom Twentieth Century Sporting Club ist der härteste Konkurrent des Garden. Louis zunutze kommen die verstärkten Boykottforderungen der Anti-Nazi-League gegen einen Braddock-Schmeling-Kampf. »Sie sandten Telegramme an die New Yorker Kommission und an den Garden, in denen sie die Absage des angesetzten Braddock-Schmeling-Kampfes forderten«, schreibt Louis. »Es waren zähe Leute. Sie drohten damit, dass sie Zeitungsanzeigen und Radiospots schalten würden, um alle Menschen in Amerika aufzufordern, nicht zu diesem Kampf zu gehen, weil damit Nazideutschland unterstützt würde.« Die Anti-Nazi-League hat, anders als noch 1936 vor dem Louis-Schmeling-Kampf, als sich die deutsche Regierung wegen der Olympischen Spiele um ein besseres Image im Ausland bemühte, im Jahr 1938 großen Zulauf.

Weil gleichzeitig Louis' Marktwert wieder enorm gewachsen ist und weil die Öffentlichkeit immer stärker einen Boykott fordert, beginnt bei Joe Gould, dem Manager von Braddock, das Umdenken. Obendrein wirkt Mike Jacobs auf Gould ein, da Jacobs gerne einen Titelkampf für Louis will. Jacobs verfolgt diesen Plan: Zunächst einen Braddock-Louis-Kampf in den USA, wahrscheinlich aber nicht in New York. Damit die deutsche Seite besänftigt würde, schlägt Jacobs vor, dass der Sieger aus Braddock-Louis im September in Berlin gegen Schmeling kämpfen soll.

Ein WM-Kampf mit Max Schmeling im Berlin des Jahres 1937, das ist ein ernst gemeintes Angebot von Mike Jacobs an die deutsche Seite. Von dort wird es nicht beantwortet, denn in Deutschland glaubt man ja zu diesem Zeitpunkt noch an einen WM-Kampf gegen Braddock.

Joe Gould kann sich mit Jacobs' Plänen anfreunden, denn er ist in der stärksten denkbaren Verhandlungsposition: Alle wollen den von ihm gemanagten Jimmy Braddock. Also handelt Gould für den Kampf zwischen Louis und Braddock eine Besonderheit aus: Sollte Braddock Kampf und Titel verlieren, müsste Mike Jacobs zehn Prozent der ihm als Promoter zustehenden Einnahmen von allen Kämpfen, die ein Weltmeister Louis bestreiten wird, an Braddock zahlen. (Louis bleibt, so viel sei vorgegriffen, bis 1949 Weltmeister.) Häufig ist zu lesen, dass Braddock von Louis ausgezahlt worden sei. »Das war aber nicht so«, schreibt Louis, »er war an Mikes Einnahmen beteiligt, nicht an meinen.«

Für den Kampf gegen Louis bietet Mike Jacobs Braddock die grandiose Garantiesumme von 500.000 Dollar an. Alternativ könne er auch die Hälfte der Zuschauereinnahmen sowie die Hälfte der Film- und Radiorechte haben. Es kommt zum Vertrag für einen Kampf zwischen Braddock und Louis am 22. Juni 1937 in Chicago. Am 3. Juni aber, keine drei Wochen vorher, soll Braddock ja seinen Titel in New York gegen Schmeling verteidigen.

Der Braddock-Louis-Kampf in Chicago wird von der NBA lizenziert, der Braddock-Schmeling-Kampf in New York von der NYSAC. »Es sah eine Weile so aus«, kritisiert Joe Louis die New Yorker, »als würden die Boxkommission und der Garden den WM-Titel für Nazideutschland sichern wollen.« Louis versteht das nicht: »Hier bin ich, ein Amerikaner, und sie geben Deutschland eine größere Chance auf den Titel als mir.«

Ein staatliches Gericht, das angerufen wird, bestätigt Louis' Position: Es gebe nur einen gültigen Kampfvertrag, und der gelte für Chicago. Dass die Berichte, die aus Nazideutschland nach Amerika dringen, bei dem Urteil eine Rolle spielen, kann vermutet werden. Von großer Bedeutung ist jedoch auch, dass das Gericht das Monopol des Madison Square Garden für WM-Kämpfe im Schwergewichtsboxen nicht länger akzeptieren will.

Jimmy Braddock nimmt den Sachverhalt so wahr: »Schmeling hatte Louis ausgeknockt, der danach nicht mehr als Herausforderer galt. 1936 wurde von mir erwartet, dass ich gegen Schmeling boxte. Aber es war so, dass die Juden in New York große Boxfans sind, und die waren gegen Schmeling, wegen Hitler. Sie wollten den Kampf nicht unterstützen. Ich hatte eine Menge jüdischer Fans, zufällig war auch mein Manager Joe Gould ein Jude. Der Kampf fand also nicht statt. Schmeling war von den Juden gesperrt, er war draußen, und Louis war noch nicht in der Position, ein Herausforderer zu sein, weil Schmeling ihn ja ausgeknockt hatte.«

Schmeling beginnt relativ spät, nämlich Ende April 1937, mit dem Training. In amerikanischen Zeitungen wird offen darüber geschrieben, dass er sich auf einen Phantomkampf vorbereitet. »Ich konnte und wollte das nicht glauben«, schreibt er in den »Erinnerungen«. Wie es weitergeht, wird dort so beschrieben: »Zehn Stunden vor dem Kampf erschien ich zur vereinbarten Zeit vor der Wiegekommission. In dem schmalen, nackten Raum saßen die Funktionäre mit Biedermannsmienen hinter ihrem Tisch. Der Präsident, General Phelan, erhob sich und begrüßte mich mit einer formellen Rede. Dann trat der Arzt heran und untersuchte mich flüchtig. Nach ein paar Minuten schon wandte er sich zur Boxkommission und sagte: ›Gentlemen, this man is allright!‹ Von Braddock war nichts zu sehen. General Phelan trieb die Farce auf die Spitze. Er stand hinter seinem Tisch auf, wandte sich nach beiden Seiten zu den Kommissionsmitgliedern und sagte: ›Gentlemen, Sie haben gesehen, was sich hier abgespielt hat. Mr. Schmeling ist ordnungsgemäß eingewogen und für kampffähig erklärt worden. Sein Gegner, Mr. Braddock, ist jedoch nicht erschienen. Ich teile jetzt den Beschluss der

Boxkommission mit: Die Kommission hat beschlossen, den amtierenden Weltmeister für den Start in New York zu suspendieren. Mr. Braddock wird mit einer Strafe von 1.000 Dollar belegt.‹«

Eine »abgekartete Sache«, schimpft Schmeling, aber nicht nur er ist außer sich. Goebbels notiert in sein Tagebuch: »Max von Braddock düpiert. Dieses Schwein stellt sich aus Feigheit nicht. Echt amerikanisch.« Hermann Göring sagt zu Schmeling, als der ihm sein Leid klagt: »Was haben Sie denn erwartet? Man wollte uns den Sieg nicht gönnen.«

Dabei hatten die NS-Oberen in den Monaten zuvor gemeinsam mit Schmeling allerlei unternommen, damit der Kampf stattfindet. Schon im Februar 1937 findet sich in Goebbels' Tagebuch der Eintrag, dass ein Beamter seines Ministeriums mit »Schmeling-Braddock für Berlin« betraut ist, das »kostet viel Devisen. Damit muss noch Göring befasst werden.« Ein Angebot von 350.000 Dollar soll den Weltmeister nach Berlin locken, aber für das an Devisen knappe Deutschland stellt eine solche Dollarsumme ein Problem da.

Braddock kommt ohnehin nicht. Das liegt zum einen an den von Mike Jacobs offerierten 500.000 Dollar für den Louis-Kampf, zum anderen aber, wie die »American Jewish Historical Society« vermutet, auch daran, dass Braddocks jüdischer Manager Joe Gould den öffentlichen Druck verspürt, Nazideutschland keinen Propagandaerfolg zu gönnen.

Der amerikanische Historiker Thomas R. Hietala präsentiert die Transkription eines Telefonats, das Braddocks Manager Joe Gould geführt haben soll. Zunächst spricht Gould mit Schmeling, der ihn fragt, ob Braddock gegen Louis unterzeichnet habe. Gould verneint, sagt aber, dass eine Unterschrift kurz bevorstehe. Das erregt Schmeling und er fordert Braddock auf, sich ihm in Berlin zu stellen. Gould habe ihm dann geantwortet, ob er wirklich einen Juden auffordern wolle, den Weltmeister zu den Antisemiten zu bringen. Daraufhin habe Schmeling gesagt, er führe das Telefonat vom Hause von Joseph Goebbels aus und er gebe den Hörer jetzt weiter. So habe dann diese Verhandlung begonnen, die der Autor Hietala (dessen Quelle ein Text des Schriftstellers Budd Schulberg aus dem Jahr 1972 ist) wiedergibt:

Gould: »Well, zum Beginn möchte ich erst mal dreihunderttausend Dollar, überwiesen an die Chase National Bank, damit wir überhaupt das Schiff betreten.«

Goebbels: »Ja, das bekommen Sie.«

Gould: »Und weitere Hunderttausend, sobald wir in Berlin ankommen.«

Goebbels: »Ja, das bekommen Sie.«

Gould: »Und Erste-Klasse-Tickels und Hotelunterbringung für sechs Leute.«

Goebbels: »Ja, das bekommen Sie.«

Gould: »Und fünfundzwanzigtausend Dollar für die Ausgaben, die wir für das Training haben.«

Goebbels: »Ja, ja, das werden Sie auch erhalten. Wenn Sie bald nach Berlin kommen, werden wir den Vertrag unterzeichnen.«

Gould: »Nur einen Vorbehalt noch, Herr Goebbels. Bevor wir den Ring betreten, wollen wir, dass jeder Jude Ihre Konzentrationslager verlassen hat.«

Die Leitung war tot.

An der Authentizität dieses Telefonats gibt es erhebliche Zweifel. Es kann sein, dass Joe Gould, der in den USA unter großem Druck stand, weil er mit den NS-Vertretern über einen eventuellen Kampf verhandelte, diese Geschichte erfand, um in den Diskussionen mit der Anti-Nazi-League, die ja einen Boykott forderte, ein besseres Standing zu haben.

Verbürgt ist aber, dass sich Schmeling, der merkt, dass ihm die Felle wegschwimmen, im April an Goebbels wendet und ihn fragt, was er tun solle. »Braddock ist feige und sucht Ausreden«, heißt es bei Goebbels. »Ich rate Schmeling, ihn in einem offenen Brief vor der Öffentlichkeit zu fordern. Das wird wohl ziehen.« Einen solchen offenen Brief hat Schmeling nicht verfasst, aber etwas Ähnliches hat er sehr wohl vorbereitet, als er in New York ist: eine Rede, die er nach Braddocks Fernbleiben über amerikanische Radiostationen vortragen will. Angeblich hat Nat Fleischer, jüdischer Herausgeber von »The Ring«, Schmeling beim Aufsetzen der Rede geholfen. Es findet sich aber keine Rundfunkstation, die ihm Sendezeit einräumt.

Nicht nur der angeblich aus allen Wolken gefallene Schmeling ist gut vorbereitet zur der Farce in der New Yorker Boxkommission gekommen. Auch die NS-Führung mit Goebbels und Hitler an der Spitze hatte schon vor Braddocks Fehlen beim Wiegen über die Konsequenzen diskutiert. »Frage, ob wir Max zum WM erklären«, berichtet Goebbels über ein Gespräch mit Hitler am 27. Mai 1937, also eine Woche vor dem, was Schmeling »Phantomkampf« nennt. »Ich bejahe das. Die Amis sind das korrupteste Volk der Erde.«

Hitler und Goebbels knüpfen damit an die 1935 diskutierten, aber damals gescheiterten Überlegungen an, wenn es nicht gelänge, die Weltmeisterschaft nach Deutschland zu holen, dann doch lieber eine eigene, deutsche oder europäische, Weltmeisterschaft auszurufen. Im Halbschwergewicht gibt es zu diesem Zeitpunkt ja mit Gustave Roth (Belgien) einen Weltmeister für Europa und mit Bob Olin (USA) einen Weltmeister für die Welt.

Hitler, Goebbels und die deutschen Sportfunktionäre holen die damaligen Pläne wieder hervor. Denn je mehr ihre Nummer eins, Max Schmeling, zum Repräsentanten Deutschlands aufgebaut wird, desto weniger wahrscheinlich ist es, dass er noch mal einen Titelkampf bekommt. Schmeling sendet ein Telegramm an Hitler: »Danke für Kabel. Nach Rücksprache mit Anwälten abrate Klage, wenig oder gar nicht erfolgversprechend. Erbitte unsere Rückkehr abzuwarten. Umstände lassen im Augenblick nicht erkennen, was zu tun. Besuchen Kampf Neusel - Farr. Eintreffen Berlin 16.6.«

# »Weltmeister Europas«

## Deutsches Bemühen um eine Gegenweltmeisterschaft (1937)

Während Schmeling dem geplatzten Titelfight hinterhertrauert und zurück nach Deutschland fährt, schlägt am 22. Juni 1937 in Chicago Joe Louis Jimmy Braddock in der achten Runde k.o. und wird damit Weltmeister im Schwergewicht. Nach dem Kampf ruft er: »Bringt mir Max Schmeling her!«

Wie wütend Schmeling ist, erkennt man noch Jahrzehnte später: Im Kampfrekord, der in seinen »Erinnerungen« im Jahr 1977 abgedruckt ist, findet sich der Eintrag: »3.6. New York. James J. Braddock - USA, Weltmeisterschaft im Schwergewicht. Trat nicht an.« In seinem Buch »8-9-aus!« schreibt er: »Zum ersten Mal war ich zum Prügelknaben der politischen Spannungen geworden.«

Auf der Rückreise macht er Halt in London. Zum einen will er sich dort einen Kampf von Walter Neusel gegen den Engländer Tommy Farr anschauen, den Neusel verliert. Zum anderen bittet ihn der englische Promoter Sidney Hull zu sich und schlägt ihm einen Kampf vor, der gut in die in der Reichskanzlei diskutierten Pläne passt: Er soll gegen diesen Tommy Farr boxen; der ist zu diesem Zeitpunkt Empiremeister, also Champion des British Boxing Board of Control (BBBofC), der außer für Großbritannien auch für das Commonwealth zuständig ist. Der BBBofC ist nicht Mitglied der europäischen IBU. Wenn er Farr schlage, so Hull zu Schmeling, »wird niemand umhinkommen, Sie anzuerkennen«. Auf Schmelings Hinweis, ob er nicht seine Chancen in den USA damit verschlechtere, antwortet Hull: »Die Amerikaner! Haben die vielleicht den Titel für sich gepachtet? Wahrscheinlich müsste sogar die New York Boxing Commission Ja und Amen zu Ihnen sagen, denn sie hat Braddock ja suspendiert.«

Schmeling lässt sich überzeugen, die Verträge werden unterzeichnet, im September soll gekämpft werden.

In dem Hotel, in dem Schmeling in London abgestiegen ist, gastiert zur gleichen Zeit auch die Schauspielerin Marlene Dietrich, die er noch aus Berlin kennt und die 1936 zu den ganz wenigen gehörte, die Geld auf einen Sieg Schmelings über Louis setzten. Schmeling versucht, sich mit Dietrich in Verbindung zu setzen und will sich mit ihr »und ein paar deutschen Freunden«, wie er schreibt, treffen. Aber die Frau, die aus Abscheu vor den Nazis nach Amerika emigrierte und in diesem Jahr, 1937, auch die US-Staatsbürgerschaft annimmt, reagiert nicht. Erst später überlegt sich Schmeling, dass Dietrich vielleicht ihn selbst sehr wohl, nicht aber seine nicht näher benannten deutschen Freunde treffen wollte.

Fürs Organisatorische ist in Deutschland mittlerweile Dr. Franz Ludwig Metzner zuständig, seit Januar 1937 dank einer Intrige mit der Führung des Fachamtes Boxen betraut. Über seinen Vorgänger Erich Rüdiger hatte Metzner verbreiten lassen, er sei »Freimaurer vierten Grades«. Metzner ist ein ganz früher Nazi, vor 1933 war er u.a. drei Jahre »politischer Schriftleiter« einer NS-Zeitung für den Gau Thüringen. Bald ist Metzner SS-Sturmbannführer und Ehrenarbeitsführer.

Der oberste Boxfunktionär des Dritten Reiches beantragt sofort Geld, um nach London zu reisen, »da der Führer mir als Führer des Verbandes Deutscher Faustkämpfer den Auftrag gegeben hat zu versuchen, eine Weltmeisterschaft in England mit Max Schmeling zustande zu bringen als Gegengewicht gegen die amerikanischen Betrugsmethoden. Der einzige Gegner, der für Schmeling in Frage käme, ist der Engländer Farr. Ich fahre im Auftrag des Reichssportführers zu den vorbereitenden Besprechungen nach London, da sich schriftlich die Angelegenheit nicht erledigen lässt.«

Metzner hat in London Erfolg und kann den Kampf vereinbaren. Anschließend macht er in Europa Werbung für sein Projekt einer eigenen Weltmeisterschaft. »Um das angemaßte Monopol amerikanischer Kommissionen endgültig zu durchbrechen, muss Europa sich im Schwergewicht auf einen Weltmeister einigen«, schreibt er Ende Juni 1937 an die Verbände Belgiens, Spaniens, Italiens, Luxemburgs und der Niederlande.

»Ich habe gestern bei der IBU den Antrag gestellt, den Sieger aus dem Kampf Schmeling - Farr, der in London im September stattfindet, als ›Weltmeister der alten Welt‹ anzuerkennen«, teilt Metzner dem Chef des Österreichischen Berufs-Box-Verbands, Oberst Poetsch, mit. »Schmeling steht auf fast allen Listen der Welt als Erster. Er war auch von Amerika anerkannter Herausforderer des früheren Weltmeisters Braddock. Dieser ist von Louis geschlagen, den Schmeling seinerseits k.o. geschlagen hat. Farr hat den Weltmeister Baer und Walter Neusel besiegt. Ich sehe in der ganzen Welt keinen Boxer, der das Recht hätte, mit Schmeling um den Titel zu kämpfen, außer Farr.«

Im Juni hat es Metzner geschafft: Die IBU erkennt den Kampf zwischen Schmeling und Farr als Weltmeisterschaftskampf an. »Hoffentlich kommen wir auf diesem Weg zur Sauberkeit im Sport und zu einer Solidarität aller ehrlichen Sportnationen«, schreibt Metzner.

Für Schmeling wird eine Börse von 10.000 Pfund vereinbart, das sind über 120.000 Reichsmark. Von dieser Summe soll Schmeling, so teilt es Metzner dem Reichssportführer mit, 4.000 Pfund der Schiffahrtsgesellschaft Hapag zur Verfügung stellen, damit sie möglichst viele deutsche Schmeling-Fans nach London bringt. Auch an den deutschen Botschafter in London wendet sich Metzner, der soll nämlich »auf die Londoner deutsche Kolonie entsprechend einwirken«, damit sie Stimmung für Schmeling mache.

Die Botschaft antwortet, dass das Fachamt Boxen doch bitte zunächst die ausstehende Börse eines britischen Boxers, die ihm aus einem Kampf in der Berliner Deutschlandhalle zustünde, überweisen solle. »Ganz abgesehen von dem schlechten Eindruck, den diese erneute Verzögerung bei der englischen Boxsportbehörde hervorrufen muss, ist der Fall im Augenblick umso unangenehmer, als sich das BBBofC in den nächsten Tagen mit dem Schmeling-Farr-Louis-Komplex zu beschäftigen haben wird und dabei unter Umständen die Sache Hough gegen Deutschland ausgewertet werden könnte.« Metzner wendet sich an das Landesfinanzamt: »...bitte ich dringlichst, die Summe aus politischen Gründen umgehend bewilligen zu wollen.«

Letztlich erkennt auch die BBBofC den Schmeling-Farr-Kampf als Weltmeisterschaft an. Metzner frohlockt in einem Brief an den Reichssportführer Hans von Tschammer und Osten, dass »damit die europäische Einheitsfront gegen amerikanisches Gangstertum hergestellt sein« dürfte.

Mike Jacobs, der große Promoter aus den USA, hat naheliegenderweise kein Interesse an einem europäischen Gegenweltmeister und unterbreitet stattdessen Tommy Farr das Angebot eines WM-Kampfs gegen Joe Louis. Farr erhält die Garantiesumme von 60.000 Pfund, umgerechnet etwa 700.000 Reichsmark, 25 Prozent der Radio- und Filmeinnahmen sowie vier Tickets für eine Rundreise durch Amerika. Der Kampf kommt zustande, Ende August 1937 schlägt Louis Farr nach Punkten. Des Dritten Reichs oberster Boxfunktionär, Dr. Metzner, ist verzweifelt: »Die Lage ist verworren.«

Es gibt auch Gerüchte, die von Schmeling-Biograf Waleri Ripperger kolportiert werden, wonach Paul Damski, der zur Emigration gezwungene frühere Freund Schmelings, »dank seiner Beziehungen« den Londoner Farr-Kampf hätte platzen lassen. »Der Emigrant wollte damit verhindern, dass die Börse in Höhe von 90.000 Dollar dem ihm verhassten ›Nationalsozialisten‹ zugute kam«, also Schmeling, schreibt Ripperger. Seriöse Hinweise, dass dies richtig sein könnte, finden sich jedoch nicht. Auch die genannte Dollar-Summe entspricht nicht der Realität, für Schmeling sind 10.000 Pfund, also etwa 50.000 Dollar vereinbart.

Max Schmeling, der sich Louis' Sieg über Farr in New York angeschaut hat, braucht nun Ausgleich und Erholung. Im Sommer fährt er nach Rotterdam, um sich, wie er schreibt, einen Kampf von Gustav Eder gegen den Holländer Beb van Klaveren anzuschauen. Am Tag nach dem Kampf reist er weiter nach Scheveningen, um dort Willi Rosen, Siegfried Arno und Otto Wallburg zu treffen, »die nicht nur alte Bekannte von mir waren, sondern auch mehrfach mit Anny vor der Kamera gestanden hatten«. Die drei Schauspieler und Kabarettisten, bzw. Komponisten mussten als Juden Deutschland verlassen. Schmeling berichtet von den Gesprächen: »Am meisten bewegte mich, dass sie ganz ohne Feindseligkeit an die Heimat dachten, aus der sie vertrieben waren. Den Aufschwung, den das Land genommen hatte, beobachteten sie noch aus der Ferne mit einem Gefühl des heimlichen Stolzes.« Rosen und Wallburg werden Anfang der vierziger Jahre von Deutschen aufgegriffen und deportiert, beide werden in Auschwitz umgebracht. Siegfried Arno kann nach Amerika flüchten.

Ein Foto von dieser Begegnung in Scheveningen gelangt nach Deutschland, wo, so berichtet es Schmeling, Goebbels darüber empört ist. Später soll er ihm mal zugezischt haben: »Was denken Sie sich eigentlich, Herr Schmeling? Sie tun, was Sie wollen! Sie kümmern sich um die Gesetze nicht! Sie kommen zum Führer, Sie kommen zu mir, und Sie verkehren dennoch ständig mit Juden.« Von Folgen für Schmeling ist nichts bekannt, der Fall ist auch in Goebbels' Tagebuch nicht vermerkt. Schmelings Freund Hans Hinkel fragt ihn lediglich, so berichtet es Schmeling, warum er sich ausgerechnet fotografieren lassen musste.

Im September 1937 nimmt Schmeling endlich die Jagdeinladung Hermann Görings an. Schon mehrfach hatte der angemahnt, wann Schmeling denn endlich den Hirsch schieße, der ihm nach seinem Sieg über Louis versprochen wurde. Mit Göring verbindet Schmeling nicht nur die Leidenschaft zur Jagd. Beide bewundern auch ihren gemeinsamen Freund Bengt Berg, den schwedischen Naturforscher. Und Görings zweite Ehefrau Emmy, eine Schauspielerin, bewundert Anny Ondra. Schmeling-Biograf Ripperger schreibt, Göring sei »im Gegensatz zu Goebbels der angenehmere Gesprächspartner«. Und weiter: »Alles in allem machte der Reichsjägermeister auf Max Schmeling den Eindruck eines erfahrenen und besonnenen Jägers.« Der Boxer ist sich der Ehre bewusst, mit Göring jagen gehen zu dürfen. »›Mensch, Junge, reiß dich zusammen‹, habe ich gedacht. ›Wenn du jetzt nicht triffst, dann ist das die größte Blamage deines Lebens‹«, zitiert Ripperger Schmeling. Als Schmeling dann seinen Hirsch endlich trifft, geht es ihm so: »Ich kam mir vor, als ob ich im Ring zum Sieger gekürt wurde, nachdem Göring auf mich zugelaufen kam und mich fast umarmte.« Göring gibt Schmeling auch einen väterlichen Ratschlag. »Nehmen Sie das Ganze nicht zu ernst, das ist Politik«, sagt der NS-Politiker. »Sie werden Ihre Chance noch bekommen.«

Kurz danach, im Oktober 1937, reist Schmeling nach Schweden. Mit Max Machon zusammen nimmt er die Einladung zur Jagd bei Bengt Berg an.

Nach diesen Jagdaufenthalten sind Schmelings Kräfte offenbar wiederhergestellt. Joe Jacobs organisiert einen Kampf gegen Harry Thomas in New York. Um diesen Veranstaltungsort zu ermöglichen und somit wieder einen Fuß ins US-Boxgeschäft zu bekommen, bedarf es Jacobs' ganzer Anstrengung. Ein großer ökonomischer Erfolg wird der

Kampf nicht, »denn die Anti-Nazi-Boykottbewegung hat viele Menschen vom Besuch abgehalten«, wie Mike Jacobs schimpft.

Den Kampf gewinnt Schmeling Mitte Dezember 1937 souverän durch K.o. in der achten Runde. »Das ist herrlich«, notiert ein begeisterter Goebbels in sein Tagebuch. »So einem frechen und großmäuligem Amerikaner das Maul gestopft.« Gemäß der Absprache zwischen Mike Jacobs und Joe Jacobs kann Schmeling, wenn er Thomas schlägt, einen WM-Kampf gegen Joe Louis bekommen. Darauf spekuliert er, und sein Management arbeitet darauf hin.

Nach seinem Sieg über Thomas reist Schmeling zurück nach Deutschland. Kurz vor Weihnachten klingelt ein SA-Mann an seiner Tür. Schmeling soll den Ehrendolch der SA erhalten, verbunden mit der Ernennung zum Ehrensturmführer. Schmeling, so schildert er es in seinen »Erinnerungen«, bittet um Bedenkzeit und schickt den Mann weg. »Es war eine fatale Situation«, befindet er, denn eine Ablehnung könnte ihm innenpolitisch, eine Annahme außenpolitisch Ärger bereiten. Er ruft seinen Freund Heinrich Hoffmann an, der gerade bei Hitler auf dem Obersalzberg ist. Der gibt Schmeling zu verstehen, dass die Rennfahrer Caracciola, Brauchitsch und Rosemeyer, allesamt Freunde von Schmeling, auch Träger dieses Ehrendolches seien. »Er begriff mich erst, als ich ihm klarmachte, dass ich schließlich hauptsächlich in Amerika boxe und als SA-Führer dort sicherlich in manche Ungelegenheit geraten könnte.« Hoffmann nimmt, so deutet es Schmeling zumindest an, auf dem Obersalzberg Rücksprache mit Hitler und lässt Schmeling dann wissen: »Die Entscheidung, die du triffst, ist richtig. Tu, was du willst! Du kannst ruhig absagen!« Als am nächsten Tag der SA-Mann wieder an seiner Tür klingelt, lehnt Schmeling den Ehrendolch ab und versichert dem Mann, das sei mit höchsten Stellen abgesprochen.

In einer anderen Version der Geschichte berichtet Schmeling davon, dass seine Frau einfach erklärt, Schmeling sei nicht anwesend, und er so vermeidet, den Dolch annehmen zu müssen.

Darauf nimmt ein Schreiben Bezug, das im Februar 1938 den SS-Gruppenführer Wolff, den persönlichen Adjutanten von Heinrich Himmler, erreicht. Darin schreibt Hans Hinkel, SS-Oberführer und ein Freund Schmelings, dieser habe Weihnachten 1937 die SA-Ehrung abgelehnt, indem er sich von seiner Frau verleugnen ließ. Schmeling

»hat – und darüber will ich Sie sofort informieren – mir gegenüber den leisen Wunsch geäußert, wenn – dann möchte er gerne zu uns«. Also zur SS.

Die Antwort, die Hinkel vom persönlichen Stab Heinrich Himmlers, des Reichsführers SS, erhält, beschreibt die Rolle, die nach Hitlers, Goebbels' und Himmlers Meinung große Sportler, Sänger, Schauspieler etc. in Nazideutschland einnehmen sollten, sehr genau: »Er ist der Ansicht«, teilt SS-Obersturmbannführer Otto Ullmann im Auftrag Heinrich Himmlers mit, »dass ein sportlich so auf der Höhe stehender Mann wie Schmeling dem deutschen Volke mehr nutzen kann, wenn er weder der SS noch der SA, der NSKK oder sonst einer Gliederung angehört.«

Der Sporthistoriker Hans Joachim Teichler deutet die Entscheidung der NS-Spitze, auf einen Parteigenossen Schmeling zu verzichten, so: »Da gab es ein Gedränge, die SA und die SS wollten ihn haben, und dann hat er in seiner Not eine Entscheidung herbeigeführt, die von Hitler selbst getroffen wurde: Schmeling gehört dem ganzen Volk und nicht einer einzelnen Gliederung.«

# »Lehmgesicht aus Alabama«

## Vorbereitung auf den zweiten Kampf gegen Joe Louis (1938)

Ein großes sportliches Ziel bleibt Max Schmeling, auch nachdem die Kämpfe gegen Jimmy Braddock und Tommy Farr nicht zustande kamen: ein Rematch gegen Joe Louis. Der ist mittlerweile Weltmeister, und dennoch hat er mit Schmeling noch eine Rechnung offen. »Niemand soll mich Champ nennen«, lautet ein kolportiertes Louis-Zitat, »ehe ich nicht Schmeling geschlagen habe.«

Louis' Promoter Mike Jacobs hat Schmeling ja zugesagt, wenn er Harry Thomas schlüge, dann bekäme er einen Louis-Kampf, also die Chance auf den Weltmeistertitel. Mike Jacobs hält Wort: Unmittelbar nach seinem K.o.-Sieg über Thomas im Dezember 1937 erhält Schmeling den Kampfvertrag: für den 22. Juni 1938 in New York.

Zu Schmelings sportlichem Interesse und ehrgeizigem Ziel, der erste Boxer der Welt zu werden, der zum zweiten Mal Weltmeister wird, also das Gesetz des »They never come back« durchbricht, gesellt sich das politische Interesse des NS-Systems, dass der beste Schwergewichtsboxer der Welt ein Vertreter des arischen Deutschlands sei.

Was Schmelings Vorbereitung stört, sind die Folgen eines Brandes in seinem Haus in Saarow-Pieskow. Im Sommer 1936 war dort ein Blitz eingeschlagen. Schmeling und seine Nachbarn, darunter neben Josef Thorak nach Schmelings Angaben auch der Schauspieler Harry Liedtke und der Bergsteiger Luis Trenker, der gerade bei Thoraks zu Besuch war, versuchten den Brand zu löschen, aber das Haus wurde zerstört. Zunächst bezogen Schmeling und Ondra ein anderes Haus in Saarow-Pieskow, das Schmeling vor allem für Ondras Mutter bauen lässt, die aber kurz vor der Fertigstellung stirbt, und in das später die Zerletts einziehen. Im Sommer 2001 brennt übrigens auch dieses Haus ab.

Anny Ondra will, unabhängig vom Brand im Sommer 1936, ohnehin nicht mehr in Saarow leben. Als einen Grund für die Entfremdung seiner

Frau von dem früher so geliebten Ort am Scharmützelsee gibt Schmeling in seinen »Erinnerungen« das gestörte Verhältnis zu Josef Thorak an. Als allerdings die Schmelings 1938 Saarow endgültig verlassen, zieht Josef Thorak, der sich von seiner jüdischen Frau getrennt hat, in die Nähe von Rosenheim. Ob das Zerwürfnis von Schmeling und Ondra auf der einen und Josef Thorak auf der anderen Seite so arg ist, wie Schmeling es schildert, muss bezweifelt werden: Noch im Frühjahr 1939 gehen Schmeling und Thorak am Chiemsee gemeinsam auf Jagd. Auch in den Jahren danach besuchen die beiden gerne ihren gemeinsamen Freund Rudolf Krause, den Verwalter eines Guts im oberbayerischen Eulenau.

Ein Gut wird Schmeling und Ondra auch angeboten, allerdings nicht in Bayern, sondern in Hinterpommern: das Rittergut Ponickel. Ludolf von Alvensleben, damals Adjutant von Hans von Tschammer und Osten, später Chefadjutant von Heinrich Himmler, gibt ihm Ende 1937 den Tipp. Es steht ein Gut zum Verkauf, das zu den Ackerhöfen gehört, »die in der großen Landnahme des 16. Jahrhunderts angelegt wurden«, wie es in einem Aufsatz zur Ortsgeschichte in »Der Kreis Rummelsburg. Ein Heimatbuch« aus dem Jahr 1938 heißt. Der Besitzer ist ein Mann namens Willi Gürke, der das Gut 1929 von einem Landwirt gekauft hatte.

Beim Forstamt in Ponickel bemüht man sich sehr um den Zuzug des prominenten Paares, unter anderem sorgt der zuständige Forstmeister Rudolf Riebeling dafür, dass Fährten im Sand erkennbar sind, damit Schmeling dort ein gutes Jagdrevier vermutet.

Schmeling und Ondra beabsichtigen, auf Gut Ponickel Landwirtschaft zu betreiben: mit Hühnern, Pferden, Rindern und Schweinen. Anny Ondra ist aber überhaupt nicht begeistert, als sie das heruntergekommene Gut erstmals sieht. »Denk nur daran, wie ich geweint habe, als du das Gut in Hinterpommern kauftest«, heißt es in einem Brief, den Ondra 1955 an Schmeling schreibt. »Drähte hingen von der Decke des Gutshauses, überall Fliegenschwärme und im Garten Haufen von Gerümpel, alte Zylinderhüte und verrostete Fahrräder. Du hattest mich getröstet und gemeint, du würdest das Boxen aufgeben und Landwirtschaft studieren.«

Schmeling ist vom einfachen Landleben begeistert, und die Begeisterung hält an. Das Buch »Das einfache Leben« von Ernst Wiechert, erschienen 1939, fasziniert ihn. Es beschreibt ein alternatives Leben, »fern von Staat, Kirche, Zivilisation und Technik, das allein im Menschlichen gründet«, wie ein Kritiker schreibt. Schmeling bezeichnet es in seinen »Erinnerungen« als »die Poesie des Einfachen«.

Zur besseren Verwaltung des einfachen Lebens, und weil Schmeling im Übrigen gar nicht daran denkt, mit dem Boxen aufzuhören, stellen Schmeling und Ondra den Privatförster Reinholt Below ein. Der gilt als etwas schwierig und sehr autoritär, aber er wird von dem Ehepaar 1948 in Hollenstedt bei Hamburg wieder eingestellt werden.

Während sich Schmeling auf Ponickel einlebt und auch mit Holzhacken oder dem Bergauf-Schieben einer mit Steinen beladenen Karre eine Art Grundlagentraining absolviert, läuft die Propagandamaschine auf Hochtouren. Nur wer Schmeling schlägt, ist »der wahre Weltmeister«, verkündet der NS-Boxfunktionär Metzner, »Louis kann als Weltmeister nicht anerkannt werden, da er von Schmeling k.o. geschlagen wurde.« Im »Reichssportblatt« heißt es über Schmeling: »Er ist der wahre Weltmeister und nicht der vor fast zwei Jahren restlos zusammengeschlagene Mulatte.«

In diese Zeit, vielleicht aber auch vorher, fällt vermutlich eine Geschichte, von der Werner Maser in seiner Hitler-Biografie berichtet: »So saßen Max Schmeling, Albert Speer, Joseph Goebbels und Ilse Braun, zum Teil rauchend, beim Kartenspiel, nachdem sich Hitler zur Ruhe zurückgezogen hatte.« Als Quelle gibt Maser Ilse Braun an, die Schwester von Eva Braun. Schmeling, so deutet es der Bericht an, verkehrt privat in der Reichskanzlei und keineswegs nur, um Termine mit Hitler oder Goebbels wahrzunehmen, sondern auch, um dort Karten zu spielen.

Schmeling legt immer Wert darauf, neben dem Landleben auf Ponickel noch eine Stadtwohnung zu behalten, in die er sich zurückzieht, wenn er abends in Berlin zu tun hat.

Im Frühjahr 1938 unterzeichnet Schmeling einen Aufruf für die in Deutschland in Österreich durchgeführte Volksabstimmung, die den »Anschluss« plebiszitär absegnet: »Der Führer ist ein Freund des Boxens, weil es den ganzen Mann erfordert. Unter seiner Förderung nahm der deutsche Boxsport den Aufschwung zu höchster Weltgeltung. Alles, was zwischen den Seilen sich ereignet, interessiert ihn. Kann es für uns Sportler daher überhaupt eine Frage geben, ob wir uns hinter ihn stellen, wenn er am 10. April uns braucht? Wie ein Mann geben wir ihm geschlossen unsere Stimme!« Am 10. April 1938 stimmen 99,73 Prozent der Österreicher und 99,01 Prozent der Deutschen für den »Anschluss«.

Was die sportliche Planung angeht, wiederholt Schmelings Management die erfolgreiche Vorbereitung auf den ersten Louis-Kampf: zwei Kämpfe gegen schwere, aber schlagbare internationale Gegner; beide Kämpfe finden in Deutschland statt.

Am 30. Januar 1938 trifft Schmeling in der Hamburger Hanseatenhalle, die ja 1935 extra für Schmeling gebaut wurde, auf Ben Foord aus Südafrika. Gegen den muss er über die vereinbarten zwölf Runden gehen. Goebbels trägt in sein Tagebuch ein: »Den erregenden Boxkampf Schmeling-Foord am Rundfunk gehört. Endet mit einem Punktsieg Schmelings. Man hatte mehr erwartet.«

Am 16. April tritt Schmeling wieder in der Hanseatenhalle in den Ring. Es geht gegen Steve Dudas (USA), der in der Rundfunkreportage von Arno Hellmis ein ums andere Mal als »der tapfere Amerikaner« vorgestellt wird. In der sechsten Runde beendet Schmelings gefürchtete Rechte den Kampf. Goebbels, der auch diesen Kampf im Radio hört, ist begeistert von Schmeling und notiert: »Schmeling schlägt den Amerikaner in der 5. Runde k.o.«, dabei war es die sechste. »Er ist ein tapferer Junge.«

Als Schmeling schließlich in Richtung Amerika aufbricht, hat sich im Deutschen Reich der Glaube verfestigt, dass es nur einen überragenden Boxer in dieser Zeit gebe, Max Schmeling, der »wahre Weltmeister«, so etwa die »Boxsport« im September 1937. Der Reporter Arno Hellmis schreibt in einem Vorbericht zu dem Kampf, alle amerikanischen Kinder kämen angerannt, »um sich den berühmtesten Sportsmann der Welt anzusehen«.

Der seit August 1937 amtierende Weltmeister Joe Louis gilt in Deutschland als »ein gutmütiger, gutartiger, langsam denkender und primitiver Junge«, wie Hellmis in seiner Reportage schreibt, die die Leser des »Reichssportblattes« auf den Kampf einschwört. »Der Halbneger«, heißt es da, sei »wie zu allen Dingen des Lebens, so auch zum Kampf im Ring mit der primitiven Einstellung des Naturburschen versehen«.

Dass Schmeling der bessere Mann ist, das wüsste auch in Amerika jeder, teilt Hellmis mit, und dass in der amerikanischen Presse etwas anderes zu lesen sei, hätte eine besondere Ursache: die Wetten. »Man legt doch gerne ein paar Dollars an, nicht wahr, denn woher soll der Schornstein rauchen, und wenn man den Max vorzeitig zum Favoriten macht, dann drückt das natürlich mächtig auf die Odds.« Die amerikanischen Journalisten bauten für ihr eigenes Zockerglück den unbegabten Louis auf, »bis die Odds richtig sind. Dann platziert man sich, und dann wird das Steuer herumgeworfen.« Im »Völkischen Beobachter« weiß Hellmis, dass »irgendeine geheime Macht« sich darauf versteife, »Joe Louis zum Favoriten zu machen«.

In den USA ist der Titelkampf gegen den Herausforderer aus Deutschland zu einem heißen politischen Thema geworden. Als Schmeling in New York eintrifft, um nach Speculator weiterzureisen, wo er, wie schon 1937 auf den geplatzten Braddock-Kampf, sich auf den Kampf gegen Louis vorbereiten wird, empfängt ihn am Hafen eine große Demonstration. »Boycott Nazi Schmeling!«, »Herrenmensch!« und andere Transparente werden hochgehalten. Eine Zeitung titelt: »Deutschlands Ein-Mann-Armee ist wieder da!«

Harry Sperber, der Sportjournalist, der 1932 noch live von Schmelings zweitem Sharkey-Kampf berichtet hatte und dabei die grandiose Formulierung fand, wonach Sharkeys Linke »mit der Sicherheit einer Pleuelstange an der Seite einer Lokomotive« arbeitete, kann nach 1933 als Jude nicht nach Deutschland zurück. Er schreibt schon recht lange für deutschsprachige amerikanische Zeitungen, wie etwa die »New Yorker Staatszeitung und Herold«. 1928 hatte Sperber geholfen, Schmeling mit Joe Jacobs zusammenzubringen. Nun, vor diesem so wichtigen Kampf zwischen Schmeling und Louis geht Sperber, so berichtet er selbst, einfach mal in den Cottages umher, in denen Schmelings Gruppe während der Trainingsarbeit in Speculator lebt. Aus Neugier habe er in einen Schrank geschaut und dort eine komplette Naziuniform, mit Hakenkreuzarmband gesehen. Der Raum, in dem Sperber seine Entdeckung gemacht haben will, ist von Max Machon belegt, Schmelings Trainer.

Dan Parker vom »New York Daily Mirror« kommentiert, Schmelings Trainingslager sei wie ein »Miniatur-Nazistaat«. Und der Louis-

Biograf Barney Nagler urteilt über Machon: »Mit seiner scharf geschnittenen Nase und seiner schmächtigen Statur gab Machon für den durchschnittlichen Amerikaner einen typischen Nazi ab – sein Schliff drückte sich in seiner Art zu sprechen aus, sie war scharf und schneidig und sarkastisch.«

Von amerikanischen Reportern, die aus Speculator berichten, werden, wie Gerald Astor zusammenträgt, solche Sätze von Schmeling kolportiert: »Ich hätte den Kampf nicht angenommen, wenn ich nicht glauben würde, dass ich, ein weißer Mann, den Neger schlagen kann.« Oder: »Der Neger wird immer Angst vor mir haben.« Auch die Formulierungen vom »schwarzen Amateur« und vom »dummen Tier« sollen gefallen sein – wenn nicht von Schmeling selbst, so von Leuten aus seinem Umfeld.

In den USA ist die Bewegung, die diesen Kampf boykottieren möchte, so stark wie nie zuvor. Schließlich nehmen die Schikanen gegen die jüdische Bevölkerung in Deutschland zu. Außerdem wurde gerade erst per »Anschluss« Österreich annektiert. Die Anti-Nazi-League, der American Jewish Congress und andere Gruppen fordern den Promoter Mike Jacobs und Schmelings amerikanischen Manager Joe Jacobs – sie sind beide Juden – auf, den Kampf abzusagen. Unter dem Druck der Proteste – und gegen das Keifen aus Deutschland – bietet Mike Jacobs an, dass zehn Prozent der Einnahmen in einen Fonds für jüdische Flüchtlinge aus Deutschland fließen. »Juden versuchen Max' Kampf zu sabotieren, indem sie Überschuss der WM deutschen Emigranten zur Verfügung stellen«, heißt es in Goebbels' Tagebuch. »Sie wollen ihn damit verhindern. Führer bestimmt, dass Max kämpft. Das ist auch richtig.«

Mike Jacobs versichert seinen Kritikern, dass Louis, wenn er Schmeling schlägt, die Sache der Nazis schädigen werde. »Unabhängig davon, ob Jacobs' Beteuerung aufrichtig war«, schreibt der Historiker Peter Levine, »sie haben sicherlich nicht dem geschadet, was Boxpromoter einen ›Steam-Up‹ nennen«, eine Ankurbelung des Geschäfts. Der Kolumnist Joe Williams meint: »Alle, die in Schmeling ein politisches Symbol sehen, werden verzweifelt auf seinen Niedergang hoffen.«

Louis' Manager Julian Black drückt den Ärger, den man in seinem Lager auf Schmeling hat, so aus: »Schmeling hat über Louis Lügen verbreitet, er hat ihn in der Presse angegriffen, und wir sind angewidert und müde davon. Wir werden ihn zu jeder Zeit bekämpfen – und ihn von der Bildfläche eliminieren.«

Arthur Ashe beschreibt den Druck, der auf Louis lastet, so: »Kurz gesagt, Louis hat zu gewinnen. Oder ganz Amerika muss die psychologischen Konsequenzen von weiterem Nazigeschwätz der rassischen Überlegenheit über Schwarze und Juden erleiden. Wenn Louis verliert, würde man Jacobs selbst als Verräter an seinen eigenen Leuten ansehen.« Joe Louis ist sich all dessen bewusst. »Schmeling repräsentierte alles, was Amerikaner nicht mögen«, schreibt er in »My Life«. »Sie wollten ihn geschlagen sehen, gut geschlagen. Nun stand ich hier, ein schwarzer Mann. Ich hatte die Bürde, ganz Amerika zu vertreten.« Louis weiß: »Weiße Amerikaner, selbst wenn sie weiter in den Südstaaten Schwarze lynchen, verließen sich darauf, dass ich Deutschland ausknocke.«

Auch Gene Tunney lässt verlauten, dass er Louis helfen will. Der »Völkische Beobachter« ist entsetzt: »Gene Tunney hilft einem Neger: welch ein Gedanke!« Sogar Jack Johnson, der sich 1936 erfolglos Schmeling und 1937 erfolglos Braddock andiente, unterstützt nun Joe Louis und entschuldigt sich für frühere Fehler.

Art Buchwald, ein bekannter Kolumnist, fasst die Bedeutung von Louis so zusammen, dass für die Kids in der Stadt drei Dinge sicher waren: »Dass Franklin D. Roosevelt die Wirtschaft rettet, dass Joe DiMaggio den Rekord von Babe Ruth bricht und dass Joe Louis uns vor den Deutschen rettet.«

Entsprechend intensiv und hochkonzentriert bereitet sich Joe Louis auf den Kampf vor. Im Februar 1938 schlägt er Nathan Mann (USA) in der dritten Runde k.o. Am 1. April boxt er gegen Harry Thomas, gegen den Schmeling im Dezember durch K.o. in der achten Runde gewonnen hatte. Louis knockt Thomas in der fünften Runde aus. Ein psychologischer Vorteil im Quervergleich.

Präsident Franklin Delano Roosevelt besucht Louis in seinem Trainingslager in Pompton Lake. »Solche Muskeln brauchen wir, um Deutschland zu schlagen«, sagt Roosevelt, der 1931 noch vor dessen WM-Kampf gegen Young Stribling mit Schmeling auf Deutsch gescherzt hatte, zu Louis. Dessen Manager Julian Black engagiert sich auch in Roosevelts Demokratischer Partei.

Mike Jacobs, der Promoter, prophezeit Louis, dass beider Karrieren zu Ende seien, wenn er verlöre. »Also bring diese Flasche um«, bittet Jacobs den Boxer, »und mach kein Arschloch aus mir.« Louis beruhigt ihn: »Mach dir keine Sorgen. Ich werde nicht nach Detroit zu Ford zurückgehen. Und du musst keine Zitronendrops auf der Fähre nach Staten Island verkaufen.«

In einem Gespräch mit dem Sportjournalisten Jimmy Cannon aus New York, gibt der den Tipp ab, dass Louis in sechs Runden gewinnt. Louis korrigiert ihn: »Ich mach' es in einer.«

Zwar hat es Louis geschafft, dass auch viele rassistische Südstaatler in ihm ein Symbol für ganz Amerika erblicken, aber dennoch ist es immer noch nicht ganz Amerika, das hinter ihm steht. Anhänger des nazistischen Deutsch-Amerikanischen Bundes paradieren, wie schon vor dem Schmeling-Louis-Kampf 1936, sowohl in Schmelings als auch in Louis' Camp. »Für Mike Jacobs«, schreibt Gerald Astor über den Promoter des Kampfes, »war nicht der Bund selbst die Bedrohung, sondern die Reaktionen der Menschen auf das, was die Organisation und ihre geistigen Führer vertrat. 1936 war Hitler nicht zum Abschied von Schmeling gekommen, um ihm viel Glück zu wünschen für das Duell gegen den schwarzen Mann. 1938 sah die Naziführung Schmeling in einem angenehmeren Licht.« Einige jüdische Gruppen warnten davor, dass Tausende uniformierter Bundisten, also Anhänger des Deutsch-Amerikanischen Bundes, am Rande des Kampfes eine Prügelei anzetteln könnten.

Schmeling gibt ein Gespräch wieder, in dem er sich mit der Kritik, die ihm in den USA entgegengebracht wird, beschäftigt:

»Warum haltet ihr Politik und Sport nicht auseinander?«

»Weil man das in Hitler-Deutschland auch nicht tut, Max!«

Schmeling berichtet auch, dass ihm mehrfach das Angebot gemacht wird, doch in die USA überzusiedeln. »So leicht gibt man seine Heimat nicht auf, vor allem, wenn man Grund und Boden, wenn man seine Familie dort hat«, begründet er in »8-9-aus!« seine Ablehnung. »Dieser Preis schien mir, um meine sportliche Karriere zu sichern, nun doch zu hoch.«

Anny Ondra hatte nach 1933 Angebote aus Hollywood gehabt, und im Unterschied zu Schriftstellern, Schauspielern und Journalisten, die sich als Emigranten in einer ihnen fremden Sprache ihren Unterhalt sichern müssen, hätte einer wie Schmeling, der sein Geld boxend verdient und obendrein gut Englisch spricht, in Amerika leicht Fuß fassen können.

In seiner 1956 erschienenen Autobiografie »8-9-aus!« macht sich Schmeling Gedanken, warum er 1938 in Amerika so verhasst war: »Womit hatte ich das verdient? Kannten mich die Amerikaner immer noch so schlecht? Warum ließen sie die Gehässigkeit, die den braunen Machthabern in der Heimat galt, an mir aus? Heute kann ich das alles viel besser verstehen. Unter den Zuschauern waren Hunderte, vielleicht Tausende, die Deutschland Hals über Kopf hatten verlassen müssen, nur um das nackte Leben zu retten, Tausende, denen die Schrecken der Judenverfolgung noch in den Gliedern saßen. Die Welt wusste damals schon, was in Deutschland vor sich ging. Und ich war ein Deutscher. Stellvertretend für die Nazis musste ich den Hass kassieren.« Für sich selbst nimmt er in Anspruch: »Ich war gekommen, um einen fairen Kampf zu liefern, nicht aber, um eine politische Abrechnung entgegenzunehmen. Nichts lag mir ferner als Politik.«

Interessant ist, dass auch der gereifte und selbstkritische Schmeling die Ablehnung der Judenverfolgung nur als politische Frage begreift. Kein bisschen moralische Bedenken beschleichen ihn, er möchte nur keine Politisierung des Sports. Empört schreibt er etwa in den 1977 erschienenen »Erinnerungen«, alle Welt sehe »plötzlich in dem Revanchekampf eine Auseinandersetzung zweier politischer Systeme«. Ein Opfer sei Louis, dem man »eingeredet habe, ich wolle in dem bevorstehenden Kampf die Überlegenheit der Weißen gegenüber den Negern demonstrieren«, weshalb sich Louis »geradezu in eine Vergeltungsrage hineingesteigert« habe.

Schmeling wehrt sich zu Recht, einerseits. Ihn hat niemand gefragt, ob er herausragendes Symbol des Nazisystems sein will, ob er in New York als arischer Übermensch einen minderwertigen Neger verhauen will. Aber, andererseits, Schmelings späte Gegenwehr richtet sich auch im Nachhinein vor allem gegen die amerikanische Öffentlichkeit, der er vorwirft, ihn zu hassen, weil sie den Sport politisch instrumentalisiere; »den Titel gönne man mir nicht, weil ich wirklich ein Aushängeschild der Nazis geworden sei«, referiert er in seinen »Erinnerungen« wohlmeinende amerikanische Stimmen, »ob durch oder ohne mein Zutun«. Auch Jahre später, und nach Ende des NS-Regimes, wehrt er sich nur unscharf gegen seine Vereinnahmung durch die Nazis. Und auch wenn er sich davon deutlich abgesetzt hätte, so hätte er zwar Recht, wenn er kein Symbol sein will, aber dennoch, quasi hinter seinem Rücken, gälte das Urteil des Louis-Biografen Robert Lipsyte über Louis und Schmeling: »Zwei Symbole haben ihren Platz eingenommen«, urteilt der für die »New York Times« arbeitende renommierte Sportjournalist. »Max erhielt in Deutschland den Rang eines entsandten Helden, das bezog ein Treffen mit Hitler ein. Deswegen *war* Max Schmeling Nazideutschland, die sich abzeichnende Bedrohung von Tod und Faschismus.« Der amerikanische Dokumentarfilmer Barak Goodman, der in »The Fight« die weltweite Reaktion auf den Kampf Louis-Schmeling behandelt, meint: »Ob sie das wollten oder nicht oder danach trachteten oder es einfach annahmen – Louis und Schmeling waren dazu gezwungen, politische Figuren zu seien. Es gab für sie keinen Ausweg. Alles was sie taten, hatte politische Konsequenzen. Es war unaufrichtig, wenn einer von ihnen dachte, er wäre nur ein Sportsmann.«

Der deutsche Sportjournalist Michael Wollny verheddert sich in einer Arbeit genau an diesem Punkt: Einerseits konstatiert er zu Recht, »man *muss* Joe Louis als Teil der amerikanischen Bürgerrerechtsbewegung sehen«, andererseits will er diese soziologische Binsenweisheit, dass ein Mensch immer im sozialen Ensemble steht und gesehen wird, bei Schmeling nicht gelten lassen: In Amerika wurde »damals großzügig ignoriert, dass Max Schmeling zwar Deutscher, aber keineswegs Nazi war«, heißt es da.

Was Schmeling, und nicht nur er, als »Politisierung« bezeichnet und so tut, als fände es nur auf unmittelbaren Befehl der NSDAP und des NS-Staats statt, taucht bei Autoren wie Arno Hellmis als unter dem Etikett Boxanalyse verkaufter Rassismus auf. »Wo er auf denkende Boxer traf«, heißt es etwa über Louis' bisherige sportliche Bilanz, »da ging es über die Runden. Als er auf einen Mann mit allround entwickeltem technischen Können, mit hartem Schlag und mit überlegener kämpferischer Moral stieß, ging er schwer k.o.« Louis sei »künstlich zum Weltmeister gemacht« worden, der ihm in allen Belangen überlegene Schmeling könne nur jetzt gegen ihn boxen, weil »das Publikum für ihn« einsprang und sein Votum abgab. »Wäre der Vorverkauf für die Schwergewichts-Weltmeisterschaft matt gewesen, so hätte Max einmal mehr unverrichteter Dinge nach Hause fahren können.« Im Grunde, so Hellmis, drückten die Amerikaner Schmeling die Daumen, »ihn will man sehen und auf seinen Sieg hofft man«. Denn die Amerikaner, weiß Hellmis, »haben alle tüchtig die Nase voll von Samuel Untermyer und seinen Edelleuten und finden, der alberne Boykottkram habe schon Schaden genug angerichtet.« Untermyer ist gemeinsam mit dem New Yorker Bürgermeister Fiorello La Guardia der führende Kopf der Anti-Nazi-League.

Etwa eine Woche vor dem Kampf wird gemeldet, dass, wenn es »nur eine knappe oder sogar eine irreguläre Entscheidung geben sollte«, wie es der »Völkische Beobachter« formuliert, ein dritter Kampf zwischen Louis und Schmeling angesetzt würde, als Termin stünde der September 1938 fest. »Sollte Max den Neger erneut k.o. schlagen«, weiß das Blatt auch zu berichten – und damit andeutend, dass ein Punktsieg immer »knapp« oder »irregulär« wäre –, so steht bereits als nächster Titelkampf-Gegner Max Baer fest.« Darüber, ob dieser ins Auge gefasste Kampf zwischen einem Weltmeister Schmeling und einem Herausforderer mit auf die Trousers gesticktem Davidstern in Deutschland stattfinden könnte, erfährt der Leser nichts.

Der Vorverkauf des Kampfes zwischen Louis und Schmeling läuft grandios an, die Bedeutung des Kampfes lässt gar nichts anderes zu. 75.000 Menschen kommen am 22. Juni 1938 ins Yankee-Stadion von New York. Erstmals bei einem Kampf um die Schwergewichts-WM sind auch schwarze Journalisten akkreditiert. Auch das ein Hinweis, dass sich hinter Schmeling beinahe die gesamte amerikanische Nation sammelt.

Auch, natürlich, in Deutschland ist Schmeling Topthema. »Wir gehörten zu Louis«, erinnert sich Henri Lewin an die Situation. Lewin war damals ein 14-jähriger jüdischer Junge in Berlin, dem Schmeling während der »Reichskristallnacht« helfen wird. »Sogar mein Vater wollte, dass er verliert«, sagt Lewin in einem unveröffentlichten Interview, das er dem amerikanischen Journalisten David Margolick gab. Henris Vater, David Lewin, ist mit Schmeling befreundet, er erklärt seinem Sohn: »Wenn Schmeling Louis schlägt, geschieht dies nicht im

Namen des Sports. Sie werden sagen, dass es im Namen einer Superrasse geschieht.« Lewin erinnert sich weiter an den Stellenwert des Kampfes für die noch in Deutschland lebenden Juden: »Der Rabbi hat den Kampf sogar in der Synagoge erwähnt: Es war ein Kampf, den wir nicht übersehen konnten.«

»Höchste Spannung um Schmeling-Louis«, titelt der »Berliner Lokal-Anzeiger« und fährt fort: »Der Deutsche vor seinem schwersten Kampf.« Das »Berliner Tageblatt« weiß: »Die Form spricht für Schmeling.« Und der »Völkische Beobachter« titelt: »Joe Louis muss Farbe bekennen!« Im Innenteil bereitet das Blatt aber schon die Möglichkeit des Scheiterns vor: »In letzter Minute hat noch einmal in Neuyorks verjudeter Presse ein Feldzug eingesetzt, der wohl weniger daraufhin abzielen soll, den Kampf überhaupt zu verhindern, als unter den Zuschauern Stimmung für das ›Lehmgesicht aus Alabama‹ zu machen. Sämtliche Vorberichte sind darauf abgestimmt, dass Deutschland einen Schmeling-Sieg als nationale Prestigeangelegenheit betrachte. Es ist kaum zu glauben, was für Verhetzungen und Verdrehungen in eine bisher rein sportlich betrachtete und auch sportlich durchgeführte Auseinandersetzung mit den Fäusten gebracht werden kann, wenn man eben auf jeden Fall hetzen und in dem Sportsmann Schmeling den Deutschen treffen will.«

# »Steh auf! Steh auf!«

## Niederlage gegen Joe Louis (1938)

Am Ring trifft sich ganz Amerika, auch viele Emigranten sind da. In seiner Kabine aber hockt Max Schmeling einsam herum. Während am 22. Juni 1938 weit über 70.000 Zuschauer im New Yorker Yankee-Stadion auf den Kampf warten, sitzt Schmeling in seinem immer gleichen alten Bademantel und seinen von Alfred Dassler nach Maß gearbeiteten Schuhen, deren Sohlen mit Glasspänen aufgeraut sind. Seine engsten Mitarbeiter sind nicht bei ihm in dem kleinen Raum. Nur Leute, die er als »Aushilfssekundanten« ansieht, stehen um ihn herum.

Schmelings Trainer Max Machon ist nämlich in Louis' Kabine, um, wie es üblich ist, das Bandagieren des Gegners zu beobachten. Schmelings Manager Joe Jacobs wurde wenige Tage zuvor von der New Yorker Boxkommission gesperrt, denn ein von ihm betreuter Boxer war nicht zu einem von der NYSAC angesetzten Kampf erschienen. Und Doc Casey, Schmelings ständiger Co-Sekundant, so schreibt Schmeling in seinen »Erinnerungen«, fehlt diesmal: »Die allgemeine Hysterie und eine Lawine von Drohbriefen hatten ihn schockiert und ängstlich gemacht.« In »8-9-aus!« heißt es, ihn habe vermutlich »der politische Rummel kopfscheu gemacht«.

Kurz vor dem Kampf allerdings berichtet Clem McCarthy, der amerikanische Radioreporter, dass Schmeling »ruhig dasteht, während er noch ein letztes Wort von Doc Casey gesagt bekommt«. Wo Casey an diesem Abend wirklich ist, lässt sich vermutlich nicht mehr klären.

Schmeling jedenfalls empfindet seinen Auftritt an diesem Abend in New York als einen einsamen Kampf – von ihm alleine gegen die ganze übrige Welt.

Als Machon gegen die Bandagen von Louis protestiert und General Phelan von der NYSAC den Protest ablehnt, passiert nach Machons Erinnerung dies: »Empört rannte ich aus der Kabine und lief Mike Jacobs, dem Veranstalter, direkt in die Arme. Auch Mike, mit dem wir früher Pferde stehlen konnten, fuhr mich böse an. ›Ich verstehe nicht, was du für einen Wirbel machst‹, brüllte er. In diesem Augenblick wusste ich, was die Stunde geschlagen hatte. In diesem Moment wusste ich, dass Schmeling heute mit keinem Freund rechnen konnte.«

Als Herausforderer wird Schmeling zuerst in den Ring gerufen. Er erinnert sich an ein »Spießrutenlaufen« auf dem Weg von der Kabine in den Ring: »Als mich die ersten der 70.000 Zuschauer zu Gesicht bekamen, brach die Hölle los. Nicht Erregung oder Neugier erwartete mich, sondern der blanke Hass.« Mit Bananenschalen und Coca-Cola-Bechern wird er beworfen. »So sprang das aufgehetzte Publikum mit einem Mann um, den es für einen Nazi hielt.« Max Machon, der ihn nicht begleitet, sondern erst hinter Louis in den Ring tritt, sagt Schmeling später, er habe ihm Leid getan: »Wär ich doch bloß bei dir gewesen! Ich hätte dir schon Mut gemacht! ›Lass dich doch am …‹, hätte ich gesagt, und ›Knall ihm eine vor den Latz, dann jubeln sie dir im nächsten Augenblick schon zu!‹«

Machon berichtet auch, dass Ringrichter Arthur Donovan vor dem Kampf gesagt habe, »wenn einer nur seinen Kopf durch die Seile steckt, wird etwas Drastisches passieren«. Dabei habe Donovan Machon angeschaut. »Ich habe die Drohung ganz gut verstanden. Wäre Louis auf der Verliererstraße gewesen, und ich hätte Max etwas zugerufen, so hätte ihn Donovan unweigerlich disqualifiziert. Und ich, sein Sekundant, wäre schuld gewesen. Ich Ärmster! Man hätte mich in Deutschland wahrscheinlich gesteinigt.«

In der Wahrnehmung des Kampfes überwiegt im Schmeling-Lager bis zum kleinsten Detail die Vorstellung eines politischen Komplotts.

Joe Louis berichtet in »Die Geschichte meines Lebens« von seinen Empfindungen, als er in den Ring tritt. »Es war nicht wie damals beim Kampf gegen den Riesen Carnera, als die Menge mich anfeuerte. Ich sah nur noch Schmeling.« Und in »My Life« heißt es: »Es ging um alles oder nichts. Ich wusste, dass meine ganze Karriere an diesem Kampf hing.«

Mit sich überschlagender Stimme meldet sich Clem McCarthy: »And there we are.« McCarthy hat eine Rekordzuhörerschaft: Über 70 Millionen Amerikaner hängen am Radio, eine solche Einschaltquote für eine einzelne Sendung hat es in der Radiogeschichte noch nicht gegeben.

Auch in Deutschland hören viele Menschen Radio, obwohl es hier etwa drei Uhr nachts ist. Reporter ist, wie bereits 1936, Arno Hellmis. Der Mann vom »Völkischen Beobachter«, einer von nur drei Journalisten aus Deutschland am Ring, spricht zu Beginn seiner Reportage davon, dass Schmeling hier »gegen eine vorgefasste Meinung« antreten müsse.

Schmeling fühlt sich abgelenkt. Er denkt auch an den Radiomann, mit dem ihn eine Freundschaft verbindet. »In Arno Hellmis' Haut möchte ich nicht stecken«, notiert er in »8-9-aus!«, »kann man denn in Worten schildern, was hier im Yankee-Stadion vor sich geht?«

Der Kampf beginnt. Nach wenigen Sekunden stellt Clem McCarthy fest: »Louis kam in dieser ersten Runde schon mit mehr Schlägen durch als in fünf Runden des anderen Kampfes.« McCarthy, der als Rundfunkreporter beim Galoppereignis Kentucky Derby berühmt wurde, spricht schnell und prononciert, kein Detail will der Reporter auslassen. »Nun drückt Max mit dem Rücken gegen die Seile, Louis folgt ihm und sucht nach seiner Chance. Er drängt ihn, er verfolgt ihn. Schmeling bewegt sich nicht viel, aber sein Gesicht ist schon gezeichnet.«

Max Machon erlebt den Kampfbeginn so: »Ich war noch nicht ganz die Treppe runter, da hörte ich die Leute schon brüllen. Da muss was passiert sein! Blitzschnell drehte ich mich um. Ich sah meinen Max am Seil stehen und verdächtig mit den Augen klappern.«

Schmeling erinnert sich so: »Wie ein Stier stürzte Louis auf mich los und schwang, bevor ich überhaupt reagieren konnte, einen linken Haken. Er traf mich voll an der Schläfe…«

Joe Louis gibt den Kampfbeginn so wieder: »Ich rannte sofort auf Schmeling los und feuerte meine Linke gegen seinen Kopf. Schmeling warf seine weithergeholte Rechte gegen mich.« Nach etlichen Schlagserien »kam die große Chance für meine Rechte. Seine Deckung hing zu weit unten. So legte ich mein ganzes Körpergewicht in meine Rechte, die voll auf seinem Kinn landete. Er prallte gegen die Seile zurück, wobei ihm die Beine förmlich wegrutschten. Sofort griff ich erneut an und schlug eine Rechte in seine Magengegend. Schmeling schrie vor Schmerz auf. Ich wusste, dass ich ihn schwer und entscheidend getroffen hatte.«

Noch geht der Kampf weiter. Dem ersten Niederschlag folgt ein zweiter. Schmeling wird angezählt, ist aber bei »vier« wieder oben.

Clem McCarthy: »Louis knallt ihm eine Rechte und eine Linke an den Kopf. Eine Linke an den Kiefer. Eine Rechte an den Kopf. Donovan schaut sich das sorgfältig an. Louis nimmt Maß: rechts an den Körper, eine Linke ans Kinn nachgesetzt, und Schmeling ist am Boden.«

»Schmeling war völlig hilflos, er taumelte rückwärts, wie ein Betrunkener«, heißt es bei Louis. »Sein Magen war auf einmal ungedeckt. It was time for the kill.«

124 Sekunden dauert der Kampf bis zu diesem entscheidenden Schlag Louis'. Donovan beginnt zu zählen. Ein fassungsloser Arno Hellmis krächzt ins Mikrofon: »Max, Maxie, was ist los? Steh auf! Steh auf!«

»Nach deinem dritten Niederschlag dachte ich mir: Nun ist es genug und warf das Handtuch«, erinnert sich Machon. Doch Ringrichter Donovan, der Schmeling gerade anzählt, hebt es auf und hängt es an den Rand. »Da reichte es mir«, sagt Machon. »Zu allem entschlossen kletterte ich durch die Seile. Hinter mir waren die Leute aufgesprungen. Sie versuchten, mich festzuhalten und rissen mir fast die Hose vom Leib. ›Was willst du?‹, fauchte Donovan, als ich neben ihm auftauchte; ›Raus mit dir! Scher dich aus dem Ring!‹ Ich schrie ihn an: ›Ich lasse meinen Mann nicht totschlagen. Hast du keine Augen im Kopf?! Er hat genug!‹«

Donovan wird mit dem Zählen nicht fertig, der Ring ist mit Leuten aus beiden Ecken überfüllt.

»Max Schmeling is beaten in one round«, fasst Clem McCarthy sachlich zusammen, »Max Schmeling wurde in der ersten Runde geschlagen.«

Goebbels notiert in sein Tagebuch: »Gestern: in der Nacht Schmelings Kampf gegen Louis angehört. Louis schlägt Maxe nach 2 Minuten k.o. Eine furchtbare Niederlage. Unsere Zeitungen hatten zu sehr auf Sieg getippt. Nun ist das ganze Volk deprimiert. Ich schicke Schmeling ein aufmunterndes Telegramm und Anny Ondra Blumen. Sie können das jetzt beide vertragen.«

Von Arno Hellmis ist keine Zusammenfassung mehr zu hören. Die Übertragung wird abrupt beendet. »Ich habe gehört, dass die Deutschen die Radioübertragung abgeschnitten hatten«, schreibt Joe Louis. »Sie wollten wohl nicht, dass ihr Volk hört, wie ein schlichter alter Nigger aus der arischen Rasse die Scheiße herausprügelt.«

Der Jubel im Yankee-Stadion kennt kein Halten. Während Schmeling in seine Kabine getragen wird, gilt aller Jubel Joe Louis. Auch Paul und Sonja Damski, einst enge Freunde Schmelings, sitzen in New York am Ring und umarmen sich vor Freude.

»Unzählige Menschen tanzten und sangen in den Straßen vor Freude und Begeisterung«, erinnert sich Louis, und Arthur Ashe schreibt: »Die ganze Nation feierte, aber die Schwarzen waren euphorisch.« Joe Louis ist ein all-american star. »Er wurde in diesem Moment mehr bewundert als jeder schwarze Athlet, den es je gegeben hat – bis zu den Anfängen von Muhammad Ali.«

Louis genießt diesen Erfolg sieben Monate lang. »Ich weiß, dass ich auf dem Höhepunkt meiner Karriere stand«, begründet er das. »Ich hatte die Meisterschaft und ich hatte den Mann geschlagen, der mich am meisten gedemütigt hatte. Amerika war stolz auf mich, mein Volk war stolz auf mich, und nach dem Kampf wurden Beziehungen zwischen den Rassen lockerer. Was zum Teufel hätte ich mehr haben wollen?«

Im Januar 1939 tritt er gegen John Henry Lewis in den Ring, ein Schwarzer, der 1935 gegen Bob Olin Weltmeister im Halbschwergewicht wurde und der bisher aus rassistischen Gründen nicht zur Schwergewichts-WM vorgelassen wurde. Als Louis seinen Freund Lewis durch K.o. in der ersten Runde ausschaltet, ist er endgültig und völlig unumstritten Weltmeister aller Klassen und Verbände.

Am nächsten Tag holt Louis seine Börse ab: 350.000 Dollar. Schmeling liegt noch im Krankenhaus, dem Polyclinic Hospital, »ein jüdisches Krankenhaus, in dem ich hervorragend aufgenommen und behandelt wurde«. Wie Schmeling in seinen »Erinnerungen« auf die Idee kommt, das Krankenhaus als ein jüdisches Hospital zu bezeichnen, ist unklar – es war und ist nie jüdisch gewesen. Zehn Tage lang liegt er dort, der dritte Dornfortsatz der Wirbelsäule ist zweimal gespalten.

General Phelan von der New Yorker Boxkommission kommt vorbei und prüft, ob Schmeling wirklich k.o. geschlagen wurde oder sich kein klinischer Befund finden lässt. Im letzteren Fall hätte die NYSAC seine Börse von 250.000 Dollar, umgerechnet eine Million Reichsmark, gesperrt.

Auch der deutsche Botschafter in den USA, Hans Heinrich Dieckhoff, erscheint am Krankenbett. Er schlägt Schmeling vor, Protest einzulegen, der entscheidende Treffer sei schließlich ein verbotener Schlag in den Rücken gewesen. »Dieckhoff verstand offenkundig nichts vom Boxen«, heißt es in Schmelings »Erinnerungen«, »und ich erklärte ihm, wie ich im Schlaghagel mit der Hand das Seil ergriffen und mich abgedreht hätte.« So habe Louis vermutlich nicht mehr abstoppen können. »Aber objektiv war das doch ein verbotener Nierenschlag«, sagt der Botschafter zu Schmeling. »Wollen Sie nicht zur Sicherheit Protest einlegen?« Schmeling aber will nicht. Er sagt Dieckhoff noch, dass er auf einen dritten Kampf gegen Louis hofft.

Auch Fachamtsleiter Dr. Metzner spricht sich sofort für einen dritten Kampf zwischen Louis und Schmeling aus, den er gerne in Deutschland ausgetragen hätte. »Da hier bekanntlich weder Neger gelyncht, noch Juden erschossen werden«, sei es in Deutschland ruhiger als in den USA.

In Schmelings Auftrag fährt Max Machon zur Boxkommission und erhält die Kampfbörse in bar ausgezahlt. Joe Jacobs und sein Bruder geben Geleitschutz, Machon bringt das Geld in einen Safe. Kurze Zeit später fährt Machon noch mal alleine weg, kündigt den Safe und deponiert das Geld bei einer anderen Bank, damit auch garantiert niemand, weder Schmeling noch Joe Jacobs, weiß, wo das Geld liegt.

Nach zehn Tagen reist Schmeling mit dem Schiff zurück nach Deutschland. Die Reaktionen sind dort vom Propagandaministerium vorbereitet worden. In einer Anweisung des Ministeriums vom 23. Juni an die Presse heißt es, der Kampfausgang dürfe nicht »so hingestellt werden, als ob Deutschland einen Prestigeverlust erlitten habe: Schmeling ist nicht Deutschland. Es handelt sich um die Niederlage eines Boxers.« Dr. Metzner, der Boxfunktionär, übermittelt an »Max Schmeling, Neuyork« immerhin noch gedämpfte Grüße: »Der Berufsverband deutscher Faustkämpfer grüßt sein Mitglied Max Schmeling. Trotz der Niederlage werden Sie Deutschlands Boxsport immer Vorbild bleiben.«

Ansonsten gibt das »Reichssportblatt« die Linie vor: Unter der Überschrift »Keine nationale Prestigefrage« wird darüber spekuliert, ob die deutsche Sportpresse es vielleicht als zu selbstverständlich angesehen habe, »darüber überhaupt ein Wort zu verlieren, dass im Boxsport eben alles ›drin‹ ist. Vielleicht hat man es deswegen verabsäumt, die Öffentlichkeit in diesem Falle darauf aufmerksam zu machen, dass Louis sehr wohl einen Treffer anbringen könne, der alle Berechnungen über den Haufen zu werfen imstande war.« Man solle die Niederlage jetzt nicht »allzu tragisch nehmen«. Dass man mit dem Landsmann Schmeling gefiebert hätte, sollte »kein Grund sein, sich selbst als ›geschlagen‹ zu betrachten, weil man vielleicht zuvor es sich im Unterbewusstsein vorstellte, dass Schmeling = Deutschland zu setzen sei.«

Auch wenn man es nicht unmittelbar politisch deuten darf – beleidigt ist man in Deutschland dennoch. »Es wurde kein Kampf!«, schäumt die »Boxsport«. »Ehe Schmeling seine Boxkunst, seine jahrelange Vorbereitung und seinen Siegeswillen einsetzen konnte, kam ein Handtuch.«

Der »Völkische Beobachter« behauptet, Schmeling sei »verhältnismäßig frisch und ohne jegliche Kampfspuren« ins Krankenhaus eingeliefert worden. Außerdem schreibt dort der notorische Arno Hellmis, wenn Louis nicht »das zum Sport nun einmal gehörende Glück« gehabt hätte, Schmeling so schnell zu erwischen, hätte »der Kampf einen anderen Ausgang genommen«. Schließlich halte »man in der ganzen Welt den Deutschen für den technisch und taktisch besseren Boxer«. Gleichwohl – das muss für den »Völkischen Beobachter« mal »in aller Deutlichkeit gesagt werden: Die Niederlage eines Boxers bedeutet keinen nationalen Prestigeverlust; sie ist eine verlorene Schlacht immer nur für den Boxer selbst, der mit den möglichen Wechselfällen des Ringschicksals rechnen muss.«

Für die Zeitung »Germania« betrieb Louis »Vernichtungswerk«, »wild keilte er drauf los«. Obendrein habe dieser Louis dem Schmeling einen »außerordentlich schmerzhaften Schlag in die Nierengegend« verpasst, »eine grobe Regelwidrigkeit«: »Nur so erklärt sich die bittere Niederlage, mit der man nie und nimmer rechnen konnte.«

Eigentlich, so lässt sich die deutsche Pressereaktion zusammenfassen, war Schmeling also der Bessere, es kam ihm nur etwas dazwischen. So ähnlich interpretiert auch Reichssportführer Hans von Tschammer und Osten die Niederlage: »Wir alle bedauern, dass Sie durch die schwere Verletzung gleich zu Beginn des Kampfes an der vollen Entfaltung Ihres großen Könnens verhindert waren.«

Aber schon recht bald, bereits am 24. Juni, gibt das Propagandaministerium die Anweisung heraus, wonach es an der Zeit sei, »das

Thema Schmeling von den beiden ersten Seiten der Zeitungen verschwinden zu lassen.« Wenige Tage später werden auch die Illustrierten und Zeitschriften aufgefordert, »mit Bildberichten über Schmeling, seinen Kampf und seine häuslichen Verhältnisse aufzuhören«.

Arno Hellmis, der doch in einer fünfteiligen Reportagereihe für das »Reichssportblatt« schildern will, wie er mit Schmeling die USA bereiste, bekommt nun Probleme. Teil vier hatte er mit der felsenfesten Prognose abgeschlossen, dass Schmeling Weltmeister wird. In Teil fünf, der nach dem Kampf erscheint, erwähnt er Schmeling mit keinem Wort, deutet aber für geübte Leser immerhin eine Erklärung der Niederlage an: »New York ist die größte Judenstadt der Welt.«

Die Nazis hatten fest mit ihrem Propagandaerfolg gerechnet. Ganz sicher waren sie, den »wahren Weltmeister« zu besitzen, überzeugt, dass »der Neger schlicht, primitiv, phlegmatisch« sei. Die Niederlage trifft sie an einer empfindlichen Stelle.

Der Historiker Thomas R. Hietala berichtet, dass Schmelings Trainer Max Machon zur medialen Nachbearbeitung selbst einen Film geschnitten hätte: »Machon suchte Zuflucht in einer offensichtlichen Fälschung, um die Niederlage zu entschuldigen. Geschickt benutzte er die Schnitttechnik und fabrizierte so einen Fantasiefilm über den Kampf. Machon schnitt einige Meter des Films des 36er-Kampfs, die einen überlegenen Schmeling zeigten, in den neuen Film. Über das Einkleben des alten Films hinaus löschte Machon noch etliche Filmmeter des zweiten Kampfes, schnitt solche Bilder hinaus, die zeigen, wie Louis Schmeling mit den Fäusten bearbeitet und seinen K.o.-Sieg vorbereitet. In Machons fantasievoller Neubeurteilung des Rematches ist der einzige Wirkungstreffer, der zu sehen ist, der, den Louis in Schmelings Rücken schlug, was ihn auf den Boden warf. Eine Weile wurde diese Szene eingefroren, damit der Erzähler den Verrat erklären kann, der Schmelings Schicksalschlag war.«

Dieser Film, so Hietala, sei es, den drei Wochen später Goebbels unter den Gesichtspunkt geprüft hätte, ob man die Niederlage nicht irgendwie doch noch propagandistisch nutzen kann. »Filme geprüft. Schmelings Boxkampf«, heißt es in seinem Tagebuch. »Er wird dabei fürchterlich zusammengeschlagen. Nicht aufführbar.« Am selben Tag wird, was selten vorkommt, ein Film mit Anny Ondra gelobt. Aber mit Schmeling lässt sich vorerst kein Staat mehr machen.

Hietala berichtet auch, dass John Roxborough, einer der zwei Manager von Joe Louis, sich an den amerikanischen Botschafter in Berlin wendet, um gegen den »verstümmelten, geschnittenen und zusammengewürfelten« Film zu protestieren. »Hitler«, schreibt Roxborough, »kann die Tatsache nicht erklären, dass Joe Louis den Stolz der deutschen Rasse in zwei Minuten unterworfen hatte.«

»Damals, nach dem Sieg über Joe Louis«, erinnert sich Schmeling in »8-9-aus!«, »wurde ich mit Ehrungen überhäuft, dass sie mir beinahe zu viel geworden waren. Nun, nach meiner Niederlage, schien das Interesse an mir auf den Nullpunkt gesunken.« In einem Brief, den er im Februar 1946 als Verteidigungsschrift gegen Vorwürfe einer Verstrickung in den Nationalsozialismus anfertigt, heißt es: »Ich war erledigt, und die Ablehnung ging so weit, der Presse die Nennung meines Namens zu verbieten.« Ohnehin habe das System »erst nach meinen Siegen über Hamas und Paolino, 1935,« damit begonnen, »ein typischer Vorgang, offiziell Interesse an mir zu nehmen«. Da er an an seinem jüdischen Manager Joe Jacobs festhält und sich in den Niederlanden mit Siegfried Arno und Otto Wallburg traf, hätten die Nazis »die Stimmung bereits so weit gegen mich gefördert, dass es nur noch der Niederlage gegen Louis bedurfte, mich endgültig fallen zu lassen«. Von der NS-Spitze, so berichtet Schmeling in den »Erinnerungen« halte lediglich Albert Speer noch Kontakt zu ihm. Schmeling hat das Gefühl, »in eine Art Isolierung geraten zu sein«. Als er sich bei Speer bedankt, dass der noch den Kontakt aufrechterhalte, zeigt Speer sich verblüfft.

# »Unser Ton wohl zu frei«

## Die Nazis und der Boxer nach der Niederlage gegen Joe Louis (1938)

Der zweite Kampf gegen Louis ist verloren. »Aus dem Abstand des Alters denke ich mitunter, dass jene Niederlage tatsächlich ihr Gutes gehabt hat. Ein Sieg über Joe Louis hätte mich vielleicht wirklich zum ›Parade-Arier‹ des Dritten Reiches gemacht«, schreibt Schmeling in seinen »Erinnerungen«, und in »8-9-aus!« heißt es noch deutlicher: »Wäre ich zum zweiten Mal Weltmeister geworden, Goebbels, der für mich sonst gar nichts übrig hatte, hätte mich sofort als Aushängeschild für die angebliche Überlegenheit des deutschen Sports missbraucht. Hitler hätte mir todsicher das goldene Dingsda an den Jackenaufschlag geheftet. Und dagegen wäre nicht gut etwas zu machen gewesen. An jedem ›Führer‹-Geburtstag hätte mir eine neue Ehrung gedroht. Auf diese Weise wäre dann bis 1945 eine ganz ansehnliche ›Belastung‹ zusammengekommen.«

Bis zu Schmelings zweitem Kampf gegen Louis sind die NS-Machthaber davon ausgegangen, dass ihre Pläne, auch im Berufsboxen eine Weltmacht zu werden, fast einzig an der Person Schmeling hängen. Andere Pläne, die sich etwa um den Halbschwergewichtler Adolf Heuser, den Weltergewichtler Gustav Eder oder um eine ganze Reihe von talentierten Schwergewichtlern ranken, aus denen IBU-Weltmeister, also so etwas Kurioses wie Europaweltmeister werden sollten, sind bis zum Juni 1938 nur gebremst verfolgt worden. Vor allem im Schwergewicht hat Schmeling als Maß aller Dinge gegolten.

Nun, nach der drastischen Niederlage gegen Louis, gehen die NS-Spitzen davon aus, dass Schmelings Karriere zu Ende ist. Nach dem Kampf erhält er noch ein tröstendes Telegramm von Hitler. Und der Einladung zum Reichsparteitag 1938 folgt er auch.

Zu diesem Besucherfleiß bei der NSDAP verfasst nicht Schmeling selbst, sondern sein Trainer Max Machon 1946 eine Ehrenerklärung, die er an diverse Redaktionen verschickt. »Es trifft zu, dass Max Schmeling einige Parteitage in Nürnberg miterleben musste«, heißt es da, »jedoch ging es ihm nicht allein so, sondern die gesamte Prominenz von Bühne, Film usw. musste ebenfalls auf persönlichen Wunsch Hitlers dort erscheinen. Es waren jedesmal Extrazüge voll, und bis zum heutigen Tage ist mir nicht ein Fall bekannt, wo es jemand gewagt hätte, abzusagen. Warum nun ausgerechnet Max Schmeling daraus einen Vorwurf machen?«

Ende September 1938 ist Schmeling mal wieder zu Gast im »Roxy« von Agnes und Heinz Ditgens in der Joachimstalerstraße 25/26 in Berlin. In der Künstlerkneipe sitzen an diesem Abend unter anderem der Regisseur Rolf von Goth und der Sänger Michael Bohnen, der wahrscheinlich beste Bassbariton der damaligen Zeit. Wirt Heinz Ditgens schimpft über die Kriegsgefahr, die von Hitler ausgehe, Goth stimmt zu und wird noch deutlicher: Hitler müsse weg, denn er treibe Deutschland in den Krieg.

Da springt ein empörter Bohnen auf. »Ich würde meinen eigenen Sohn zur Verfügung stellen, wenn er solche Reden führte«, sagt der Sänger. »Da kenne ich keine Rücksichten! In meiner Gegenwart lasse ich so nicht reden!« Kurz nach diesem Auftritt geht Bohnen zur Gestapo, die nach etwa anderthalb Stunden im »Roxy« auftaucht, um Personalien aufzunehmen. Heinz Ditgens erinnert sich in einer eidesstattlichen Erklärung, die er im Februar 1946 für Schmelings Entnazifizierungsverfahren verfasst, dass »dem Kammersänger Michael Bohnen, der bis dahin jahrelang an unserem Stammtisch gesessen hatte, unser Ton gegenüber dem Naziregime wohl zu frei« wurde. »Auf jeden Fall verließ er eines Abends wütend mitten in der Unterhaltung mein Lokal und erklärte meinen Angestellten gegenüber, bei solch einem Volksverräter wie mir könne er nicht mehr verkehren. Diesen Standpunkt vertrat er auch anderen Leuten gegenüber. Bohnen ging in seiner Gemeinheit so weit, dass er meine Frau und einen Herrn von Goth wegen staatsfeindlicher Äußerungen bei der Berliner Gestapo anzeigte. Einzig und allein Schmeling ist es zu danken, dass beide nichts ins KZ-Lager kamen. So wurde meine Frau und Herr von Goth nach einer wenn auch sehr ausgedehnten Vernehmung von der Gestapo, die die beiden schon festgenommen hatte, wieder entlassen.«

Schmeling habe, so Ditgens, Goebbels eingeschaltet, woraufhin Ministerialrat Werner Naumann vom Propagandaministerium den Fall bereinigt hätte. Schmeling, von dem nicht bekannt ist, was und ob er an diesem Abend etwas gesagt hat, bleibt unbehelligt. Nach seinen »Erinnerungen« ruft er nicht Goebbels, sondern Heinrich Hoffmann an, seinen Freund und Leibfotografen von Hitler. Der fragt ihn, ob nicht auch Hans Hinkel Stammgast im »Roxy« sei, ein Freund von Schmeling, Nachbar in Saarow-Pieskow und Geschäftsführer der Reichskulturkammer. Hinkel und Hoffmann hätten, so Schmeling, die Sache bereinigt.

Entweder Goebbels und Naumann oder Hoffmann und Hinkel, in jedem Fall: Von Schmeling darum gebetene hohe Nazis schaffen die Anzeige Bohnens aus der Welt.

Dieser Hans Hinkel hatte auch Anfang 1938, als die Sache mit dem Ehrendolch der SA anhing, nach eigenen Angaben vorgeschlagen, den Boxer lieber in die SS aufzunehmen. Im Spätsommer 1937 hatte Hinkel auch Goebbels' Wut über Schmelings niederländisches Treffen mit Siegfried Arno, Willi Rosen und Otto Wallburg gedämpft.

Im August 1938 erhalten Schmeling und Hinkel jeweils eine Einladung zur Zehnjahresfeier des Ortsvereins der NSDAP in Benneckenstein, einem Ort im Harz. Benneckenstein war von 1934 bis 1936 Trainingsquartier für die deutschen Boxamateure; organisiert hatte das Erich Rüdiger, zunächst Adjutant des Reichssportführers, später Leiter des Fachamts Boxens, überzeugter Nationalsozialist, aber durch eine Intrige 1937 von Franz Metzner aus diesem Amt vertrieben. Rüdiger, der aus Hamburg stammt, ist auch ein Freund Schmelings. Er vermittelt, dass nach den Erfolgen der deutschen Olympiaboxer und dem Erfolg über Louis Max Schmeling am 28. November 1936 Ehrenbürger des Kurortes wird. Weil der Ortsname mit Boxen in Verbindung gebracht werde, »hat die Stadt Benneckenstein den größten aller deutschen Faustkämpfer, Herrn Max Schmeling, heute zu ihrem Ehrenbürger ernannt«, heißt es in der Ernennungsurkunde. Schmeling reiste 1936 dort hin und stiftete tausend Reichsmark für Bedürftige.

Nun, im August 1938, sähe der Bürgermeister Walter Bock, Schmeling gerne beim Jubiläum der Ortsgruppe der Nazipartei. »Gestern erhalte ich nun von Herrn Bürgermeister Bock aus Benneckenstein eine telegrafische Einladung zur Zehnjahresfeier der NSDAP mit der gleichzeitigen Mitteilung«, schreibt Schmeling an Hinkel, »dass Sie sowie Ihre Gattin bereits zugesagt haben. Ich habe die Einladung gleichfalls angenommen und würde mich freuen, wenn es sich einrichten ließe, dass wir zusammen fahren.« Die zwei verständigen sich, und Hinkel teilt wenige Tage später dem Bürgermeister mit, dass »wir beide ohne unsere Frauen kommen«. Der wiederum befürchtet darob brieflich die »größte Pleite meines Lebens«, da doch Anny Ondra überall angekündigt sei. Letztlich fährt Schmeling alleine hin, weder Hinkel noch die Ehefrauen sind da.

Hans Hinkel ist »ein Nazi der ersten Stunde mit der Mitgliedsnummer 287«, wie der Publizist Eike Geisel in einem Buchbeitrag schreibt. Unmittelbar nach der Machtergreifung ist Hinkel Staatskommissar im Preußischen Kultusministerium und wird in den Vorstand des nazifizierten PEN eingesetzt. Als die deutsche Sektion aus dem internationalen PEN ausgeschlossen wird, gründet Hinkel die »Union nationaler Schriftsteller«.

In den ersten Jahren des NS-Regimes gelingt »es Hinkel, einen der ersten Apparate zur Sonderbehandlung der Juden im Dritten Reich einzurichten«, nämlich ein Sonderreferat zur »Überwachung der geistig und kulturell tätigen Juden«. Hinkel, so beschreibt ihn Geisel, will »einmal König der Juden sein«, eine Motivation ganz ähnlich der Adolf Eichmanns, dem Referenten für Judenfragen im Reichssicherheitshauptamt. Der Nazi Hinkel gefällt sich darin, den Betrieb des »Jüdischen Kulturbundes« zu organisieren, eine bis zu den »Kristallnacht« genannten Pogromen einigermaßen funktionierende Nische für weiter in Deutschland lebende jüdische Theaterleute.

Nach 1938 fällt ihm die Hauptgeschäftsführung der Reichskulturkammer in die Hände, er ist nun Reichskulturwart. Bei diesem Job geht es u.a. um Truppenbetreuung und die Programmgestaltung des Großdeutschen Rundfunks. Im Januar 1943 lässt Hinkel eine frühere Nachbarin und gute Bekannte seiner Mutter verhaften, die sich in ihrer Not an ihn wendet, ob er ihr, einer Jüdin, nicht helfen könne. Die Frau wird im März 1943 in Auschwitz vergast. Nach dem 20. Juli 1944 befiehlt Hinkel, dass die Prozesse gegen die Verschwörer vor dem Volksgerichtshof gefilmt und in der Wochenschau gezeigt werden sollen.

Als Hans Hinkel 1945 von US-Truppen festgenommen wird, trägt er »die Abschriften zweier ganz besonders pikanter Denunziantenbriefe« bei sich, berichtet Geisel, »mit denen Hinkel im Augenblick der Niederlage einen neuen Aufstieg beginnen wollte, nämlich eine Karriere als Widerstandskämpfer«. Er habe, so heißt es in den billig gefälschten Briefen, von denen einer nach Hinkels Angaben schon 1943 abgeschickt worden sei, sämtliche Naziführer außer Hitler und Goebbels angeschwärzt, damit man sie als korrupte Verbrecher vor Gericht stelle. Hinkel wird von den US-Behörden an Polen übergeben, wo er nach vier Jahren Haft freigesprochen wird, da er wegen eines bürokratischen Fehlers nicht hätte nach Polen ausgeliefert werden dürfen. 1952 wird aus dem hohen SS-Funktionär Hinkel ein »Minderbelasteter«, er selbst sieht sich bis zu seinem Tod 1960 als einer, der den Nazis »mit Erfolg Widerstand entgegengesetzt hat«, so steht es in Hinkels Entnazifizierungsbescheid. Hinkel schreibt in den fünfziger Jahren für das Feuilleton einer Göttinger Lokalzeitung und gehört der Leitung eines Orchestervereins an.

Schmeling lernte Hinkel über Hans Hellmut Zerlett kennen, der in der Filmfirma von Anny Ondra gearbeitet hatte, auch in Saarow-Pieskow lebte und lange mit dem Paar eng befreundet ist. Zerlett und Hinkel gehören wie Schmeling zu den Stammgästen im »Roxy«. Heinz Ditgens erinnert sich, dass Zerlett nach dem Abend der Denunziation von Michael Bohnen und dem Auftritt der Gestapo gesagt habe, »mit Schmelings kann man nach diesem Vorfall überhaupt nicht mehr verkehren, überhaupt mit keinem mehr, der noch in die Roxy hingeht«.

Zerlett wird 1945 von den sowjetischen Behörden gefangen genommen, im Internierungslager Fürstenwalde/Ketschendorf stirbt er 1949.

# »A Mensch among Menschen«

## Rettung jüdischer Jugendlicher in der »Reichskristallnacht« (1938/39)

Am 9. November 1938 erhält Max Schmeling einen Anruf. David Lewin ist am Apparat, früher Inhaber eines Herrenausstattungsgeschäftes in Berlin. Auch Lewin gehörte lange zu den Stammgästen im »Roxy«, und als im Jahr 1935 Schmelings Manager, Joe Jacobs, nach Berlin kam, führte Lewin ihn in die Synagoge. Mittlerweile ist David Lewin mittellos, und er hat Gerüchte gehört, dass es an diesem Abend zu Pogromen kommen soll. »Am frühen Morgen des 9. November hatte unser Vater bei Max angerufen und ihn angefleht: ›Bitte bring die Kinder bei dir in Sicherheit‹«, erinnert sich Henri Lewin Jahrzehnte später. »Schmeling stellte uns keine Fragen, er holte uns zu Hause ab, sein Auto war größer als ein Mercedes.« Es ging in ein Hotel in Berlin. In den dreißiger Jahren hat Schmeling, obwohl er ja eine Stadtwohnung besitzt, des Öfteren in einem Hotel gelebt. »An der Rezeption sagte er, dass er nicht gestört werden möchte. Er behandelte uns, als wären wir seine eigenen Kinder. Eine Nacht schlief Werner, eine andere Nacht schlief ich auf dem Fußboden, denn es gab nur eine Couch.« Nach einiger Zeit – die nur auf dem Gedächtnis der Beteiligten beruhenden Angaben schwanken zwischen zwei und vier Tagen – bringt Schmeling die Jungen, vierzehn und fünfzehn Jahre alt, zurück zu ihren Eltern, die sich an einem anderen Ort versteckt halten. »Als wir durch die Dunkelheit zum Auto gingen, wimmelte es nur so auf der Straße von Gestapo-Leuten«, gibt Lewin seine damaligen Eindrücke wieder. »Die uniformierten Männer guckten uns an, als wüssten sie genau, dass wir Juden sind. Doch keiner traute sich, den Boxchampion anzusprechen.« Die Familie Lewin kann bald von Berlin nach Schanghai flüchten. Vor der Flucht, bei der Schmeling wohl auch geholfen hat, soll Schmeling zu David Lewin gesagt haben: »Es gibt keine größere Erfahrung, als einem die Hand zu reichen, und es gibt niemals eine falsche Zeit, um das Richtige zu tun.« 1947 siedelt die Familie Lewin nach Amerika über.

»Max half uns mehr als irgendjemand anderes, den wir kennen«, sagt Lewin in einem Interview, das er dem amerikanischen Journalisten David Margolick gab. »Er war unser Engel.«

In den umfangreichen Rechtfertigungsschriften für seine Entnazifizierung erwähnt Schmeling diese Geschichte interessanterweise nicht. Von anderen, späteren und vielleicht weniger spektakulären Geschichten berichtet er dort sehr wohl. Die Historiker Robert Weisbord und Norbert Hedderich nehmen die Geschichte der Lewin-Brüder zum Anlass, Schmeling zu den wenigen Menschen zu zählen, die während der NS-Zeit »ihre moralische Pflicht getan haben«.

Henri Lewin beschreibt ihn so: »Schmeling war nie etwas anderes als ein Mann von Klasse und ein perfekter Mensch. A Mensch among Menschen.«

Das Risiko, das Schmeling durch diese Rettungsaktion für sich eingeht, ist hoch. Es hätte zur Verhaftung, Verurteilung, vielleicht Verschleppung führen können. Zumindest aber wäre sein aktiver Sport, dem er Reichtum, Anerkennung und Einfluss verdankt, zu Ende gewesen.

Doch seine Boxkarriere hat Max Schmeling 1938 und 1939 noch lange nicht abgeschlossen. Immer noch geht er von einem dritten Kampf gegen Joe Louis aus. Anfang 1939 fährt Schmeling nach New York, um seinen Marktwert auszuloten. Mike Jacobs empfiehlt ihm, einige Aufbaukämpfe in Europa zu absolvieren. Für das Jahr 1940 stellt Jacobs Schmeling einen Louis-Kampf in Aussicht.

Den NS-Oberen ist die Aussicht, wieder einen verhauenen Oberarier der Welt und der eigenen Bevölkerung erklären zu müssen, zuwider. Franz Metzner schreibt an Hans von Tschammer und Osten im Februar 1939: »Ich halte es für unmöglich, Max Schmeling nach seiner katastrophalen Niederlage nochmals gegen Louis antreten zu lassen.« Als Begründung muss – das ist bei einem wie Metzner ungewöhnlich – sogar Boxverstand herhalten. Er sei nämlich »überzeugt, dass Schmeling seinerzeit nicht durch den verbotenen Nierenschlag verloren hat, sondern durch einen Rechtstreffer am Kinn, was alle Augenzeugen des Kampfes sowie der Film bestätigen«. Metzner will Schmeling die Starterlaubnis verweigern und bittet Tschammer »um Ihre Meinung bezw. bitte ich, die Stellungnahme des Führers zu dieser Frage herbeizuführen«.

An Schmeling schreibt Metzner im März 1939, »dass der Führer durch seine Adjutantur hat mitteilen lassen, dass ein Start von Ihnen in Amerika nicht erwünscht sei. Ich darf Sie bitten, irgendwelche bereits eingeleiteten Verhandlungen also nicht fortzusetzen. Ich sehe davon ab, ein offizielles Startverbot auszusprechen und zu veröffentlichen, weil die Übermittlung des Führerwunsches für uns ja selbstverständlich Befehl ist.«

Schmeling reagiert gereizt. In seiner Antwort schreibt er, Metzners Brief habe zum Ausdruck gebracht, »dass ich keinen Kampf in Amerika abschließen soll, weil ich wahrscheinlich nicht gut genug wäre. Sie können sich denken, dass mich das eigentümlich berührt hat.« Dann droht er mit seinen guten Kontakten zu den höchsten Stellen, auf die er auch Ende März 1939 noch immer stolz ist: »Inzwischen habe ich mich nun mit dem Gruppenführer Schaub über Professor Hoffmann in Verbindung gesetzt, der mir nun mitteilte, dass der Wunsch des Führers, Kämpfe in Amerika nicht abzuschließen, nur aus rein politischen Motiven geäußert wurde und nicht, wie mir das mitgeteilt wurde, weil ich nicht mehr gut genug wäre.«

Metzner rudert zurück. »Mir ist auch nichts bekannt, dass etwa der Führer seinen Wunsch deshalb geäußert haben könnte, dass er Ihnen nicht mehr zutraut«, schreibt er an Schmeling, nur ganz allgemein wurde über Boxen und Alter gesprochen und Hitler habe 35 als Grenze angegeben.

Der Konflikt eskaliert schon deswegen nicht, weil Schmelings Interesse, zunächst in Europa Aufbaukämpfe zu bestreiten, sich mit Metzners Interesse, den großen Boxer im Lande als Vorbild für die deutsche Jugend zu präsentieren, deckt. Metzner plant eine Art deutschen Ausscheidungswettbewerb um die Europameisterschaft zwischen Walter Neusel, Max Schmeling und dem neuen Titelträger Adolf Heuser. Der Bonner Heuser ist wegen Gewichtsproblemen ins Schwergewicht gewechselt und hat sich am 17. März in Berlin von Heinz Lazek (Wien) durch K.o. in der fünften Runde den Europameistertitel geholt.

Schmeling, der seit seiner Niederlage gegen Louis nicht mehr geboxt hat, ist als Herausforderer um die Europameisterschaft noch nicht an der Reihe, aber Metzner wie auch das Fachblatt »Boxsport« argumentieren, ein Herausforderer Schmeling könne »der IBU nur höchst bequem sein«, denn er ist ja weltbekannt.

Als ersten Kampf dieser EM-Ausscheidung, organisiert von der NS-Organisation »Kraft durch Freude«, treten am 2. Juli 1939 Schmeling und Heuser in der Stuttgarter Adolf-Hitler-Kampfbahn, dem späteren Neckarstadion, gegeneinander an. Die KdF-Organisation sorgt für 60.000 Zuschauer, darunter auch Heinrich Himmler, aber ausverkauft ist die Kampfbahn nicht, sie bietet 85.000 Plätze.

Der offensive Heuser schlägt von Beginn an rechte Haken auf Schmelings Deckung. Im Grunde kommt Heuser aus der Ecke wie Louis ein Jahr zuvor. Schmeling wehrt sich mit einer Rechten. Und die trifft genau den Kinnwinkel. Der Schlag ist, erinnert sich Schmeling, »so hart, so katastrophal, dass er Heuser die Beine vom Boden riss. Schwer war er vornüber auf die ausgebreiteten Arme gefallen.«

Schmeling ist zum ersten Mal in seinem Leben Schwergewichtseuropameister. Einer der ersten Gratulanten ist Joseph Goebbels. Als nächstes soll es gegen Walter Neusel gehen, den amtierenden deutschen Meister. Aber Schmeling verliert auch da das Ziel, wieder in New York gegen Louis antreten zu können, nicht aus dem Blick. Der Ort für den Neusel-Kampf ist das Stadion Rote Erde in Dortmund, der Termin soll der 1. Oktober 1939 sein. »Ich hatte um eine Verschiebung des ursprünglich für August geplanten Kampfes gebeten«, heißt es in den »Erinnerungen«, »da ich zuvor die Ernte auf Ponickel einbringen wollte.« Die »Boxsport« lobt, dass es »nach elf Jahren wieder einmal einen Kampf um die deutsche Schwergewichtsmeisterschaft gibt, an der die tatsächlich qualifiziertesten Bewerber beteiligt sind«.

Nach dem Krieg, im Jahr 1947, veröffentlicht das »Neue Deutschland«, das Zentralorgan der SED, schwere Vorwürfe bezüglich dieses angesetzten Kampfes. In dem Artikel heißt es, Max Machon habe Walter Neusel 50.000 Reichsmark angeboten, wenn »die Revanche denselben Ausgang nähme wie das erste Treffen« im Jahr 1934. Neusel habe erst angenommen, als Machon auf 75.000 Mark erhöht habe. Für den Fall, dass Schmeling etwas zustoße, habe man sich sogar auf eine Testamentsregelung geeinigt, wonach Neusel 75.000 Mark aus dem Schmelingschen Erbe zustünden. Im Sommer 1948, nachdem er ein Jahr lang zu den Vorwürfen des »Neuen Deutschlands« geschwiegen hat, erklärt Neusel schriftlich, dass er sich »nicht mehr erinnern« könne. Nach einer Meldung der »Allgemeinen Deutschen Nachrichtenagentur« vom August 1948 erklärte Neusel, Richard Grupe, der die Anschuldigungen öffentlich machte, müsse ihn wohl missverstanden haben.

Weil am 1. September Nazideutschland mit dem Überfall auf Polen den Zweiten Weltkrieg beginnt, wird der EM-Kampf Schmeling gegen Neusel zunächst abgesetzt. Man will ihn wiederum in Dortmund, allerdings nun in der Westfalenhalle, im Mai oder September 1940 neu ansetzen.

Im November 1939 versucht Schmeling wieder sein Interesse an einem Comeback in Amerika mit den staatspolitischen Zwecken Deutschlands zu kombinieren. Er teilt Franz Metzner mit, »dass er im Auftrag des Auswärtigen Amtes nach den Vereinigten Staaten« fährt, »weil sich das Auswärtige Amt von seinem dortigen Erscheinen viel verspricht«. Metzner teilt sofort Hans von Tschammer und Osten mit, dass Schmeling und Machon wegen des begonnenen Krieges in Lissabon ein italienisches Schiff bestiegen, statt mit einem deutschen Dampfer oder Luftschiff zu reisen. »Hoffentlich fangen ihn die Engländer nicht ab.«

Metzner will aber verhindern, dass Schmeling in Amerika auch eigene Geschäfte macht. Also wendet er sich an Julius Schaub, den Adjutanten Hitlers, um ihn vor der Möglichkeit zu warnen, »dass die Amerikaner wünschen, dass Max Schmeling sich an den Ausscheidungskämpfen um die Weltmeisterschaft bewirbt«. Daher will der Boxfunktionär nun von Hitler direkt wissen, wie er sich verhalten soll: »Vor einem halben Jahr etwa hatte der Führer aus politischen Gründen ein Wiederauftreten Schmelings in den Vereinigten Staaten nicht gewünscht. Ich bitte Sie, hochverehrter Gruppenführer, mir mitzuteilen, ob Bedenken heute bestehen, wenn Schmeling einige leichtere Kämpfe gegen weiße Gegner macht, ferner, ob er auch gegen Schwarze antreten darf, und endlich, wenn er sich in den Vorkämpfen durchsetzen sollte, ob ihm auch ein Kampf gegen Weltmeister Louis gestattet würde.«

Damit auch wirklich nichts schief geht, gibt Metzner noch an die Regierungspressestelle die von ihm selbst erfundene Vermutung amerikanischer Zeitungen weiter, dass es sich bei Schmelings Reise »um eine Fahnenflucht« handelt.

Was Metzner erreichen will, unabhängig von den politischen Zielen, die das Auswärtige Amt mit Schmelings Reise verbunden haben könnte, geschieht. Hitlers Adjutant Schaub teilt Mitte November Metzner mit, dass der Rückberufungsbefehl Schmeling in Madrid erreicht habe und er seit dem 14. November wieder in Deutschland sei.

Die Reise, die Schmeling im November 1939 unternimmt, ist in der Tat merkwürdig. »Zunächst besuchte er gemeinsam mit Machon am 2. November Rom«, schreibt Ralf Müller in seiner Diplomarbeit. »Römische Zeitungen berichteten, dass Schmeling Verträge für einen Film unterzeichnen wollte. Er äußerte die Absicht, mit dem Flugzeug in die USA zu kommen und auch nochmals in den Kampf um die Weltmeisterschaft einzugreifen.« Als Quelle hierfür wird die »New York Times« genannt. »Im Anschluss fuhr er am 3. November weiter nach Madrid. Dort wurde er vom deutschen Botschafter empfangen. Schmeling sagte, dass er nach Drehplätzen für einen Film suchte. Er teilte nun mit, nicht die Absicht zu haben, in die Staaten zu fahren. In Lissabon war auch seine Frau, die scheinbar ein weiteres Filmprojekt plante.«

Irritierend an dieser unvollendeten Amerikareise vom November 1939 ist vieles. Zum Beispiel, dass Schmeling im April 1940, also fünf Monate später, beantragt, ihm für Reisen, die er »aus propagandistischen Zwecken im Auftrage der Regierung« tätigt, »2 - 3 Anzüge, sowie 2 Paar Schuhe zur Verfügung zu stellen«, wie Schmeling-Biograf Volker Kluge herausgefunden hat. Zum genannten Zeitpunkt, im April 1940, steht gerade keine Auslandsreise an, vielmehr steht Schmeling kurz vor der Einberufung.

Die Reise taucht in seinen Erinnerungsbüchern nicht auf. Man kann sie in drei Richtungen deuten: als erfolglosen Versuch, gemeinsam mit Anny Ondra Deutschland zu verlassen; als erfolglosen Versuch, auf eigene Faust in New York über einen dritten Louis-Kampf zu verhandeln; oder als Reise im Auftrag des Auswärtigen Amtes, um kurz nach Kriegsausbruch mithilfe eines in den USA immer noch relativ beliebten Deutschen für eine Beruhigung der öffentlichen Meinung zu sorgen.

# »Anständiger, braver Junge«

## Für die Luftwaffe im Krieg (1939-41)

»Es war der Krieg«, schreibt Max Schmeling in seinen »Erinnerungen«. »Mit ihm endete, nicht nur für mich, mehr als der Frieden.« Den Kriegsbeginn erlebt Schmeling in Ponickel, nur etwa zwölf Kilometer von der deutschen Grenze zu dem überfallenen Polen entfernt.

Er ist noch Europameister im Schwergewicht, aber die geplante Verteidigung des Titels gegen Walter Neusel kommt nicht zustande. Die NS-Führung bewertet Schmeling, anders als er sich selbst, als boxerisches Auslaufmodell. Durch »Führererlass« wird obendrein Ende 1938 festgelegt, dass der gesamte Sportbetrieb, auch der der Profis, vom »Nationalsozialistischen Reichsbund für Leibesübungen« (NSRL) geregelt wird. Auch im Bereich des Boxens wird umorganisiert, da es zu »Auswüchsen« gekommen sei. Schmeling wittert, dass die Nazis das deutsche Berufsboxen austrocknen wollen und er, gerade 34 Jahre alt geworden, bald »wegen Überalterung aufhören« müsse.

»Das Regime behielt sich eine andere Verwendung des Sportidols vor«, urteilt der Sporthistoriker Hans Joachim Teichler. »Der Zeit und den aktuellen Propagandabedürfnissen entsprechend hatte man eine andere Rolle für das Leitbild der deutschen Jugend gefunden: Als Fallschirmjäger durfte Schmeling, der dem Regime zu alt fürs Boxen war, nun seine kämpferischen Qualitäten als ›Soldat des Führers‹ beweisen; beileibe nicht der einzige Spitzensportler in Uniform, wie Schmeling später behauptete.« Beispielsweise wurde auch Gustl Berauer, der populäre Weltmeister der Nordischen Kombination von 1939 und 1941, eingezogen und an der Front eingesetzt.

Teichlers Darstellung hat zur Voraussetzung, dass das NS-Regime die totale Verfügungs- und Befehlsgewalt über Max Schmeling besitzt. Damit unterschlägt Teichler aber die Macht, über die Schmeling, immerhin neben Hitler der berühmteste Deutsche der damaligen Zeit, gegenüber dem Regime verfügt. Setzte sich Schmeling ins Ausland ab, vielleicht in die USA, hätte er Nazideutschland einen immensen Schaden zugefügt. Die Naziobereren wissen das vermutlich; entsprechend gebremst agieren sie, was eine Funktionalisierung Schmelings für ihre Zwecke angeht.

Teichlers Darstellung will auch nicht so recht zur Persönlichkeit Schmelings passen: Er erweist sich immer als einer, der alles selbst macht, der sich, wenn es um seinen Nutzen geht, niemandem vollständig anvertraut, auch nicht Joe Jacobs, Max Machon oder Anny Ondra. »Ein Leben auf eigene Faust«, hat Schmeling-Freund Carl Otto Hamann seine Biografie genannt, und das gemeinsam mit seinem Freund Helmut Sohre erstellte Erinnerungsbuch heißt »Ich kämpfte mich durchs Leben«. In diesen Buchtiteln seiner Freunde schimmert die Ahnung durch, dass Schmeling ein klassischer Selfmademan ist. »Ich war nicht der Typ, der sich die Wasserhähne vergolden ließ, doch legte ich Wert auf Unabhängigkeit«, sagt Schmeling im Jahr 2003 im Rückblick auf sein erfolgreiches Leben.

Ob mit seinem Einverständnis oder gegen seinen Willen: Der bereits 35-jährige Schmeling erhält also 1940 einen Musterungsbefehl. Nach langem Warten muss er nackt vor die Kommission treten. Kurz vor ihm tritt ein Mann aus dem Untersuchungsraum. »Tag, Herr Schmeling. Ich heiße Minetti. Wir haben uns mal bei George gesehen.« Es ist der Schauspieler Bernhard Minetti, neun Monate älter als Schmeling.

Der untersuchende Arzt, so teilt es Schmeling in den »Erinnerungen« mit, gibt ihm zu verstehen, dass seine diversen Sportverletzungen ihn nicht untauglich machen, aber: »Bis Sie eingezogen werden, ist sowieso alles vorbei.«

Nach der Untersuchung versichert Minetti Schmeling, dass er nicht zur Wehrmacht müsse: »Den Bescheid von Göring habe ich schon, Staatsschauspieler sind u.k. gestellt.« »u.k.« steht für »unabkömmlich«.

Schmeling jedoch erhält bald einen Einberufungsbefehl. Er muss zu den Fallschirmjägern.

Einige Zeit zuvor, im Frühjahr 1940, ist Schmeling gemeinsam mit einem Journalisten zu Besuch auf dem Militärflugplatz Wittstock gewesen. Als er dort Fallschirmjäger beim Sprung sah, fragte ihn der Kommandant, Oberst Primus, ob er dazu auch bereit wäre. Lachend erwiderte er, dass er schon Schlimmeres durchstehen musste. Kurze Zeit später bot ein Luftwaffengeneral bei einem Empfang für Spitzensportler Schmeling an, doch Fallschirmjäger zu werden, etwa als jemand, der die jungen Freiwilligen auf ihre körperliche Eignung überprüft. »Da mir schien, es werde schwer fallen, der Wehrmacht ganz zu entgehen, hielt ich diesen Vorschlag für einen annehmbaren Ausweg: Ich war sozusagen dabei und doch nicht Soldat.«

Von einem befreundeten Arzt lässt er sich noch eine vorläufige Freistellungsbescheinigung geben, aber er erhält von offizieller Seite einen Hinweis, »dass ich gut daran täte, mich bei der Truppe zu melden«. Daher beschließt er, »die Dinge auf mich zukommen zu lassen«.

Bald kommt der »Gestellungsbefehl«, wie es in der Wehrmacht zur Einberufung heißt. Schmeling muss zur Grundausbildung nach Stendal. In seinen »Erinnerungen« heißt es, dass man ihn quasi unter Vorspiegelung falscher Tatsachen zum Fallschirmjägerausbildungs-Batallion nach Stendal lockt: Er glaubt, er käme als Konditionstester, aber Schmeling wird normaler Schütze, recht bald Gefreiter, freilich mit einer »schonenden« Grundausbildung, wie Schmeling-Biograf Ripperger vermerkt.

In seinen »Erinnerungen« stellt Schmeling die Einberufung als persönlichen Racheakt Tschammers und Ostens dar. In der Tat plädiert der Reichssportführer massiv für den Einsatz von Spitzensportlern an der Front, »da gerade für einen Spitzenkönner auf dem Gebiet des Sports der Fronteinsatz erst die letzte Bewährung« sei. Dies bezieht sich allerdings nicht auf die Person Schmeling. 1942 ergeht ein »Führerbefehl«, wonach alle Spitzensportler Fronterfahrung sammeln sollen. Auch beispielsweise die besten deutschen Fußballspieler werden danach fast ausnahmslos eingezogen.

Friedrich Karl Fromme, Mitherausgeber der »Frankfurter Allgemeinen«, schreibt im Jahr 1995 lobend über Schmeling, dass er »weder verschont« wurde, »noch rettete er sich etwa als Truppenbetreuer, der zur Kampfeslust anfeuerte, durch die Zeitläufte«. Nach dieser Darstellung hätte es also für ihn eine Alternative gegeben. Sein Biograf Volker Kluge meint gar, Schmeling hätte sich freiwillig gemeldet, und beruft sich bei dieser Einschätzung u.a. auf zeitgenössische Reportagen und Propagandafilme.

Gegen diese Darstellung spricht, dass ein freiwilliger Eintritt in die Wehrmacht aus Schmelings Sicht keinen Sinn ergibt: Sein großes Ziel zu diesem Zeitpunkt ist immer noch nur in den USA zu realisieren – ein dritter Kampf gegen Joe Louis. Die einzige für ihn annehmbare Alternative zu diesem Ziel ist ein ruhiges Leben auf Ponickel.

In einem Brief vom Februar 1946 schreibt Schmeling: »Es ist eine nationalsozialistische Lüge, ich sei freiwillig gegangen.« Vielmehr sei es so gewesen: »Ein Adjutant Dr. Goebbels', Herb. Heiduschke, kam zu mir und legte mir – mit dem Bemerken, ich hätte ›eine Scharte auszuwetzen‹ – nahe, Fallschirmjäger zu werden. Man zog mich als 35-Jährigen zu dieser Truppe ein, ohne die sonst unerlässlichen Untersuchungen und Prüfungen vorzunehmen.«

Dass aber Schmeling sich der Wehrmacht nicht hätte entziehen können, ist ebenfalls nicht glaubwürdig. Selbst wenn der Reichssportführer hinter einer Intrige gegen ihn stehen sollte, wie Schmeling vermutet, so hält doch Schmelings Frau, Anny Ondra, weiter engen Kontakt zum noch mächtigeren Goebbels. Im Juli und im Oktober ist sie jeweils wieder in der Goebbels-Villa auf Schwanenwerder zu Besuch. »Frau Ondra ist zu Besuch. Ihr Maxe ist bei den Fallschirmspringern«, notiert Goebbels am 29. Juli in sein Tagebuch.

Mit Schmeling und der Wehrmacht verhält es sich wohl so: Seine Verpflichtung ist insoweit freiwillig, als es sehr wohl die Möglichkeit gibt, sich zu entziehen. Andererseits ist sie insofern eine Zwangsmaßnahme, als Schmeling für einen Nichteintritt in die Wehrmacht einen aus seiner Sicht zu hohen Preis zahlen müsste: Es bedeutete wahrscheinlich das Ende seiner Boxkarriere, auf jeden Fall könnte er einen dritten Kampf gegen Joe Louis, auf den er zu dieser Zeit noch spekuliert, abschreiben. Vielleicht müsste er auch Deutschland verlassen, also emigrieren. Ein Gedanke, der ihm wenn schon nicht zuwider, so doch zutiefst fremd ist.

Nach der Stendaler Grundausbildung erhält Schmeling von Dezember 1940 bis Januar 1941 im ihm ja schon bekannten Wittstock eine Fallschirmjägerausbildung. Auf seiner Stube, sowohl in Stendal als auch in Wittstock, hat Schmeling Probleme als damals prominentester deutscher Sportler. Per Befehl muss den Soldaten untersagt werden, vom Schützen Schmeling Autogramme zu erbitten.

Bei der Sprungausbildung zieht sich Schmeling einen Meniskusschaden zu. Der führt aber nicht zu seiner Entlassung, sondern nur zu sechs Wochen Aussetzen. Weil er nicht irgendein Soldat ist, muss Schmeling aber nicht ins Wehrmachtslazarett, sondern in die Klinik seines Freundes Professor Gohrbandt in der Augsburger Straße in Berlin.

Von Wittstock wird Schmeling in die Lüneburger Heide versetzt. Auf dem Truppenübungsplatz Bergen kommt Schmeling in das 1. Bataillon des Fallschirmjägerregiments 3. Angefordert hat ihn der Bataillonskommandeur, Friedrich August Freiherr von der Heydte, damit Schmeling »die Funktionen eines Sportoffizieres« ausübte. Heydte wird nach dem Krieg Universitätsprofessor für Staatsrecht. »Die Amerikaner hatten für uns ›Militaristen‹ eine Menge Berufe gesperrt«, gibt sich der spätere CSU-Landtagsabgeordnete in seinem Buch »Muss ich sterben – will ich fallen …« listig. »Gott sei Dank haben sie nicht erwartet, dass ein früherer Offizier auf die Idee kommen könnte, Hochschullehrer zu werden.«

Als sich Schmeling bei Heydte meldet, geschieht das nicht so, wie sich ein deutscher Offizier eine ordentliche Meldung vorstellt. »Sie gestatten, mein Name ist Schmeling«, sagt der Boxer. Daraufhin führt ein Hauptfeldwebel Schmeling hinaus. »Nach etwa einer Stunde kam Schmeling zurück, auf der Uniform Spuren des Sandes von Bergen-Belsen, die offenbar jeder Bürste widerstanden hatten. Er stand vorschriftsmäßig still und meldete mit fast zu lauter Stimme: ›Gefreiter Max Schmeling meldet sich mit Wirkung … in das 1. Bataillon des Fallschirmjägerregiments 3 versetzt.‹ Was in der Stunde zwischen der ersten und der zweiten Meldung vor sich gegangen war, habe ich nie erfahren. Die Spuren auf der Uniform ließen darauf schließen, dass Schmeling unter Aufsicht des Hauptfeldwebels ein wenig Bekanntschaft mit dem Boden von Bergen gemacht hatte«, schreibt Heydte. »In der Folge zeigte sich Schmeling in seiner Kompanie als guter und hilfsbereiter Kamerad, der bestrebt war, seine Pflicht so gut wie möglich zu erfüllen.«

Schmeling selbst berichtet, dass er an diese Zeit »keine konkrete Erinnerung« mehr hat. »Morgens marschierten wir aus der Kaserne, zogen singend durch die Stadt, exerzierten ein wenig im Gelände, marschierten wieder durch die Stadt, schliefen, aßen, marschierten. Es war ein sonderbares und sinnloses Einerlei.«

Anfang Mai 1941 wird Schmelings und Heydtes Regiment nach Südeuropa verlegt. Die NS-Führung und die Wehrmacht beabsichtigen, vom zuvor besetzten Griechenland aus mit einer gigantischen Luftlandeoperation die Insel Kreta zu nehmen. »Unsere Einheit war ausersehen«, berichtet Schmeling über den für die Insel Kreta historischen 20. Mai, »im Morgengrauen des nächsten Tages als erste Welle über den englischen Verteidigungsstellen südlich von Chania auf Kreta abzuspringen.«

Schmeling springt, aber das Gesamtunterfangen scheitert. Am 26. Mai wird das Fallschirmjägerregiment 3 seinen Angriff auf die Mittelmeerinsel wiederholen, diesmal erfolgreich. Zu diesem Zeitpunkt wird Schmeling bereits von Kreta nach Athen in ein Lazarett gebracht.

Er hatte bei der Militäraktion »Glück im Unglück«, wie er schreibt. »Ich landete mitten in einem Weinberg; der harte Rebstock hinderte mich aber an der so oft geübten Aufsprungrolle. Auf dem felsigen Grund kam ich daher so unglücklich auf, dass der soeben erst verletzte Meniskus erneut lädiert wurde.« Schmeling irrt in der Nacht humpelnd durch Kreta, findet am nächsten Tag zu seiner Truppe zurück. Gemeinsam mit einem gefangenen Engländer schickt man ihn nach Chania, wo er in einem deutschen Lazarett behandelt wird. Zumal bei ihm noch eine Bazillen-Ruhr auftritt, schafft man ihn wenige Tage später nach Athen. Während der Fahrt dorthin bemerkt er Stuka-Einheiten, die zum neuerlichen Angriff auf Kreta gestartet sind.

Ende Mai 1941 melden verschiedene Nachrichtenagenturen den Tod Schmelings. Die Meldung sorgt auf der täglichen Elf-Uhr-Konferenz im Propagandaministerium für Aufregung. Ein ausländischer Journalist habe, um die Meldung zu checken, »den Manager Schmelings, Machon, angerufen, dieser wiederum das Dienstmädchen von Frau Schmeling, das nichts Eiligeres zu tun hatte, als der Frau die Nachricht zu überbringen«, heißt es im Protokoll der Sitzung, das auch den Grad der Empörung erkennen lässt: »Nach 14 Tagen oder drei Wochen könne sich nun herausstellen, dass die Meldung nicht zutreffe, dann habe die Frau nur durch die Geschwätzigkeit eines Auslandsjournalisten den Schmerz um ihren Mann durchlebt, dem in der Tat nichts zugestoßen sei. Werde die Meldung bestätigt, dann werde man Frau Schmeling auf eine taktvolle Art unterrichten, aber nicht über den Manager oder das Dienstmädchen.« Der Fall gilt den scheinbar um Takt und Pietät bemühten Spitzenbeamten des Propagandaministeriums als Exempel. Goebbels beauftragt einen Beamten, »den Auslandspressevertretern anhand dieses Beispiels eindringlich klarzumachen, dass sie im deutschen Publikum nur das diskutieren und mitteilen dürfen, was in der deutschen Presse steht.« Im Falle des Journalisten, der bei Machon anrief, wird über eine Verwarnung und eventuelle Ausweisung nachgedacht.

Joseph Goebbels hält noch am Abend, als er in sein Tagebuch schreibt, die Meldung, »dass Schmeling auf der Flucht aus der Gefangenschaft erschossen worden sei«, für realistisch: »Das wäre sehr schade um diesen anständigen, braven Jungen. Reuter bestätigt: Schmeling erschossen. Das ist bedauerlich, lieber Kerl. Seine Frau wird untröstlich sein. Ich bin überzeugt, dass die Engländer ihn aus Wut umgelegt haben.« Dass Goebbels die Todesmeldung glaubt, dürfte an der Bilanz des erst im zweiten Anlauf gelungenen Luftlandemanövers liegen: 2.500 Tote, 2.600 Verwundete, 1.900 meist auf See Vermisste auf deutscher Seite.

Die Opfer der angegriffenen Seite, die Kreter und die von der griechischen Regierung angeforderten britischen, neuseeländischen und australischen Verbände, betragen über 15.000 Mann.

Einen Tag später, am 31. Mai 1941, findet sich in Goebbels' Tagebuch der Eintrag: »Schmeling lebt, Lazarett in Athen. Ich teile Anny Ondra dies telefonisch mit, die überglücklich ist. Nach so viel Qualen. Den Schwätzer von Unipreß kaufe ich mir extra.« »Unipreß« ist »United Press«, die Agentur, die die Falschmeldung brachte.

An diesem Tag, dem 31. Mai, erscheint in deutschen Zeitungen auch ein Bericht des berüchtigten Kriegsberichterstatters Siegfried Kappe. »Max Schmeling: ›Engländer haben das Kriegsrecht verletzt!‹«, heißt es in der Überschrift, die beispielsweise das Lokalblatt »Der Teckbote« wählt. »Auf die Frage, wie die Engländer gekämpft hätten, meinte Max Schmeling, dass die Tommies zwar zäh gewesen seien, aber sich nie bis zum letzten Schuss verteidigt hätten.« Zu den von den Deutschen behaupteten Misshandlungen äußert sich Schmeling laut Klappes Bericht auch. »Wir wollen nicht alle über einen Kamm scheren, manche Tommies haben sich auch soldatisch anständig betragen, auch unseren Gefangenen gegenüber«, soll Schmeling gesagt haben, das aber sei jeweils »ein Einzelfall und wiegt nicht die Tatsache auf, dass die Missachtung des Kriegsrechtes durch die britische Führung und den Tommy, vor allem durch die Aufhetzung der kretischen Bevölkerung zu dem gemeinen und hinterhältigen Heckenschützenkrieg, manchen deutschen Soldaten das Leben gekostet hat«. Kappe fügt diesen so von ihm wiedergegebenen Worten Schmelings noch hinzu: »Das sagt ein Mann, der früher als Boxweltmeister und heute als Gefreiter in der Welt das gleiche Ansehen genießt, ein Mann, der im schwersten Kampf dabei war und der nur schildert, was er mit eigenen Augen gesehen hat.«

Im Athener Lazarett gibt Schmeling einem amerikanischen Journalisten, der für eine Nachrichtenagentur arbeitet, ein Interview. Der will wissen, ob die britischen Truppen, wie vom Dritten Reich behauptet, gegen Kriegsrecht verstießen. Schmeling antwortet, »zwar hätten die Engländer an verschiedenen Plätzen die deutsche Flagge als Sichtzeichen ausgelegt, um die Fallschirmeinheiten in einen Hinterhalt zu locken, aber während der eigentlichen Kampfhandlungen seien sie faire Gegner gewesen«. Von Ausschreitungen wisse er, Schmeling, nichts, »den englischen Soldaten traute ich Grausamkeiten nicht zu«.

Zum Schluss sagt Schmeling noch, dass er einen deutschen Krieg gegen Amerika »für ein Unglück« halte. »Ich habe Amerika immer als meine zweite Heimat angesehen.«

Soweit Schmelings Wiedergabe des Interviews in den »Erinnerungen«; in »8-9-aus!« notiert er noch dieses Eigenzitat, was sich zwar nicht gegen die Engländer richtet, aber sehr wohl gegen die Bewohner des überfallenen Kreta: »Soviel ich weiß, sind die Einwohner der Insel in ihrem Hass gegen die Deutschen oft zu weit gegangen. Vermutlich hat man die Gräuel der Kreter den Tommies zugeschrieben.«

Goebbels ist sauer. »Von Schmeling hört man nicht gerade Gutes. Er hat einem amerikanischen Journalisten ein denkbar dummes und kindisches Interview gegeben: wenn Boxer Politik machen. Er soll lieber kämpfen, als in Athen sitzen und Sprüche klopfen.«

Die offizielle Stellungnahme des Propagandaministeriums fällt nur geringfügig milder aus. »Schmeling mag ein guter Boxer sein«, heißt es in einer Anweisung an Redaktionen, »aber er ist nach amtlicher Auffassung ein sehr schlechter Politiker. Der ganze Fall Schmeling soll nicht weiter behandelt werden.«

Damit endet auch die große Propagandakampagne, die das Goebbels-Ministerium um den Fallschirmjäger Schmeling entfacht hatte. Allerdings erhält er noch das Eiserne Kreuz, I. und II. Klasse, und wird zum Unteroffizier befördert.

Als Schmeling wieder in Berlin ist, kommt es zu einem Vorverfahren, in dem geprüft wird, ob gegen ihn wegen des Interviews ein Militärgerichtsverfahren eingeleitet wird. Jedoch, die Kommission »konnte in meiner Sympathieerklärung für das neutrale Amerika kein Vergehen erblicken, und Zeugenaussagen hatten bestätigt, dass im Bereich unserer Einheit keine Gräueltaten vorgekommen waren«, heißt es in den »Erinnerungen«. »Mehr hatte ich nicht behauptet.«

Veit Harlan, der Regisseur des berüchtigten Films »Jud Süß«, bescheinigt Schmeling in dessen Entnazifizierungsverfahren nach dem Krieg, dass Goebbels Ende 1943, Anfang 1944 sich »vor einem größeren Kreis Schauspielern und Regisseuren, die er zu sich in das Propagandaministerium befohlen hatte, ungefähr folgendermaßen« geäußert habe: Schmeling, so Goebbels' Wortlaut, hätte »sich auf Kreta als der jammervollste Feigling entpuppt ... Er ist zwar mit abgesprungen, hat sich aber unter dem Vorwand einer Verwundung von allen kämpferischen Handlungen nach seinem Absprung ferngehalten, obwohl die Engländer ein fürchterliches Gemetzel unter seinen Kameraden anrichteten. Wir wissen von Augenzeugen, dass Schmeling sich unter einem großen Felsvorsprung versteckt hielt und von dort aus zusah, wie man seine Kameraden abschlachtete, ohne sich selbst in den Kampf zu mischen. Später ging er mit seiner leichten Verwundung in ein Lazarett, stritt diese Vorgänge alle ab und behauptete, dass er von all dem tragischen Sterben seiner Kameraden um ihn nichts gesehen hatte.« Goebbels soll, so Harlan, seinen Vortrag mit den Worten beendet haben: »Ich bedaure, dass man Herrn Schmeling das Eiserne Kreuz I. Klasse verliehen hat.«

Schmeling wiederum notiert in einem Brief aus dem Jahr 1946: »Der Hass Dr. Goebbels' auf mich nach meiner Torpedierung seiner Kreta-Propaganda ist bis zuletzt geblieben. Ich habe Veranlassung zu der

Annahme, dass nach dem Attentat v. 20. Juli 1944 die Absicht bestand, mich als Unbeteiligten in der großen ›Bereinigung‹ mit verschwinden zu lassen.«

Ende Juli wird das 1. Bataillon von Kreta auf den Truppenübungsplatz Grafenwöhr-Süd verlegt. »Einige Soldaten und Offiziere wurden schon Ende Juni 1941 – am Tag der Einnahme Wilnas durch deutsche Panzer – zu Göring und in das Führerhauptquartier befohlen«, erinnert sich Bataillonschef Heydte. »Sie sollten dort mit dem Ritterkreuz ausgezeichnet werden. Zu den Bevorzugten gehörte auch ich.« Zu diesen Ehren kommt Schmeling nicht, aber er bleibt zunächst noch in der Nähe Heydtes. »Kurz nach der Verleihung des Ritterkreuzes verließ Max Schmeling auf seinen Antrag hin die Fallschirmjägertruppe«, vermerkt Heydte in seinen Lebenserinnerungen. »Ich habe dies bedauert, da ich ihn als Soldaten und Kameraden schätzte. Schmeling selbst dürfte froh gewesen sein, den braven, aber rauen Haufen der Fallschirmjäger verlassen zu können.«

Schmeling behauptet im Fragebogen für seine Entnazifizierung, es sei zur »sofortigen Entlassung aus der Truppe der Fallschirmjäger« gekommen. Außerdem: »Versetzung zur Kraftfahrtruppe nach Elbin, Anweisung an die deutsche Presse, meinen Namen in keinem Zusammenhang mehr zu erwähnen, Boxerlaubnis nur unter der Bedingung, die Einnahmen der Winterhilfe oder NSV zur Verfügung zu stellen, was ich ablehnte, etc. etc.«

Schmeling bleibt Wehrmachtsangehöriger, aber ein Fronteinsatz wie in Kreta wird sich nicht wiederholen. Wegen seiner Verletzung ist er nur noch bedingt verwendungsfähig. Künftig wird er, wenn er nicht gerade wieder in Ponickel ist, im Rahmen der Truppenbetreuung auftreten. Für diese Form der psychologischen Soldatenbetreuung ist sein Freund Hans Hinkel zuständig.

Außerdem schließt Schmeling im September 1941 mit der Bavaria-Filmkunst einen Vertrag. Er soll Darsteller in dem Spielfilm »Das große Spiel« werden, der vom Fußball handelt. »Herr Schmeling hat keine Listengage«, heißt es in einem Beiblatt zum Vertrag, um die ungewöhnlich hohe Gage zu rechtfertigen. »Bei der Popularität des Herrn Schmeling, die für unseren Film und den Vertrieb, insbesondere im Ausland, sehr wichtig ist, erscheint die vereinbarte Tagesgage von RM

1.000,– als angemessen. Es handelt sich nur um zwei Aufnahmetage.« Die Gage wird zwar bewilligt, aber Schmeling taucht dennoch nicht in dem 1942 in die Kinos gekommenen Film auf.

# »Just another Kraut«

## Truppenbetreuer und Diplomat (1942-44)

Schon als Fallschirmjäger erhält Schmeling manchmal frei, um sich der Truppenbetreuung zu widmen. Das Interesse der anderen Soldaten in seinem Bataillon an dem Weltklasseboxer, immerhin amtierender Europameister, zeigt der Wehrmachtsführung, dass einer wie Schmeling der Truppe vielleicht mehr hilft, wenn er nicht mit lädiertem Knie und anfälligem Meniskus über Kreta abspringt, sondern die Moral der Truppe stärkt.

Die »Boxsport« vom 3. November 1941 zeigt ein Foto, wie Schmeling in Uniform in einem Boxring steht und den Hitlergruß zeigt. Es ist sein Auftritt bei dem Kampf um die deutsche Meisterschaft im Schwergewicht zwischen Heinz Lazek und Walter Neusel. Das Blatt berichtet, dass Rufe »Wir wollen unseren Maxe sehen« laut werden. Solche Einsätze sind noch eher selten, aber nachdem er die Fallschirmjäger verlässt, wird Schmeling häufiger gebucht.

In »8-9-aus!« liest sich das so: »Trotz des Bannstrahls, den Goebbels gegen mich geschleudert hatte, vergaß mich die Wehrmacht nicht.« Im Februar 1942 teilt Hans Hinkel, SS-Brigadeführer, Reichskulturwart und Schmelings Freund aus dem »Roxy«, mit, »dass Max Schmeling an den Boxveranstaltungen im Rahmen der Truppenbetreuung in Berlin und in wichtigen Städten der besetzten Gebiete bzw. des Generalgouvernements teilnimmt«. Schon vor dieser Verlautbarung tritt Schmeling im Januar 1942 in Warschau auf. Er kämpft nicht, denn er leidet noch an den Folgen seines Kreta-Einsatzes, aber er spricht zu den Soldaten, die auf den Ex-Weltmeister begeistert reagieren.

Die Organisation dieser boxerischen Truppenbetreuung überträgt Hinkel Max Machon und Ernst Zirzow. Machon ist seit 1939 auch Schmelings Manager. Sein langjähriger Manager Joe Jacobs, an dem er trotz Aufforderungen von Goebbels und Tschammer und Osten, sich doch von dem Juden zu trennen, bis 1938 festgehalten hatte, stirbt im

Sommer 1940 im Alter von 44 Jahren. Schmeling schreibt darüber in »8-9-aus!«: »Nach unserer Trennung gab es wohl keinen mehr, der ihm inneren Halt gegeben hätte.«

Ernst Zirzow übrigens, Machons Partner beim Veranstalten der Abende für die Truppe, war lange Jahre Manager des Halbschwergewichtlers Johann Wilhelm Trollmann, von seinen Freunden »Rukelie« gerufen, im Boxverband als »Gipsy« bekannt. Der Sinto Trollmann war 1933 in Berlin deutscher Meister im Halbschwergewicht geworden, aber der aus NSDAP-Funktionären bestehende Boxverband erkannte ihm den Titel ab. »Es gab keine andere Lösung, wenn man den deutschen Berufsboxsport nicht der Blamage aussetzen wollte«, schreibt der »Berliner Lokal-Anzeiger« damals, »und es musste so kommen, denn man stellt sich einen deutschen Meister anders vor. Ein deutscher Boxer darf nicht weinen, erst recht nicht ein Meister in aller Öffentlichkeit heulen oder wenigstens den ›Heulenden‹ markieren.« Trollmann wird 1941 an der Ostfront verwundet und kommt dann in das KZ Neuengamme. Dort demütigen ihn gelangweilte SS-Männer, indem sie ihm Handschuhe anziehen, ihn schlagen und dabei rufen: »Los Zigeuner, wehr dich!« Am 9. April 1943 morgens um 6.00 Uhr wird Rukelie Trollmann im KZ Neuengamme erschossen.

»Ich habe Johann Wilhelm Trollmann selbstverständlich gekannt«, schreibt Schmeling anlässlich der erst im Jahr 2003 erfolgten Rehabilitierung durch den Bund Deutscher Berufsboxer. »Ich habe ihn für einen fairen und ausgezeichneten Sportler gehalten.« Für einen Kampfabend im Juli 1932 in Berlin hatte Schmeling auf seinen Namen neun Karten geordert: Er selbst kam nicht, aber Max Machon und Joe Jacobs nahmen am Ring Platz, um sich »Rukelie« Trollmanns K.o.-Sieg über Walter Sabottke anzuschauen.

Die »Wehrmachtskampftage«, die Machon und Zirzow im Auftrag von Hinkel organisieren, sind ein großer Erfolg: 1941 finden sich im niederländischen Vlissingen etwa 20.000 Zuschauer ein, kurze Zeit später in Amsterdam 16.000 Zuschauer. Die deutschen Spitzenboxer wie Gustav Eder und Walter Neusel treten an. Nur auf einen Ringsprecher Arno Hellmis muss man verzichten, der ist, 39-jährig, 1940 in Frankreich gefallen.

Schmelings Engagement beschränkt sich nicht auf das Begrüßen der vergnügungsbereiten Soldaten. Im April 1942 etwa besucht er Paris, um dort eine Schaukampftournee zu organisieren, wie die »Boxsport« mitteilt.

Zwischendurch gibt es immer Anfragen, ob Schmeling, immerhin amtierender Europameister, nicht seinen Titel verteidigen wolle. Schon Ende 1940 erreicht ihn eine Anfrage von Heinz Lazek, der den Titel 1938/39 gehalten hatte. Im Juni 1942 unternimmt Walter Neusel, dem ja schon 1939 ein EM-Kampf versprochen wurde, noch mal einen Vorstoß. Nun heißt es ganz offiziell im von Tschammer und Osten unterstehenden »Reichssportblatt«, dass Schmeling seinen EM-Titel nicht verteidigen könne, weil dazu eine »langfrististige Freistellung von jeder militärischen Dienstleistung erforderlich sei«, die nicht in Betracht käme.

Drei Monate später, im September 1942, legt Schmeling seinen EM-Titel nieder und verlängert auch seine Lizenz als Berufsboxer nicht mehr. Öffentlich erklärt Schmeling, dass er seine Laufbahn beendet. Die Nachricht wird auch international verbreitet, die »New York Times« etwa meldet es am 9. September 1942.

Im Fragebogen für seine Entnazifierung schreibt er 1946: »Aus Protest gegen diese Behandlung stellte ich dem damaligen Reichssportführer v. Tschammer und Osten meinen Titel als Europameister mit dem weiteren Antrag zur Verfügung, mich aus der Mitgliederliste des Reichsbundes für Leibesübungen zu streichen.« Als Zeuge benennt er Carl Diem, den wichtigsten Sportfunktionär des Reiches, der auch Organisator der Olympischen Spiele 1936 war.

Am 22. April 1943 wird Schmeling endgültig aus der Wehrmacht entlassen; als Grund werden die Nachwirkungen seiner Verletzung angegeben. In seinem Buch »Ich boxte mich durchs Leben« erwähnt Schmeling, dass man ihn »via Genesungskompanie aus der Wehrmacht« entlässt. Sofort geht er nach Ponickel zurück. Da der Verwalter eingezogen wird, muss nämlich Schmeling selbst ran.

Aber die Wehrmacht bleibt ihm treu und er der Wehrmacht. »Immer öfter wurde ich geholt, um in amtlichem Auftrag die mit Engländern und Amerikanern belegten Kriegsgefangenenlager zu besuchen.« Zur Begründung für dieses Engagement, das in Zusammenarbeit mit dem Roten Kreuz organisiert wird, gibt er in »8-9-aus!« an, dass ja auch Joe Louis in den USA Kriegsgefangenenlager besucht habe.

Den Kriegsgefangenen ist Max Schmeling natürlich ein Begriff, und seine Auftritte bleiben in Erinnerung. Der amerikanische Leutnant Bruce K. Bockstanz, interniert im so genannten Stalag Luft I, trägt am 4. April 1945 in sein Tagebuch ein: »Max Schmeling zeigte sich im Camp, angezogen in sehr schicken Zivilklamotten. Einige der Jungs ließen sich Autogrammkarten geben, die ein sehr umgänglicher PR-Agent verteilte. Er war sehr freundlich. Sagte, dass wir bald nach Hause kämen und dass er sich wünschte, mit uns gehen zu können. Ich erinnere mich auch, dass einige Kriegsgefangene sehr empört über die Autogrammjäger waren, sie sagten, dass sie ein anrüchiges Geschäft mit dem Feind machen würden.«

Ein anderer Kriegsgefangener, George Rosie, erinnert sich an den Besuch als »ekelhaftes Schauspiel«, für ihn war Schmeling »just another Kraut«.

Der frühere Kriegsgefangene Murray Levine gibt in einem Interview seine Erinnerung so wieder: »Nach einer Weile kam Max Schmeling, um uns zu besuchen. Erinnern Sie sich an Max Schmeling, den Fighter? Als er kam, war er smart gekleidet. Er war ja ein Nazifallschirmjäger. Jeder kannte ihn. ›Max Schmeling ist hier‹, hieß es überall. Nazi-Bastard, sie machten einen Wirbel um ihn.«

Anders nahm ihn Aaron Kuptsow wahr, der ab November 1944 in einem deutschen Kriegsgefangenenlager saß. Er verbindet diese Zeit mit zwei Dingen: mit schlechtem Essen, und dass einmal Max Schmeling auftauchte: »big deal«, eine gute Abwechslung.

Ein Leutnant Clint Gruber aus Oregon, der als Co-Pilot von den Deutschen abgeschossen wurde, erinnert sich so: »Eines Tages zeigten sich zwei Besucher am Haupteingang des südlichen Lagers, und alle amerikanischen Kriegsgefangenen versammelten sich dort. Einer der Besucher trug ein Feldmarschallabzeichen und glänzte in seiner Luftwaffenuniform. Es war Feldmarschall Kesselring, der die deutschen Truppen in Italien kommandiert hatte. Bei ihm, in Zivilkleidung, war der Berufsboxer, der von Hitler favorisiert wurde, Max Schmeling, der einst Joe Louis ausgeknockt hatte. Wir alle erinnerten uns daran, wie Louis ihn in den ersten Sekunden der ersten Runde ihres Rückkampfes ausgeknockt hatte. ... Beide Männer sprachen ein gutes Englisch und redeten ausführlich durch den Zaun mit den amerikanischen ›Kriegies‹

im Lager. Es gab viele Fragen zu dem Louis-Kampf und zu dem Krieg. Schmeling und Kesselring waren beide sehr umgänglich und beantworteten alle Fragen bereitwillig, auch solche, die nicht sehr schmeichelhaft zu den deutschen Auftritten im Krieg waren, dessen nahes Ende ja ohnehin offensichtlich war. Als einige Amerikaner begannen, Papierzettel durch den Draht zu stecken und um Autogramme zu bitten, habe ich mich vor Ekel abgewendet. Meiner Meinung nach waren Kesselring und Schmeling nur deutsche Nazis, und auch wenn ich neugierig auf sie war, dachte ich mir, dass eine Autogrammjagd völlig deplatziert war. Soweit ich mich erinnere, wusste niemand von uns, warum sie zu Besuch gekommen waren.«

Die unterschiedlichen Wahrnehmungen des in Zivil in den Lagern auftauchenden Schmeling zeigen, wie sehr Schmeling von vielen als das Gesicht Deutschlands wahrgenommen wird.

Schmeling selbst nimmt für sich in Anspruch, in den Lagern Gutes getan zu haben, »eine Geste, mit der die Wehrmacht in dem immer erbitterter geführten Krieg überkommenen Prinzipien der Ritterlichkeit Genüge tun wollte«, schreibt er in den »Erinnerungen«. Dort, allerdings an anderer Stelle, heißt es, dass die Initiative zu diesen Besuchen von kriegsgefangenen Offizieren ausgegangen sei, »die in ihren Lagern als Vertrauensleute gewählt worden waren und ihre Sorgen mit uns besprechen wollten«. Bei einem Treffen im Haus des Verlegers John Jahr in Berlin-Grunewald sei »meine bevorstehende Reise durch einige englische und amerikanische Stalags besprochen« worden.

Dort sei er von einem amerikanischen Offizier gebeten worden, sich um einen Freund von ihm, einen Oberst Spicer, zu kümmern, der sei nämlich wegen Meuterei zum Tode verurteilt worden. Schmeling geht in das Lager, erhält auch eine Besuchsgenehmigung, und am Rande erfährt er, dass Spicer begnadigt wurde, was der aber noch nicht weiß. Schmeling überbringt Spicer die Grüße von dessen Freund, und flüsternd teilt er ihm auch die Begnadigung mit. So weit Schmelings Darstellung.

Der Bombardier Ira Weinstein erinnert sich in einem Interview ganz anders an das Zusammentreffen von Spicer und Schmeling: »Ich habe nie Babe Ruth gemocht oder Jack Dempsey und war auch nie Pfadfinder«, berichtet er über Helden der damaligen amerikanischen

Jugend. »Aber wir hatten in unserem Gefangenenlager einen Kerl mit dem Namen Colonel Spicer, und wenn ich jemals einen Helden hatte, dann war er es.« Weiter erzählt Weinstein: »Die Deutschen brachten Schmeling zu uns, ich weiß nicht, zu welchem Zweck, wahrscheinlich um vor uns mit ihm zu protzen. Er ritt hier ein in einem großen Cabriolet, und die Jungs gingen zu ihm und fragten nach Autogrammen. Es war schrecklich. Die Jungs behandelten ihn, als wäre er ein Held. Spicer, der der kommandierende Offizier in unserem Lager war, stellte sich auf eine kleine Tribüne, die die Deutschen für ihren Zählappell hingestellt hatten, und hielt eine feurige Rede über Fraternisierung mit dem Feind. Am Ende der Rede sagte er: ›Ich will, dass jeder Mann in diesem Lager in seine Baracke zurückgeht. Dieser Kerl ist ein Verräter. Er ist ein Nazi.‹ Sie nahmen ihn danach in Einzelhaft, mit dem Befehl, ihn zu erschießen, aber sie haben ihn nicht erschossen. Er blieb in Einzelhaft bis zum Ende des Krieges. Das waren etwa fünf Monate.« Ira Weinstein, ein Jude aus Chicago, schließt seinen Bericht über Spicer: »Er war mein Held. Was für ein Kerl war das!«

Von einer anderen Geschichte berichtet der Verleger John Jahr in einer eidesstattlichen Erklärung, die er 1946 für Max Schmeling abgibt. Ein niederländischer Hauptmann namens A.A.J.J. Thomson wird im Oktober 1943 von einem deutschen Kriegsgericht zum Tode verurteilt. »Max Schmeling übernahm es, für Hauptmann Thomson über die zuständige Reichskanzlei ein Gnadengesuch an Hitler zu richten«, berichtet Jahr. »Durch diese Aktion wurden volle sechs Monate gewonnen, ein Zeitraum, der genügte, um weitere erfolgreiche Hilfsmaßnahmen einzuleiten.« Jahr glaubt, dass die Hilfsaktion nur aus Freundschaft zu ihm sowie aus »einer tiefen Abneigung gegen das Hitlerregime« zustande kam. »Diese eindeutige politische Haltung bestand bei ihm seit 1933. Nur aufgrund seiner kompromisslosen antifaschistischen Einstellung setzte Max Schmeling mehrfach – wie im vorliegenden Fall – ohne Rücksicht auf Anfeindungen von hohen Nazidienststellen seine Persönlichkeit für die Verfolgten der Naziverbrecher ein.«

Auch zwei Boxkollegen hilft Schmeling. Der Manager von Heinz Lazek, ein Schwergewichtler aus Wien, kommt im Sommer 1941 zu Schmeling. In den »Erinnerungen« heißt es: »Sein Schützling sei vollkommen verzweifelt. Er habe eine leidenschaftliche Neigung zu einer jungen Wienerin gefasst, die jedoch jüdischer Abstammung sei. Alle Anträge auf eine Heiratsgenehmigung waren erfolglos geblieben, und als die junge Frau kürzlich ein Kind von Lazek bekommen habe, sei sie von den Behörden unter dem Vorwurf der Rassenschande verhaftet worden. Heinz Lazek drohte dieselbe Anklage.«

Schmeling will helfen. Den Spagat, sich einerseits als von der NS-Spitze Verstoßener, andererseits als stets wirkungsvoll Helfender zu präsentieren, löst er so: »Noch immer galt ich, obwohl ich in Wahrheit längst in Ungnade gefallen, als Mann mit einflussreichen Verbindungen.« Er wendet sich an Philipp Bouhler, der »in der Kanzlei des Führers für Gnadensachen zuständig« ist. Der keift Schmeling an: »Wann immer man von Ihnen hört, hat es was mit Juden zu tun! Als wenn es im Augenblick nichts Wichtigeres gäbe!« Dennoch hat Schmeling Erfolg: »So engstirnig und pedantisch Bouhler auch war, ließ er sich am Ende doch erweichen.« Die Frau wird aus der Haft entlassen, Lazek jedoch zur Luftwaffe eingezogen.

Auch Paul Noack, sein alter Freund aus Berlin, der auch bei ihm war, als 1927 seine Schwester verunglückte, benötigt einmal seine Hilfe: Er »hatte während eines Luftangriffs mit seiner Frau unter der S-Bahnbrücke am Savigny-Bogen Schutz gesucht«, der befindet sich in Berlin-Charlottenburg. »Als seine Frau sich im Gedränge belästigt fühlte, hatte er den wirklichen oder vermeintlichen Unhold kurzerhand niedergeschlagen.« Schmeling wendet sich diesmal nicht mehr an Philipp Bouhler, sondern an den Berliner Polizeipräsidenten Graf Helldorf. Der hatte sich schon einmal, im September 1938, als hilfreich erwiesen, als Max Machon einen Verkehrsunfall verursacht hatte und einen Eintrag in den Führerschein erhalten sollte. Da hatte Schmeling über den Boxfunktionär Franz Metzner bei Helldorf interveniert. »Ich richte nun an Sie, sehr verehrter Herr Polizeipräsident, die Bitte, sich der Angelegenheit persönlich anzunehmen und, wenn möglich, Max Machon von der Eintragungspflicht zu befreien«, hatte Metzner damals geschrieben.

Nun also, im Frühjahr 1940, will er durch Helldorfs Einschaltung Noack helfen. Wenige Tage später wird Schmeling, so schildert er es in den »Erinnerungen«, von einem Beamten des Innenministeriums angerufen: »Er machte mir drohende Vorhaltungen, dass ich meinen Namen nur ausnutze, um unentwegt Straffälligen oder Juden zu helfen.

Der Beamte wurde später Staatssekretär im Bonner Innenministerium und Präsident des Deutschen Roten Kreuzes.« Es müsste sich folglich um Hans Ritter von Lex handeln, der damals Oberregierungsrat im Innenministerium war.

Graf Helldorf, der zur Freilassung von Paul Noack beiträgt, ist ein Nazi der ersten Stunde, der schon 1920 beim Kapp-Putsch dabei war, 1931 SA-Führer von Berlin und 1932 Fraktionsvorsitzender der NSDAP im Preußischen Landtag wurde. Aber als er sieht, dass der Krieg verloren wird, gehört er zum Kreis der Hitler-Attentäter vom 20. Juli 1944 und wird im August 1944 in Berlin-Plötzensee hingerichtet.

Im Fragebogen zur Entnazifizierung erwähnt Schmeling die Fälle von Lazek und Noack sowie weitere Fälle: »Ferner habe ich, wo ich nur konnte und mir irgendwie dazu Gelegenheit gegeben wurde, bedrängten Personen geholfen, so z.B. konnte ich meinen Berufskameraden Paul Noak [Schreibfehler im Original, der Mann heißt Noack, mkr.] im Frühjahr 1940 mit Hilfe des am 20. 7. 44 gehängten Graf Helldorf aus dem Gefängnis befreien. Viele andere Beispiele ließen sich noch anführen: Heinz Lazek, Wien; Halbjude Saalmann, Bitterfeld; Hauptmann Thomson, Holland (vergl. Schreiben der Holländischen Militärmission vom 31.12.45); Rolf v. Goth, Berlin; Heinz Dietgens und Frau, Honnef a. Rhein [Schreibfehler im Original, die Eheleute heißen Ditgens, mkr.]; etc. Meine Haltung in der Judenfrage dürfte eindeutig gewesen sein: Mit allen Juden, die ich auch vor 1933 kannte, habe ich weiterhin engen Verkehr gehalten. Trotz aller Anfeindungen und Drohungen habe ich mein freundschaftliches Verhältnis zu meinem Manager Joe Jakobs [Schreibfehler im Original, der Mann hieß Jacobs, mkr.] nie gelöst.«

Mehr als die wenigen Schreibfehler irritiert, was Schmeling nicht angibt: Die Rettung der Lewin-Brüder fehlt ebenso wie etliche andere Rettungstaten, von denen er an anderer Stelle berichtet.

Über den von Schmeling lediglich in seinem Fragebogen erwähnten Herrn Saalmann aus Bitterfeld liegen leider keine Informationen vor.

Auf ihrem Gut in Ponickel verläuft das Leben von Schmeling und Ondra trotz des Krieges erstaunlich normal. Das Gut ist groß, 170 Schweine, 51 Kühe und zehn Pferde sind es 1939. Sogar ein eigenes Umspannwerk hat Schmeling gebaut. Neben der klassischen Landwirtschaft legt er auch eine Nutriazucht an: Bis zu 150 Felle werden von den Pelztieren pro Jahr geliefert. Anny Ondra, die 1940 und 1942 noch in je einem Film mitspielt, beginnt derweil mit einer Pekingentenzucht. Abnehmer ist der Restaurantbesitzer Otto Horcher in Berlin. Bei den regelmäßigen Dorffesten, die von Schmeling und Ondra organisiert werden, lässt Ondra eine große Leinwand aufbauen und zeigt der Dorfbevölkerung, den jungen Frauen vom Reichsarbeitsdienst und den im Rahmen der Kinderlandverschickung nach Ponickel gekommenen Jungen und Mädchen gerne die Filme ihrer früheren Produktionsfirma. Schmeling und Ondra beschäftigen etwa 30 Mädchen bzw. junge Frauen vom weiblichen Reichsarbeitsdienst.

Fernab von Ponickel, in der Nähe von Schmelings Jagdrevier bei Müncheberg in Brandenburg, sind auch jüdische Zwangsarbeiter dienstverpflichtet, und zwar arbeiten sie bei Schmelings bestem Freund in Ponickel, dem Oberförster Georg Hoffmann. Schmeling-Biograf Waleri Ripperger wertet den Einsatz positiv, blieb doch den Zwangsarbeitern so »bisher der Abtransport in die Vernichtungslager erspart«.

Ab 1943 leben Schmeling und Ondra, wenn sie nicht in Ponickel, sondern in Berlin sind, in John Jahrs Haus am Roseneck in Grunewald. Bis dahin hielten sie sich eine Stadtwohnung im Dahlemer Föhrenweg 16. Als allerdings Frau Keitel, die Ehefrau des Chefs des Oberkommandos der Wehrmacht, Wilhelm Keitel, anruft und fragt, ob sie das Haus nicht übergangsweise nutzen dürften, denn ihre eigene Villa sei bei einem Luftangriff beschädigt worden, vermietet Schmeling das Haus. Auch Hitlers oberster Militär, Spitzname »Lakeitel«, nutzt seine Villa in der Berliner Kielganstraße bzw. später Schmelings Haus nur als Stadtwohnung. Das Familiengut Helmscherode will Keitel erweitern, um dort häufiger zu verweilen. Keitel wird im Nürnberger Kriegsverbrecherprozess 1946 zum Tod verurteilt und kurz danach gehängt. »Alles für Deutschland«, sollen seine letzten Worte sein.

Schmeling verbringt die letzte Kriegsphase nicht ausschließlich auf Ponickel oder als Reisender durch Kriegsgefangenenlager. Noch zwei Staatsaufträge erhält er, er soll auf diplomatische Mission gehen. »Eine Dienststelle des Auswärtigen Amtes bat mich«, heißt es in den »Erinnerungen« über das Frühjahr 1944, »nach Italien zu fahren.« Es kursiert nämlich die Meldung, dass Primo Carnera, der frühere Schwergewichts-Weltmeister, der bis dahin als Günstling von Benito Mussolini gilt und auch Parteigänger der Faschisten ist, sich in Friaul den Partisanen angeschlossen habe und, nach seiner Festnahme durch deutsche Truppen, standrechtlich erschossen worden sei. Schmeling soll nun im amtlichen Auftrag dieser Meldung nachgehen. »Ein gemeinsames Foto von uns beiden sollte die Haltlosigkeit der Propagandameldung dokumentieren«, heißt es in den »Erinnerungen«. Er findet den Boxer bei seiner Familie in Udine auf seinem Bauernhof. »Das Wiedersehen mit dem riesigen, mit den Jahren noch hünenhafter gewordenen Carnera verlief italienisch-stürmisch. Primo nahm mich in die Arme, und obwohl wir der gleichen Gewichtsklasse angehörten, fürchtete ich fast, erdrückt zu werden. Noch am selben Nachmittag fuhren wir nach Venedig und stiegen im ›Danieli‹ ab. Einen langen Abend gedachten wir in der unwirklicher denn je wirkenden Stadt der alten Tage.«

Als Schmeling zum deutschen Botschafter in Italien, Rudolf Rahn, fährt, um ihm den Vollzug seiner Carnera-Mission zu melden, gibt ihm der »einen weiteren diplomatischen Auftrag«, wie Schmeling sich ausdrückt. Er kennt Rahn noch aus Saarow-Pieskow, denn der Botschafter ist ein guter Freund von Josef Thorak. Schmeling soll für das Dritte Reich die gespannten Beziehungen zum Vatikan lockern. Einige SS-Führer seien da nämlich mit einem dröhnenden »Heil Hitler, Herr Papst!« aufgefallen. »Sie sind ein unpolitischer Mann«, habe der Botschafter zu ihm gesagt. »Wenn der Papst Sie empfängt, haben wir wieder einen Anknüpfungspunkt, um die Beziehungen allmählich zu normalisieren.« Schmeling erhält eine Audienz bei Pius XII., der sich mit ihm auch über den Bombenkrieg über Deutschland unterhält.

»Als ich nach Deutschland zurückkam, wurde ich sogleich ins Auswärtige Amt gerufen. Der zuständige Beamte ließ sich ausführlich den Verlauf der Audienz schildern und erkundigte sich nach jeder Reaktion des Papstes.« Dass der Papst für einen »baldigen Frieden« bete und nicht »für einen deutschen Sieg« – das will, so behauptet es zumindest Schmeling, der Beamte nicht glauben.

# »Rote Flut«

## Kriegsende und schwieriger Neuanfang (1945/46)

Anfang 1945 kommen viele Deutsche, die vor der Roten Armee Richtung Westen flüchten, nach Ponickel. Schmeling spricht von der »roten Flut«, die auf sie zurollt. Die Flüchtlinge sind »Verzweifelte, die, auf Leiterwagen oder schwankenden Kutschen, ihre Habseligkeiten mit sich führten«.

Schmeling und Ondra richten in ihren Stallungen Notquartiere für Flüchtlinge ein, aber auch ihr Gutshaus ist nicht mehr sicher. »Nun schickten wir die Kinder unserer Freunde, die im Rahmen der Kinderlandverschickung zu uns gekommen waren, angesichts des näher rückenden Krieges zu ihren Eltern nach Berlin und Schleswig-Holstein zurück.«

Wie er die politische Lage einschätzt, teilt Schmeling auch mit: »Zwar war der Glaube an einen Sieg längst dahin, aber unbestimmte Erwartungen richteten sich auf eine Art Waffenstillstand, einen Teilfrieden nach Westen oder einen Zerfall der gegnerischen Koalition.« Und: »Allen schien undenkbar, dass nicht eine vorübergehende Eroberung und Besetzung durch fremde Armeen bevorstand, sondern die Vertreibung aus der Heimat und ihr endgültiger Verlust.«

Schmeling und Ondra entscheiden sich Anfang 1945 zur Flucht. Zwei Dienstmädchen, Schmelings Mutter, Anny Ondra und Max Schmeling verlassen mit dem Auto das Gutshaus. Sie nehmen kaum etwas mit, auch nicht den Weltmeistergürtel und die Sammlung mit Telegrammen, die Schmeling nach seinem Sieg über Louis erhielt. Auf beides ist er sehr stolz. »Wir haben uns nicht umgesehen, als der Wagen das Oval der Auffahrt hinunterrollte und auf die Landstraße bog.« Sie fahren zunächst nach Berlin, denn Schmeling will dort veranlassen, dass die Dienstmädchen zu ihren Eltern kommen. Aufgrund der unsicheren Lage in Berlin fährt er weiter nach Rostock, damit Anny Ondra und seine Mutter dort bei Bekannten in Sicherheit kommen. Sein Biograf

Waleri Ripperger gibt Schmelings Gedanken wieder: »Das Gequatsche von Wunderwaffen gehe ihm auf den Nerv. Angeblich verhandle man ja mit den Alliierten, und dies sei wohl unter den gegebenen Umständen auch die einzige Chance, um aus dem Dilemma herauszukommen.«

Schmeling fährt mit seinem DKW weiter in Deutschland herum. Er will zurück nach Ponickel. Hinter Stettin sagt ihm ein Obergefreiter eines entgegenkommenden Wehrmacht-Konvois, »der Iwan« sei durchgebrochen und habe »inzwischen ganz Hinterpommern abgeschnitten«. Im März 1945 nimmt die Rote Armee den Landkreis Rummelsburg, zu dem Ponickel gehört, ein.

Schmeling fährt wieder nach Berlin. Dort lebt er immer noch in der Villa von John Jahr im Roseneck. »Der Ordnung halber meldete ich mich beim Roten Kreuz«, schreibt er in seinen »Erinnerungen«. Dort erfährt er, dass es in Berlin noch Kriegsgefangene gibt und besucht sie im Auftrag des Roten Kreuzes.

Schmeling hat Sorge, dass sein Auto requiriert wird. Daher stellt er den DKW in einer Kellergarage von Jahrs Villa ab, baut die Räder ab und die Batterie aus.

Auch sein altes Jagdrevier in Müncheberg in der Nähe von Berlin besucht Schmeling. Dort befindet sich sein Freund, der Oberförster Georg Hoffmann. Von ihm erfährt Schmeling, wie nah die Rote Armee ist; im April 1945 wird Müncheberg eingenommen. Hoffmann gibt ihm telefonisch den Tipp, Berlin zu verlassen. Hoffmann selbst wird von der Roten Armee gefangen genommen. »Nach mehreren Verhören und kurzzeitiger Gefangennahme entließ man ihn dank der Fürsprache einer Hoppegartener Jüdin wieder auf freien Fuß«, schreibt Ripperger. »Sie stellte den Oberförster als einen Menschen dar, der die Juden, seinem Gewissen folgend, trotz persönlicher, ja lebensgefährlicher Risiken, stets moralisch unterstützt, gut behandelt und versorgt habe.«

Schmeling montiert wieder die Räder an sein Auto und fährt Richtung Kiel. Dorthin kommen auch Anny Ondra und Amanda Schmeling. Zeitgleich mit Schmeling verlässt auch John Jahr Berlin, er fährt nach Sylt.

Derweil wird Oberförster Hoffmann nochmals vom KGB vernommen, so zumindest stellt es Ripperger dar. »Herr Hoffmann, mir ist bekannt, dass Sie über Jahre engen Kontakt zu Max Schmeling hatten oder noch haben. Ich weiß, dass er seit 1931 hier jagte und sich gegenwärtig in der britischen Besatzungszone aufhält«, soll der KGB-Offizier gesagt haben, und er habe zur Begründung seines Interesses ausgeführt: »Immerhin war er ein Aushängeschild des deutschen Sports, hat mit den ganz Großen des Reiches, Adolf Hitler, Hermann Göring und Joseph Goebbels, persönlich verkehrt. Auch andere Kontakte sind uns nicht verborgen geblieben.«

Schmeling, der sich mit Anny Ondra in Schleswig aufhält, hat derweil wieder Kontakt zu John Jahr aufgenommen. Die beiden verabreden, sich nach Hamburg zu begeben. Schmeling, immer noch Autobesitzer mit dem Zugang zu Benzin, holt Jahr in Niebüll ab.

Jahr hatte in den zwanziger Jahren die Zeitschrift »Die Sport-Chronik« herausgegeben, war für die Anzeigenakquise der im kommunistischen Münzenberg-Konzern erscheinenden »Arbeiter-Illustrierten« und »Weg der Frau« zuständig. Aber auch in Nazideutschland war er ein erfolgreicher Verleger, nicht zuletzt durch enge Geschäftsbeziehungen mit Baldur von Schirach, dem Jugendführer des Deutschen Reiches, Gauleiter und Reichsstatthalter von Wien. Gerade mit Literatur der »Hitler-Jugend« machte das NSDAP-Mitglied Jahr viel Geld.

In Hamburg trifft Schmeling einen Freund von John Jahr, den er auch noch aus den Tagen seiner Jugend in Hamburg kennt, Axel Springer. Weil Jahr damit rechnet, dass ihm die britischen Besatzer gewiss keine Lizenz erteilen würden, um einen Verlag zu gründen, tut er sich mit Springer und Schmeling zusammen. »Da ich gänzlich unbelastet war«, schreibt Schmeling, »machte er mir den Vorschlag, das Unternehmen unter Zuhilfenahme meines Namens zu gründen.«

Axel Springer war Anfang der dreißiger Jahre Sport- und Wirtschaftsredakteur der »Altonaer Nachrichten« in Hamburg. Von 1934 bis 1941 wirkte er dort als stellvertretender Chefredakteur. Nach der von den Nazis verfügten Einstellung des Blattes wurde er Gesellschafter im Verlag Hammerich & Lesser, der seinem Vater gehörte. Schmeling-Biograf Mathias Forster beschreibt die Arbeitsteilung der drei so: »Als Einlage steuert Springer seine zerbombte elterliche Druckerei bei. Jahr bringt die Erfahrung mit und Max die weiße Weste.«

Die drei wollen zunächst eine deutsche Ausgabe der »Schatzinsel« von Robert Louis Stevenson herausbringen. »Wir rechneten uns aus, damit eine besonders gute Figur bei den Engländern zu machen.« Von Jahr kommt noch die Idee eines Schulbuchverlags. »Man könne, meinte er, auf diese Weise alle politischen Klippen umschiffen, und außerdem würden Schulbücher unter jedem politischen Regime gebraucht.« Während Jahr also an einen Buchverlag denkt, hat Springer das Zeitungsgeschäft im Auge und beantragt die Lizenz für eine Abendzeitung. »Da ich das Renommierstück im Dreier-Direktorium war, unterschrieb ich mit ihm zusammen den Antrag für die Lizenz.«

Springer-Biograf Michael Jürgs gibt eine Anekdote wieder, die man sich im Hause des späteren »Bild«-Zeitungsverlegers gerne erzählt und die deutlich macht, wie wenig Jahr und Springer auf ihr »Renommierstück« geben. »Weißt du noch, wie Max Schmeling seinem Freund Axel nach dem Krieg versprach, als Geschenk für die Gattin eines britischen Offiziers mit Einfluss eine Harfe zu besorgen, weil die Dame gern zupfte, und sich Springer einen Vorteil von der milden Gabe versprach? Wochenlang keine Antwort. Was ist los, Max, hast du es vergessen? Nee, verstehe ich nicht, ich hab die Gitarre gleich hingebracht. Ach, Max.«

Doch nicht nur Schmelings Unmusikalität bremst das Lizenzierungsverfahren. Eines Tags gibt er einer Journalistin ein Interview. Dort erzählt er, dass er bald ins Verlagsgeschäft einsteigt. »Drei Tage nach dem Interview klopfte es, während wir wieder einmal unser Verlagsprogramm durchsprachen und auf Nachricht warteten, energisch an der Tür«, schreibt er in den »Erinnerungen«. Britische Militärpolizei verhaftet Schmeling. Die Anklage lautet, er habe eine Falschaussage gemacht; die Journalistin, erläutert Schmeling, habe aus seiner »Zuversicht«, eine Lizenz zu erhalten, eine »Gewissheit« gemacht. In dem Prozess sagt auch Axel Springer zu seinen Gunsten aus.

Am 12. September 1945 meldet die Londoner »Times«: »Nach einem beinahe fünf Stunden dauernden Verfahren vor einem Gericht der Militärregierung wurde Max Schmeling, der frühere Schwergewichtsweltmeister für ›nicht schuldig‹ befunden, eine Falschaussage gegenüber einem Mitglied der alliierten Streitkräfte in einer Sache von offiziellem Interesse getan zu haben, und er wurde entlastet.«

Mit dem Freispruch kann Schmeling aber nicht so richtig froh sein, der Richter führt nämlich aus: »Eine der Tatsachen, die in diesem Fall klar sind, nun, wo wir die Beweise gehört haben, ist, dass Sie nicht einen der wichtigsten Jobs der Re-Education der Jugend in Deutschland erhalten werden. Auch werden Sie nicht dazu bestimmt, Bücher auszuwählen und zu verlegen, damit sie gelesen werden.«

Aus Schmelings Verlegerkarriere wird nichts, die britischen Behörden teilen dem Trio mit, dass eine Lizenzerteilung so lange unmöglich ist, wie der nunmehr vorbelastete Schmeling dabei ist.

Schmeling scheidet aus und hat nebenbei ein anderes Problem am Hals. Darauf vertrauend, dass alles gut wird, baut er nämlich gemeinsam mit Anny Ondra an der Hamburger Alsterkrugchaussee ein Haus. Es steht auf einem Doppelgrundstück, die andere Fläche wird von John Jahr bebaut. Da Schmeling versäumt, eine Teilgenehmigung einzuholen, wird er erneut vor ein Militärgericht gestellt und zu drei Monaten Gefängnis und 10.000 Mark Geldstrafe verurteilt. Schmeling muss tatsächlich drei Monate in der Justizvollzugsanstalt Fuhlsbüttel, genannt Santa Fu, absitzen. Offenbar wird er juristisch härter und strenger behandelt als andere Deutsche mit vergleichbaren Verfehlungen in der britischen Besatzungszone. Während er selbst sich als unpolitischer Sportsmann sieht, nehmen die britischen Offiziere, wie etwa der Richter, der in verurteilt, ihn vor allem als Repräsentant des untergegangenen Dritten Reichs wahr. »Meine Frau und viele gute Freunde reichen Gnadengesuche für mich ein – vergeblich«, schreibt Schmeling in »8-9-aus!«. »Nur wenn ich selbst zu Kreuze gekrochen wäre, hätten mich die Engländer vielleicht vorzeitig laufen lassen. Ich dachte nicht daran. Das Verfahren hatte mich bockbeinig gemacht.« Wie dieses Zu-Kreuze-Kriechen hätte aussehen können, schreibt Schmeling nicht.

Während Schmeling in Haft ist, beginnen Jahr und Springer fleißig mit dem Aufbau ihrer Verlagshäuser, die bald zu den größten Westdeutschlands gehören. Zunächst gründen sie die Frauenzeitschrift »Constanze«. Während Springer später mit der »Hörzu« und vor allem der »Bild«-Zeitung reich wird, gründet Jahr die Blätter »Brigitte« und »Schöner Wohnen«. Von 1950 bis 1962 hält er auch einen Anteil am »Spiegel«. Mit »Capital« und »Petra« kommen weitere Erfolgstitel, und 1965 gründet er zusammen mit Gerd Bucerius und Richard Gruner die »Gruner+Jahr GmbH&Co«, die später auch den »Stern« übernimmt. 1971 zieht sich Jahr aus dem Verlagsgeschäft zurück. Sein Sohn John jr. und seine Tochter Angelika Jahr rücken in Leitungsfunktionen vor.

»Ich aber sah mich nun noch einmal vor dem Nichts«, konstatiert Schmeling zur Ausgangssituation 1945/46. Auf seinem Entlassungsschein aus dem Gefängnis finden sich die Bestätigungen, dass er sich beim Arbeitsamt und bei der Lebensmittelkartenstelle eingefunden hat. »Ich hatte in der Stunde null einer der Ersten sein wollen und war jetzt, ein Jahr später, keinen Schritt weiter. Die Strafe, die verweigerte Lizenz und schließlich auch der immer wieder geäußerte Vorwurf, ich sei ein Repräsentant des dahingegangenen Reiches, verletzten und deprimierten mich.«

Aber Schmeling wehrt sich. Am 28. Februar 1946 verfasst er eine öffentliche »Richtigstellung und Zurückweisung« wegen zweier Punkte.

Der eine betrifft ein Gerücht, das in Amerika schon seit geraumer Zeit kursiert und im August 1946 erstmals in einer deutschen Zeitung veröffentlicht wird: Schmeling sei mit Befehlsgewalt im Vernichtungslager Auschwitz im Einsatz gewesen. Die Quelle für das sich als falsch erweisende Gerücht ist eine Zeitschrift namens »Poland Fights«, die in New York erscheint und von in die USA geflohenen Polen herausgegeben wird. Der Artikel trägt den Titel »Max Schmeling – commander of the torture camp«. Er erscheint im Juni 1942, in ihm heißt es: »Vom Januar 1940 bis zum Frühjahr 1941 gehörte der berühmte Profiboxer zu den Offizieren des Lagers.« Als Quelle wird ein Mann genannt, dem es gelang, aus Auschwitz zu fliehen.

1945 erscheint ein Buch von Waverly Root, einem bekannten amerikanischen Journalisten, der lange Zeit als Europa-Korrespondent der »Chicago Tribune« gearbeitet hatte. Darin übernimmt Root ungeprüft die Information aus »Poland Fights«, und so ist die Meldung wieder in der Welt.

Schmeling ist, zu Recht, außer sich. Er wehrt sich gegen die »völlig unsinnige Behauptung der amerikanischen genannten Quellen, (die) durch die einfache Feststellung der Tatsache zu widerlegen ist, dass ich vom Mai 1940 bis 22. April 1943 Soldat der deutschen Wehrmacht gewesen bin und in die fragliche Zeit ausgerechnet meine Beteiligung an der Kreta-Landung und jenes Kreta-Interview fällt, das mir endgültig den Hass der Nazi-Machthaber zuziehen sollte«. Schmeling stellt klar: »Ich habe ein KZ weder als Kommandant geleitet, noch als Häftling oder

Soldat oder als Zivilist gesehen oder besucht.« Er fügt noch ein ernstes Argument an: Speziell diese Meldung zurückzuweisen sei ihm »besonders wichtig, weil derartig fahrlässige und leicht zu widerlegende Veröffentlichungen geeignet sind, die Glaubwürdigkeit tatsächlicher Schilderungen aus den KZ-Lagern des Nazi-Regimes für den Leser in einem fragwürdigen Licht erscheinen zu lassen.«

Gewiss deutet der Umstand, dass das Gerücht in Emigrantenkreisen Verbreitung finden konnte, auf ein kulturhistorisches Phänomen, für das Schmeling nichts kann, das aber seine Rolle hervorragend umschreibt. Es deutet nämlich darauf hin, dass Max Schmeling – auch wenn er selbst behauptet, unpolitisch und ab 1938 in Ungnade gefallen zu sein – in den dreißiger und vierziger Jahren das bekannteste Gesicht Deutschlands, für viele vermutlich *das* Gesicht Deutschlands ist. Einen Deutschen zu sehen, auch wenn er als folternder und mordender Offizier im KZ Dienst schiebt, verbinden viele mit dem Gesicht Schmelings. Und wenn sie das Gesicht Schmelings sehen, denken sie an die Leiden, für die Deutschland verantwortlich ist.

Vor dieser Folie ist auch eine andere, sehr ähnliche Geschichte zu verstehen, zu der Schmeling noch im Jahr 1965 staatsanwaltschaftlich vernommen wird. Sie betrifft die Jahre 1941 bis 1942. Bewohner des Warschauer Ghettos wollen Schmeling dort in einer SS-Uniform gesehen haben. Im Rahmen der Ermittlungen gegen den Kommandeur der Sicherheitspolizei und des Sicherheitsdienstes in Warschau, Ludwig Hahn, wegen seiner Beteiligung an der Deportation von mindestens 230.000 Juden aus dem Warschauer Ghetto, wird auch Max Schmeling als Zeuge vernommen. Schmeling sagt bei der Vernehmung bei der Hamburger Oberstaatsanwaltschaft aus, dass er, anders als ein Zeuge behauptet, nie Angehöriger der Sicherheitspolizei war, auch dass er »niemals die Uniform irgendeiner Parteiorganisation getragen« hat. In dem betreffenden Zeitraum war er von der Wehrmacht in Elbing in der Kraftfahrausbildungsstelle der Fliegertruppe eingesetzt. »In Warschau war ich lediglich einmal«, gibt Schmeling bei der Vernehmung zu Protokoll, »und zwar anlässlich einer Sportveranstaltung im Jahre 1941. Ich trug damals Zivil und amtierte als Ringrichter. Es handelte sich um eine Wehrmachtsbetreuungsveranstaltung, bei der u.a. Riedel Vogt boxte. Nach dem Jahre 1941 habe ich nie wieder Warschau betreten.« Schmeling meint vermutlich einen Boxkampf am 25. Januar 1942, bei dem er u.a. eine Rede gehalten hat und bei dem Riedel Vogt nach Punkten über Jakob Schönrath gewann.

Als der vernehmende Staatsanwalt von Below ihn mit den Aussagen eines Zeugen konfrontiert, der ihn auch nach dem Krieg wiedergesehen haben will, erklärt Schmeling: »Wenn der Zeuge meint, er habe mich im Ghetto Warschau gesehen, so irrt er sich. Seine Angaben, er habe mich in Düsseldorf im Jahre 1960 mit einem Wolfshund, der auf den Namen ›Hans‹ hörte, gesehen, beruhen auch auf einem Irrtum, denn ich habe niemals einen Wolfshund besessen. Als Antialkoholiker besuche ich kaum eine Stehbierhalle. Schon gar nicht nehme ich bei Gaststättenbesuchen einen Hund mit.« Schmeling kann sich die Zeugenaussage nur so erklären, »dass er mich mit einem anderen Mann verwechselt hat, oder dass dem Sinne nach gesagt worden ist, dort ist ein Uniformierter, der wie Max Schmeling aussieht«.

Der zweite Punkt, zu dem Schmeling im Februar 1946 seine »Richtigstellung und Zurückweisung« verfasst, betrifft eine Meldung der BBC vom August 1945, wonach seinem Verlag »so lange keine Genehmigung zur Herausgabe erteilt werden (könne), als ich dem Unternehmen angehöre. Ich sei so sehr Idol der nationalsozialistischen Jugend gewesen, dass ich im Zusammenhang mit der Publizierung von Büchern, die mithelfen sollten, Deutschlands Jugend in einem neuen Geiste zu erziehen, untragbar erscheine.« In seiner »Richtigstellung« behauptet er: »Meine Bindung an den Verlag war zunächst rein freundschaftlich zu dem Verlagsinhaber. Meine Tätigkeit sollte darin bestehen, bei der Verbreitung solcher Schriften des Verlages zu helfen, die geeignet sind, die Jugend im neuen Geiste zu erziehen. Ich hoffte, hierbei als internationaler Sportsmann das Vertrauen der englischen und deutschen Seite zu genießen.« Und zu der Einschätzung, er sei ein Idol der NS-Jugend gewesen, behauptet er, das sei »gänzlich irrig. Ich war es nicht und ich konnte es nie sein wegen meiner Stellung zu den Nazis und der entsprechenden Einstellung der Nazi-Machthaber zu mir.« Er listet alles auf, was seines Erachtens nicht mit der Nazi-Ideologie vereinbar ist – Niederlage gegen Baer, Heirat mit Ondra, Niederlage gegen Louis. »Wie ich mit diesen Voraussetzungen und bei der bekannten Ablehnung des Berufssportes durch die Reichsjugendführung und Reichssportführung zum Idol der Nazijugend hätte werden können, ist unerklärlich.« Außerdem habe er »keine Gelegenheit versäumt, in meinem Kreis antinationalsozialistisch zu wirken«, er rückt sich in die Nähe der Hitler-Attentäter des 20. Juli, und er gibt Gerüchte wieder, die über ihn und Anny Ondra kursierten: »Meine Frau und ich sollten wegen Spionage zugunsten Englands und der Tschechei erschossen worden sein. Andererseits hieß es wieder, dass ich mich im KZ befände.« Schmeling bekräftigt: »Wenn die deutsche und angloamerikanische Jugend einmal in mir Vorbild sah, so geschah es aufgrund meiner sportlichen Leistung – ein Idol der Nazijugend bin ich nie gewesen, konnte es nie sein.«

Und er holt eidesstattliche Erklärungen ein, die seine Nazigegnerschaft bezeugen sollen.

Alfred Herzfeld, bis 1933 zweiter Vorsitzender des Verbands Deutscher Faustkämpfer, dessen Mutter und jüngster Bruder von den Nazis ermordet wurden und der selbst im Gefängnis saß, bescheinigt Schmeling, dass er »ein sehr guter Europäer ist, absolut nie antisemitisch war, sich noch während der Besatzungszeit heimlich in Brüssel mit Juden traf und immer versuchte, für Juden und verfolgte Menschen sich einzusetzen, unter Gefahr seiner eigenen Person«.

Schmeling bittet auch eine Person wie den Regisseur Veit Harlan um eine entlastende Aussage. »Lieber Herr Schmeling«, schreibt der im August 1945, »auf Ihren Wunsch hin schreibe ich Ihnen folgendes gerne nieder.« Es folgt die oben zitierte Geschichte, wie sich Goebbels abfällig über Schmeling äußerte.

Der Oberkellner des »Roxy«, Adolf Lippitz, sagt aus: »Wenn am Stammtisch kein Verräter anwesend war, dann packte Herr Schmeling aus und erzählte uns die Wahrheit, wie es mit den Herren des 3. Reiches in Wirklichkeit bestellt war. Er schilderte, wie ich beim Bedienen des Stammtisches hörte, unter anderem die Verschwendungssucht der Gewaltigen, die er mit eigenen Augen gesehen und wie demgegenüber das Volk ausgepresst und verdummt wurde.«

Ein Journalist namens Bob Iler behauptet gar: »Schmeling selbst zählte zu den Mitgliedern unseres damaligen illegalen Gesinnungskreises ›Freunde des vierten Reiches‹.« Iler, nach Informationen von Volker Kluge als »Kurt Iler« seit 1932 NSDAP-Mitglied, sagt weiter aus:

»Der fadenscheinige Versuch, heute Max Schmeling faschistisch zu verdächtigen oder mit dem Nazismus in Zusammenhang zu bringen, wäre nicht nur kurios, sondern geschmacklos.«

Schmelings bunter Zeugenreigen und seine eigenen Bemühungen bewirken das Erwünschte, im November 1946 heißt es ganz offiziell: »Schmeling, der weder Parteimitglied gewesen ist, noch irgendeiner NS-Organisation angehört hat, ist nach Ansicht des Ausschusses politisch einwandfrei. Vorgebrachte Anschuldigungen sind völlig entkräftet. Gegen seine beabsichtigte Tätigkeit im Verlagswesen bestehen keine Bedenken.«

Die Verlage sind da allerdings schon gegründet, und Schmeling steht ökonomisch schlecht da. Es tritt ein, wovor sich Schmeling, der zeit seines Lebens Zukunftsängste hatte, immer gefürchtet hat: »Die Boxkarriere war zu Ende, einen Beruf hatte ich nicht erlernt und mein Vermögen war verloren.«

# »Treue Gefolgschaft«

## Comeback am 42. Geburtstag (1947/48)

Auch wenn sonst nichts so recht klappen mag: Schmeling hat immerhin seine Boxkontakte. Mitte 1946, als er aus seiner dreimonatigen Haftstrafe wegen illegalen Hausbaus entlassen wird, fragt ihn der Boxveranstalter Heinz Schuble, ob er nicht als Ringrichter zurückkommen möchte, Schmeling sei »bestimmt ein Magnet«.

Profiboxen boomt nämlich im Nachkriegsdeutschland. Die Alten wie Walter Neusel, Adolf Heuser, Arno Kölblin oder Gustav Eder steigen, von Geldsorgen getrieben, wieder in den Ring. Und junge Boxer, die zum Teil vor 1945 eine gute Amateurkarriere machten, wie Riedel Vogt, Hein ten Hoff oder Herbert Runge, versuchen mit dem Boxen an Geld zu kommen.

Die erste Profiboxveranstaltung, die von den Alliierten genehmigt wird, findet im September 1945 in Hamburg statt, bald folgen Berlin und Kiel. Im Jahr 1946 gibt es über 200 Kampftage in allen vier Besatzungszonen. Ständige Ringe, wie etablierte Kampfabende an einem festen Ort genannt werden, gibt es ab 1947 in vielen deutschen Städten: Nürnberg, Köln, Hannover, München, Augsburg, Aachen, Kiel, Hamburg und in Berlin gleich mehrere. Im Jahr 1948 sind in den drei Westzonen 40 Boxpromoter tätig, sie veranstalten 250 registrierte Kampfabende mit 600 lizenzierten Boxern.

Aber für Schmeling ist es im Sommer 1946 noch nicht so weit. Sein Freund in Müncheberg, Oberförster Georg Hoffmann, gibt ihm den Tipp, zu Beginn des Jagdjahres 1946 einen Antrag auf Verlängerung der Jagdpacht zu stellen. Schmeling schreibt dem Bürgermeister, erhält aber eine Absage. »Mit solchen Leuten wie ihm, Sympathisanten des Naziregimes, wolle man in Müncheberg nichts mehr zu tun haben«, gibt Schmeling-Biograf Waleri Ripperger die Antwort wieder. Schmelings Idee, durch seine Jagdleidenschaft einen Vorteil bei der Versorgung mit Nahrungsmitteln zu erlangen, funktioniert nicht.

»Wie Millionen in Deutschland lebten wir von der Hand in den Mund«, schreibt er in »8-9-aus!« über Anny Ondra und sich. Mit seinem Freund Willy Fritsch, dem Schauspieler, der unter anderem in »Die Drei von der Tankstelle« (1930) und der »Der Kongress tanzt« (1931) berühmt wurde, geht er auf Hamsterfahrt. Sie fahren zu Bauern, um ihre früheren Beziehungen für das eine oder andere schwarzgeschlachtete Schwein zu nutzen.

Während sich Schmeling und Ondra bei der Lösung dieser Probleme verhalten, wie die meisten anderen Deutschen auch, so sind sie andererseits doch immer noch heftiger Kritik ausgesetzt. Im November 1946 erscheint die »Freie Presse«, eine Zeitung in der Sowjetisch Besetzten Zone (SBZ), mit der Schlagzeile »SS-Boxer Max Schmeling«. Ein gleichlautender Bericht, nur mit anderen Überschriften versehen, erscheint in diesen Tagen auch in anderen Blättern der SBZ. Es heißt dort, dass kurz nach der Hinrichtung des Generalfeldmarschalls Wilhelm Keitel in Nürnberg, der ja die Berliner Schmeling-Villa im Föhrenweg 16 gemietet hatte, Anny Ondra in Begleitung eines Rechtsanwaltes in dem Haus auftauchte. »Dort protestierte sie dagegen, dass das Zehlendorfer Sozialamt einiges Mobiliar zugunsten des Kinderheims verwandt hatte.« Weiter heißt es in dem Bericht: »Aber Frau Schmeling-Ondra wird ihren Protest wohl bereuen. Bei einer Durchsuchung der Möbel, insbesondere der Schränke, wurden Dokumente gefunden, die angesichts der Hamburger Veranstaltung« – gemeint ist der Kampf zwischen Schmeling und Neusel, der damals schon geplant, aber letztlich erst im Mai 1948 zustande kam – »geradezu sensationell wirken müssen. Diese Dokumente beweisen Schmelings Zugehörigkeit zur SS, seine Freundschaft mit dem Naziminister Walter Funk, dem Reichsleiter Philipp Bouhler und anderen Größen des Hitlerreiches. Es liegen Fotos vor, die Schmeling mit dem Gouverneur der besetzten Ostgebiete, Dr. Fischer, dem SS-Oberführer Wigand und in Umarmung mit Generalmajor von Herwarth zeigen. Aus diesen Dokumenten geht hervor, dass Schmeling sich jüdische Vermögenswerte mit Hilfe der NSDAP in Rummelsburg (Pommern) aneignete.«

Was in diesem Artikel der »Freien Presse« an schweren Geschützen aufgefahren wird, lässt sich nicht belegen und erweist sich als falsch: Schmeling war nie in der SS, und dafür, dass sein Gut Ponickel, das er

1937 von einem Privatmann namens Willi Gürke erwarb, ein so genanntes Arisierungsgut sein könnte, gibt es keinen Hinweis.

Wie Schmeling ergeht es vielen, die ihren Ruhm in Nazideutschland erwarben, ohne Nazis zu sein. Die Melange aus Popularität und Stigma verbindet. Eines Tages etwa klingelt unangemeldet Johannes Heesters bei Schmeling, nur, um ein wenig zu plaudern. Angeblich ist Heesters auf dem Weg zum Hamburger Flughafen, als ihn sein Taxifahrer auf Schmelings Haus aufmerksam macht. Aber »dann gab es eine mehrstündige interessante und unterhaltsame Plauderstunde, angereichert mit Erlebnissen und Anekdoten aus unser beider Leben und Laufbahn«, erinnert sich Schmeling.

Das Hamburger Café von Paul L'Arronge ist der Treffpunkt für die Künstler, nicht wenige mit Nazi-Vergangenheit, und beinahe allen war es unter der NS-Herrschaft eher gut gegangen: Herbert von Karajan, Hubertus von Meyerinck, Grete Weiser, Helmut Zacharias, Willy Fritsch, Harald Paulsen. Für Anny Ondra und Max Schmeling wird stets ein Stammplatz freigehalten.

Das Angebot, als Ringrichter zu arbeiten, nimmt Schmeling gerne an. Er macht sogar eine Tournee mit einer zehnköpfigen Boxertruppe, die durch das Rheinland und die Pfalz führt. Die Nähe zu den Aktiven lässt Schmeling nachdenklich werden. Als er sich, noch im Spätsommer 1946, mal wieder mit Max Machon trifft, sagt er ihm, dass er wieder anfangen möchte. Machon, der gerade erst seine Managerlizenz zurückerhalten hat, rät ab. »Über acht Jahre warst du nicht mehr im Ring. Während der letzten Jahre hast du ständig an dir herumoperieren lassen. Und jünger bist du auch nicht geworden!« Schmeling aber vertraut seiner taktischen Erfahrung. Als Machon weiter argumentiert, unter anderem, dass Schmeling seinen guten Namen zerstören könnte, sagt der: »Machon, ich habe keine Wahl. Ich weiß nicht mehr weiter. Sag mir, wovon ich leben soll.«

Schmeling-Biograf Mathias Forster mutmaßt, dass Schmeling, um zu Geld zu kommen, »auch Trainer, Manager oder Boxveranstalter« hätte werden können, »doch das wäre nicht Schmelings ›Handschrift‹ gewesen. Er will es den anderen noch einmal zeigen und vor allem sich selbst beweisen, dass er nicht unterzukriegen ist.«

Im Januar 1947 erhält Schmeling von der Militärregierung die Lizenz zum Berufsboxen. Nun nimmt er das Training auf.

Sein erster Kampf findet im Mai 1947 in Kassel statt. Es ist ein Schaukampf vor 18.000 Zuschauern. Schon als Ringrichter zog Schmeling, aber als Boxer ist er immer noch eine ganz große Nummer. Allerdings pfeift das Publikum, als Schmeling in vier Runden à zwei Minuten gegen Hans Kupsch (Heidelberg) und Julius Schmidt (Mannheim) kämpft.

Die Pfiffe wegen der wenig überzeugenden Vorstellungen irritieren Schmeling nicht: Am 28. September 1947, seinem 42. Geburtstag, findet der erste richtige Comeback-Kampf statt. In Frankfurt/Main geht es gegen Werner Vollmer aus Magdeburg. Als Veranstalter tritt das Special Service Section Headquarter Command auf, die technische Leitung hat Herbert Aschbermer inne. Schmeling spricht in »Ich boxte mich durchs Leben« davon, dass dieser Schaukampf eine »Art ›Truppenbetreuung‹ vor amerikanischen Soldaten« gewesen sei.

Mit der amerikanischen Militärbehörde und Aschbermer arbeitet Heinz Schuble als Veranstalter zusammen. Schmeling hält Schuble für einen talentierten jungen Mann, »der Unternehmungslust besaß und organisieren konnte«. Schuble, Aschbermer und die Militärbehörde sind erfolgreich: Über eine Million Reichsmark beträgt die Einnahme, Schmeling erhält 250.000 Mark, allerdings noch vor der Währungsreform.

Nach Damski und Rothenburg arbeitet Schmeling nun mit anderen Promotern zusammen: Schuble, der ihm die zwei ersten Comeback-Kämpfe anbot, und Aschbermer, den »Promoter der Schwarzmarktzeit«, wie es der Chefredakteur der »Boxsport«, Joe Biewer, formuliert. Auch Walter Englert gehört im weiteren Sinne zum Schmeling-Clan. Trainer und Manager bleibt Max Machon.

Schmeling ist mit seinem Trainingszustand zufrieden. »Mein schwächster Punkt blieb die Reaktionsfähigkeit«, schreibt er, aber die Kondition stimmt.

Sein Gegner Vollmer ist sechzehn Jahre jünger als Schmeling und gehört zu der Generation der Jungen, die sich durchschlagen wollen und müssen: Er hat zwar in seiner kurzen Profikarriere noch keine Erfolge vorzuweisen, aber es waren auch starke Gegner: Hein ten Hoff, der Amateur-Europameister von 1942 etwa, oder Herbert Runge, der Olympiasieger von 1936, gegen den er einmal unentschieden boxte und einmal nach Punkten verlor.

40.000 Zuschauer sind ins Frankfurter Waldstadion gekommen, und da es der 28. September ist, singen sie zunächst ein »Happy Birthday« für Max Schmeling. In der ersten Runde gelingt Schmeling ein Niederschlag mit seiner Rechten, insgesamt muss Vollmer siebenmal zu Boden. In der siebten Runde kommt Vollmer bis »neun« nicht mehr auf die Beine.

»Die Ovationen im Waldstadion erinnerten mich an frühere, große Jahre«, schreibt Schmeling in seinen »Erinnerungen«. Die »Welt« sagt dem 42-Jährigen sogar Titelambitionen nach. »Der Exweltmeister ist sich seiner Chance auf den deutschen Schwergewichtstitel sicher«, heißt es unmittelbar nach dem Sieg über Vollmer. »Er hofft gegen den Sieger der Begegnung ten Hoff - Neusel antreten zu können.«

Als Nächstes, im Dezember 1947, steigt Schmeling, wieder organisiert von Schuble, in der Hamburger Autobushalle gegen Hans-Joachim Drägestein aus Berlin in den Ring. Er gewinnt nach Punkten. Forster zitiert eine Pressestimme: »Es war nichts Dramatisches an dem Kampf«, es habe sich halt Schmelings technische Überlegenheit herausgestellt. Ein englischer Offizier, der sich den Kampf anschaut, sagt, das sei eher ein Schaukampf denn ein richtiger Kampf gewesen.

Auch in Deutschland erntet Schmeling Kritik. »Man soll den Fall Schmeling nehmen als das, was er ist«, heißt es im »Sportecho«, einem in der SBZ erscheinenden täglichen Fachblatt. »Ein alternder Boxer, der sein enormes Vermögen verloren hat, versucht sich mit Hilfe seines Namens, seiner Popularität und seines bestimmt ordentlichen Könnens wieder ein Vermögen zu schaffen.«

Trotz seiner zwei Siege wartet ein weiteres Problem auf Schmeling. Gerne würde er statt in Deutschland in Amerika boxen, denn da gibt es Geld in einer sicheren Währung zu verdienen. Im Frühjahr 1948 beantragt er die Einreise, um eine Schaukampftournee durch die Staaten zu machen. Im April 1948 melden die deutschen Zeitungen, dass das US-Außenministerium seinen Antrag ablehnt. Schmeling muss weiter in Deutschland bleiben. Und will er seinen Nimbus nicht verspielen, muss er boxerisch mehr leisten, als er es gegen Drägestein tat.

Eine Auseinandersetzung wartet auf Schmeling, die, zumindest vom Namen her, großen Reiz hat: Walter Neusel. Am 23. Mai 1948 in Hamburg-Altona findet die Revanche für 1934 statt. Damals galten Schmeling und Neusel als die besten deutschen Schwergewichtler, und der Sieger konnte in den USA Karriere machen – es gewann Schmeling.

Heute hat der Kampf nicht mehr diese Dimension, aber es kommen trotz Regens 30.000 Menschen. Der 39-jährige Neusel, trainiert übrigens von Schmeling-Freund Walter Englert, greift den 42-jährigen Schmeling ein ums andere Mal an. Schmeling gelingt es nicht, Neusel auf Distanz zu halten und seine Rechte anzubringen. Später bekennt Schmeling, dass er irgendwann merkte, »dass meine Rechte, die zwar noch blitzschnell herauszuckte, keine Wirkung mehr erzielte«. Schon während des Kampfes wird er nachdenklich. »Mitten im Fight«, heißt es in »8-9-aus!«, »ging der Rest meines Selbstvertrauens zum Teufel.«

Neusel gewinnt nach Punkten, die »Welt« titelt vom »Ende einer großen Karriere«. Im Artikel heißt es: »Für Neusel mag es ein persönlicher Triumph gewesen sein, dass die seit 14 Jahren herbeigesehnte Revanche mit einem Punktsieg endete. Für Schmeling wird eine Welt von Illusionen zusammengebrochen sein. Jäh wurde sein Comeback gestoppt. Jetzt müsste er von der Bühne des Boxsports abtreten. Mit 42 1/2 Jahren ist das keine Schande. Und sein Nimbus bliebe erhalten.«

Aber noch bleibt Schmeling im Ring. Am 2. Oktober 1948 schlägt er in Kiel erneut Hans-Joachim Drägestein, diesmal durch K.o., und zwar, indem er ihm mit seiner Rechten den Unterkiefer bricht.

Ende Oktober boxt Schmeling in der Berliner Waldbühne gegen Richard Vogt. So richtig jung ist der Hamburger, den alle »Riedel« rufen, mit seinen 36 Jahren auch nicht mehr. 1936 gewann er die olympische Silbermedaille im Halbschwergewicht, 1938 wurde er Profi und boxte in der deutschen bzw. erweiterten europäischen Spitze mit. Vor allem aber hat Riedel Vogt etwas Schmeling voraus. Der Pferdeliebhaber Vogt, der auch als Trabrennfahrer Wettkämpfe bestreitet, kümmert sich in Hamburg um seine Pferdezucht und seinen Bauernhof. Nach dem Verlust von Ponickel träumt Schmeling ja auch von einer Landwirtschaft in Norddeutschland.

18.000 Zuschauer kommen bei einer Temperatur von nur drei Grad in die Waldbühne und sehen, dass Schmeling gegen den technisch versierten Vogt keine Chance hat. Vogt »gewann alle zehn Runden«, punktet die »Welt« mit. Schmeling weiß, dass er verloren hat. Vor der Urteilsverkündung bittet er Max Machon, etwas zu verlesen: »Im Auftrag Max Schmelings danke ich Ihnen für die treue Gefolgschaft, die Sie ihm bewiesen haben. Das war sein endgültig letzter Kampf.«

Das Publikum in Berlin applaudiert und bereitet Schmeling einen würdigen Abgang. »Es war der einzig mögliche Entschluss«, schreibt er in »8-9-aus!«, »und doch fiel er mir unendlich schwer. Ich war mit Leib und Seele Boxer und habe nie bereut, diesen Sport als Beruf gewählt zu haben.«

Finanziell hat sich das Comeback gelohnt. »Die Börsen wurden bereits in harten D-Mark gezahlt«, freut sich Schmeling über gutes Timing bei den letzten zwei Kämpfen, denn die Währungsreform war ja im Juni 1948. Allein im letzten Kampf erboxt er sich ein Startkapital von 40.000 D-Mark.

Und durch sein Boxen steht er wieder im Licht der deutschen Nachkriegsgesellschaft, was ihm auch materielle Vorteile bringt. Schon vor der Währungsreform kann er sich beispielsweise ein neues Auto, einen Opel »Kapitän«, organisieren – »mittels Unterstützung eines amerikanischen Offiziers, neu gewonnenem Image und auflebender Kontakte zum Automobilfabrikanten von Opel«, wie sein Biograf Ripperger zusammenfasst.

Aber Ärger bleibt ihm erhalten. Hein ten Hoff, die neue deutsche Schwergewichtshoffnung, beschuldigt gemeinsam mit seinem Manager und Schwiegervater Emil Jung sowohl Schmeling als auch den Promoter Walter Englert und Max Machon, sie hätten ten Hoff das Angebot gemacht, »sich für einen Scheinkampf herzugeben«. Ten Hoff und Jung behaupten, dass auch an die Schmeling-Gegner Drägestein und Vogt solche Angebote ergangen seien. Ebenso hätten die Schwergewichtsboxer Richard Grupe (Hamburg) und Arno Kölblin (Berlin) Angebote vom Schmeling-Clan bekommen, in Kämpfen möglichst früh k.o. zu gehen.

Schmeling bestreitet die Vorwürfe. Ein wichtiger Fürsprecher ist Herbert Aschbermer, der 1949 aufgrund einer Drüsenkrankheit im Sterben liegt, aber noch eine Erklärung für Schmeling abgibt. Joe Biewer, der in Carl Otto Hamanns Schmeling-Biografie das Nachwort schreibt, wettert dort gegen die »Leute, die den Nachweis versuchter Unkorrektheiten in durchgeführten oder geplanten Schmeling-Kämpfen hatten führen wollen«. Nach Biewers Darstellung war es allein Aschbermers eidesstattliche Erklärung, »die alle üblen Vermutungen, die sich auf diese angeblichen Versuche bezogen, zu Verleumdungen stempelte«.

Ein gemeinsames Ehrengericht der in Deutschland existierenden Boxverbände kommt zusammen, befindet, dass die Anschuldigungen keine Grundlage haben und entzieht Emil Jung die Managerlizenz. Diesem Ehrengericht allerdings, das mit 4:1 für Schmeling entscheidet, gehören an: Max Machon, Walter Englert, Arno Kölblin, der Ringrichter Max Pippow und der Vertreter des Hamburger »Berufsverbandes für Boxen«, Pompfert.

Mit Machon, Englert und Kölblin stellen also drei unmittelbar Beschuldigte oder Beteiligte die Mehrheit des Gremiums, das über den Bestechungsvorwurf entscheiden soll. Gegen Schmeling stimmt lediglich der Hamburger Vertreter Pompfert.

Schmeling bleibt trotz solcher Anwürfe dem Boxsport erhalten. Zum einen kann er auf eine gute sportliche Bilanz verweisen: 70 Kämpfe hat er zwischen 1924 und 1948 bestritten. 56 Kämpfe gewonnen, davon 40 durch K.o., zehn Kämpfe verloren, vier unentschieden.

Wie sehr er das deutsche Boxen prägt, verdeutlicht der Traum des damals erst 18-jährigen Jungprofis Gustav »Bubi« Scholz. »Von der Popularität eines Max Schmeling«, träumt der Junge aus Berlin-Prenzlauer Berg im Jahr 1948, »von den siebenstelligen Dollar-Gagen eines Joe Louis, von dem Glück des eine Millionärin heiratenden Gene Tunney, von den 120.000 Mark, die Walter Neusel für seinen Kampf gegen Hein ten Hoff bekommen haben soll, in Juwelen zum Teil.«

Außer Idol der Jugend ist Schmeling auch noch ein gefragter Ringrichter: Er nimmt Aufträge in der Schweiz, in Luxemburg, in Spanien und in Indonesien an. Auch in einem nicht ganz so fernen Land leitet er im Juli 1949 vor 15.000 Zuschauern einen Kampf: in Halle an der Saale, also in der Sowjetischen Zone, wo gerade die Vorbereitungen zur Gründung der DDR laufen.

Aber die Ringrichterei betreibt Schmeling nur noch am Rande und vor allem, weil er so gerne reist. 1949 kauft er von dem Ertrag, den er sich durch sein Comeback erworben hat, in Hollenstedt bei Hamburg, zur Nordheide gehörend, ein Stück Land von etwa 100.000 Quadratmetern.

# »Lass gut sein«

## Nerz- und Tabakanbau und eine Versöhnungsreise nach Amerika (1949-56)

In Hollenstedt soll zunächst eine Hühnerfarm entstehen. Als Verwalter stellt Schmeling Reinholt Below ein, der sich schon in Ponickel um das Gut kümmerte.

Alles läuft gut an. »Meine Frau Anny erwies sich auch hier – wie schon in Ponickel – als tüchtige Landfrau«, berichtet Schmeling stolz, »und versorgte den großen Betrieb, denn ich selbst war viel unterwegs, pflegte geschäftliche Verbindungen und errichtete außerdem eine Zucht mit Nerzen.«

Als die Hühnerfarm schon groß ist, zieht Verwalter Below vor das Arbeitsgericht. In seinem Vertrag steht nämlich, dass er zusätzlich zu seinem Festeinkommen noch zwei Pfennige pro gelegtem Ei erhält. Schmeling bezieht diese Summe auf die Zahl von 300 Hühnern, die ursprünglich auf dem Hof lebten. Below bezieht es auf die aktuelle Zahl von zuletzt 2.000 Hühnern. Vor Gericht unterliegt Below, Schmeling entlässt ihn.

Neben dem florierenden Hühnerbereich kümmert sich Schmeling bald um den Aufbau einer Karpfenzucht. Zudem erneuert er sein Faible für die Nerzzucht. 1929 lernte Schmeling in den USA Nerzfarmen kennen und war sofort fasziniert. »Ehe ich mich jedoch in Hollenstedt auf die Nerzzucht verlegte«, berichtet er, »ließ ich mir von amerikanischen Freunden alle Fachliteratur über Nerze kommen und studierte die Schriften gründlich.« Nach der Pleite mit der Verlagsgründung geht Schmeling seine neue Karriere als Nerz-Unternehmer so gründlich an, als bereite er sich auf einen dritten Louis-Kampf vor. »Als einem der ersten deutschen Pelztierzüchter gelang es mir schließlich, silbergraue Nerze mit hellem Schleier zu züchten. Ich züchtete auch Mutationen, so genannte farbige Nerze, und studierte dabei das Mendelsche Gesetz, wonach man errechnen kann, welche Tiere man bei bestimmten Kreuzungen erhält.«

1952 steht Max Schmeling auch als Nerzzüchter vor so etwas wie einer deutschen Meisterschaft. Bei der Bundespelztierschau in Kiel gewinnt er sechs erste Preise, einen zweiten Preis und ein Diplom der Landwirtschaftskammer Hannover.

»Was mich selbst und vielleicht auch die Trägerinnen von Nerzmänteln beruhigt«, schreibt er in »8-9-aus!«: »Die reizenden Tiere werden auf humanste Weise getötet – durch Chloroform.«

Die Nerzzucht wird erfolgreich. 1956 bilanziert er: »Heute besitze ich etwa 1.000 Nerze – in Deutschland gibt es meines Wissens keine größere Farm. Das Material kann sich in punkto Qualität gut und gern mit nordischen und amerikanischen Nerzen messen. Der Absatz ist gesichert: Die Bundesrepublik braucht im Jahr etwa 350.000 Felle (für einen Mantel sind 90 bis 95 Stück erforderlich); nur zehn Prozent des Bedarfs können von deutschen Farmen gedeckt werden.«

Neben der erfolgreichen Nerzzucht beginnt Schmeling bald mit dem Tabakanbau. Feinster Virginia soll in Hollenstedt wachsen, und Schmeling überlässt auch da nichts dem Zufall. »Auch meine Tabakfarm wurde ein voller Erfolg, weil ich mich immer vorher gründlich in eine neue Sache hineinarbeitete, ehe ich sie begann«, weiß er in »Ich boxte mich durchs Leben«. »Man muss etwas hundertprozentig tun, wenn man Erfolg haben will.«

Bald resümiert er: »Nerze und Tabak sind die Grundpfeiler meiner Existenz.« Von Zukunftsängsten findet sich keine Spur mehr, denn Hollenstedt ist »nach menschlichem Ermessen krisenfest«. Damit er wieder etwas hat, in das er sich einarbeiten kann, beginnt er noch mit der Sekt- und Eierlikörproduktion. Anny Ondra widmet sich derweil erfolgreich dem Obst- und Gemüseanbau: Äpfel, Mohrrüben, Rote Bete, Erdbeeren.

Ganz mögen Schmeling und Ondra aber die Öffentlichkeit nicht missen. 1953 wirkt Schmeling in dem Heinz-Rühmann-Film »Keine Angst vor großen Tieren« an der Seite von Gustav Knuth, Erich Ponto, Beppo Brehm, Hubertus von Meyerinck und Wolfgang Neuss in einer Nebenrolle als Zuschauer in einem Zirkus mit. Anny Ondra spielt 1951 zusammen mit Rudolf Platte, Sonja Ziemann, Willy Fritsch und Hardy Krüger in der Operettenkomödie »Schön muss man sein« eine alternde Diva namens Rose de Lila. Einen kleinen Scherz baut Regissseur Akos von Ratony ein, als er einen Jungen bei de Lila um drei Autogramme bitten lässt. »Warum drei«, fragt die Diva. »Die tauschen wir in der Schule wie Briefmarken. Drei Rose de Lilas gegen einen Max Schmeling.« Nach Auskunft ihrer Kollegin Sonja Ziemann sagt Ondra nur deswegen bei dem Engagement zu, weil der Drehort Hamburg ist und sie in der Nähe von Schmeling bleiben kann. Hardy Krüger erzählt der Biografin Dorothea Friedrich, Schmeling habe Ondra in beinahe jeder Drehpause besucht.

1954 erhält Schmeling die Einladung, in Milwaukee als Ringrichter zu arbeiten. Endlich eine Einreiseerlaubnis in die USA, er freut sich. Darauf hat er lange gewartet.

Schmeling nutzt die Reise, um wichtige Dinge zu klären: Zum Ersten will er sich mit Joe Louis versöhnen, zum Zweiten will er sich mit seinem früheren Freund Paul Damski versöhnen, der über Paris nach Amerika emigriert war und mittlerweile in New York ein Juweliergeschäft betreibt. Zum Dritten will Schmeling, durchaus auch als Versöhnungsgeste, das Grab seines Managers Joe Jacobs besuchen, von dem er sich 1938 getrennt hatte und der 1940 starb. Seine Versöhnungsreise nach Amerika dient also dem Ziel, dass man in den USA und anderen Teilen der Welt aufhört, ihn als Symbol Nazideutschlands zu sehen. Er will so gesehen werden, wie er sich selbst sieht: als weltgewandten Sportsmann.

»Wen wundert es, dass ich drüben keinen sehnlicheren Wunsch hatte, als meinen größten Gegner wiederzusehen: Joe Louis, den ›Braunen Bomber‹?«, fragt er in »8-9-aus!« aus dem Jahr 1956.

In den 1977 erschienenen »Erinnerungen« setzt er einen anderen Schwerpunkt. »Mein erster Weg führte mich auf den jüdischen Friedhof«, notiert er, was er in »8-9-aus!« nicht mal erwähnt. In New York, wo Joe Jacobs beerdigt ist, führt ein Friedhofswärter Schmeling zu Jacobs' Grab und sagt dort, so gibt es Schmeling zumindest wieder: »Joe, hier ist ein Freund von dir! Es ist Max Schmeling. Er hat dich nicht vergessen. Er ist aus Deutschland gekommen und will dich besuchen. Sein erster Weg, Joe, ist zu dir gewesen.«

Eine Weile unterhält sich Schmeling noch mit dem Wärter des jüdischen Friedhofs. Der erste Teil seiner schwierigen Amerikareise ist geschafft.

Wenig später ist Schmeling in Chicago. Unangemeldet taucht er bei Joe Louis zu Hause auf. Dessen Frau öffnet die Tür und sagt, dass Louis auf dem Golfplatz sei. Sie ruft dort an, und Louis kommt bald nach Hause.

»Es ist so viel über uns geschrieben worden, Joe. Ich möchte nur, dass du weißt …«, sagt Schmeling zur Begrüßung. Louis unterbricht ihn: »Lass nur gut sein, Max.« Dann gibt Schmeling Louis so wieder: »Eine Zeit lang habe ich auch an den Schwindel geglaubt, den man über dich geschrieben hat. Heute weiß ich, dass es nicht stimmt. Komm – reden wir nicht mehr darüber.« Schmeling erinnert sich tief bewegt: »Wir schüttelten uns kräftig die Hand. Ich war inzwischen einsichtig genug, um zu erkennen, was mit diesem Händedruck besiegelt wurde. Es war viel mehr wert als ein dritter Kampf Schmeling gegen Louis.«

Louis erwähnt diese Begegnung – und andere, spätere Treffen mit Schmeling – in keiner seiner Autobiografien, auch bei den Louis-Biografen Gerald Astor, Robert Lipsyte und Barney Nagler taucht nichts dergleichen auf. Aber für Schmeling ist das Treffen mit Joe Louis von enormer Bedeutung. Schon in der 1951 erschienenen deutschen Ausgabe von Louis' erster Autobiografie, »Die Geschichte meines Lebens«, schreibt Schmeling das Vorwort. »Ich habe Joe Louis sowohl vor wie auch nach dem Kampfe als großen, fairen und charaktervollen Sportler geschätzt und geachtet und tue es auch heute noch«, versichert Schmeling da. »Jeder, der mich kennt, weiß, dass sich jederzeit nur mit Hochachtung und Anerkennung über den Klasseboxer und Menschen Joe Louis denke und schreibe.« Drei Jahre später hat Schmeling Louis endlich zum versöhnenden Gespräch getroffen. Auch der zweite Teil dieser Amerikareise ist also erfolgreich.

Als Nächstes sucht Schmeling Paul Damski auf. Schmeling ruft in dessen New Yorker Wohnung an. Sein Sohn hebt ab, aber Damski möchte nicht an den Apparat gerufen werden. Er will von seinem früheren Freund nichts mehr wissen.

Einige Stunden später erhält Damski einen Anruf von Harry Markson vom Madison-Square-Garden-Box-Club. Markson, ein Freund Damskis, sagt ihm, dass er gerade mit Schmeling in einem Hotel zusammensäße: »Er erzählte mir vieles, und ich glaube, du solltest mit ihm reden.« Damski wehrt wütend ab, aber sowohl Markson als auch

Damskis Sohn reden auf ihn ein. Nach einer Weile willigt er ein, dass Schmeling ihn ein paar Stunden später wenigstens anrufen darf, er habe noch im Juweliergeschäft zu tun.

»Eine Viertelstunde später hielt ein Taxi vor dem Laden, und aus stieg – Max Schmeling«, schreibt der Boxjournalist Stanley Weston, auf den sich diese Schilderung stützt. Westons Text erscheint erstmals 1968 in »The Ring«, auf Deutsch ist er in einem Sammelband zu Max Schmeling, herausgegeben von dem deutschen Journalisten Tobias Drews, nachzulesen. Weston, dessen einzige Quelle Paul Damski ist, beschreibt den Ablauf so: »Er ging schnell zu Damski hinein, und beide blickten sich tief in die Augen. Max zögerte für einen Moment, ging dann vorwärts und nahm Paul in die Arme. Damski war immer noch skeptisch. Er stand einfach nur da, rührte sich nicht.« Eine Stunde haben die beiden geredet, dann schlägt Schmeling vor, im »Dempsey's«, dem Restaurant des Ex-Weltmeisters Jack Dempsey, essen zu gehen. »Bitte bring auch Sonja mit«, sagt Schmeling, und Damski kommt, wie gewünscht, mit seiner Frau Sonja. »Wir kamen um circa drei Uhr nachmittags dort an und blieben bis vier Uhr morgens«, erinnert sich Damski.

Schmeling listet, so stellt es Weston dar, eine Vielzahl von Fällen auf, in denen er Juden half. »Max erwähnte die Namen von fast einhundert Juden, die er vor dem Tod in den Gaskammern gerettet hatte.« Zum Beispiel nennt er Saul Goldsmith, einen Freund Damskis: »Ich habe es arrangiert, dass er in ein anderes Lager verlegt wurde, wo er sicher war«, so Schmeling. Damski berichtet weiter: »Er erzählte mir, wie er John Braude, einen anderen alten Freund von mir, gerettet hatte, indem er ihn aus dem Lastwagen holte, der ihn in das Konzentrationslager bringen sollte.« Das dritte Beispiel, das Schmeling vorträgt, betrifft Walter Friedman. »Max rettete ihn, weil er im Gestapo-Hauptquartier seine Akte von dem einen Ordner in einen anderen heftete.«

Ein letzter Fall betrifft Martin Koslowsky, einen früheren deutschen Boxpromoter, von Weston fälschlich mit dem Vornamen Marvin ausgestattet. In Brüssel habe Schmeling Koslowsky getroffen, der privat dort weilte. Schmeling aber habe gewusst, dass am nächsten Tag »die Gestapo«, so heißt es bei Weston, dort einmarschieren wolle und habe ihm gesagt, »dass er noch am heutigen Tage wieder verschwinden solle, weil es morgen bereits zu spät sein könne. Ich erzählte ihm von der Gestapo und was passieren werde. Ich machte einige Vorschläge für seine Abreise.« Koslowsky emigriert nach Amerika. Des Weiteren behauptet Schmeling, dass er in engem Kontakt zu einer Gruppe stand, die Hitler ermorden wollte.

Noch zwei Dinge trägt Schmeling bei diesem sehr privaten Entnazifizierungstreffen vor, das helfen soll, die Freundschaft von Paul Damski wiederzuerlangen. Er berichtet Damski, dass er mit seinem Bruder Rudolf gebrochen habe, weil der Nazi gewesen sei. Im September 1930 hatte er seinem zwei Jahre jüngeren Bruder noch zur Hochzeit das Hotel »Deutsches Haus« in Niederlichtenwalde im Lausitzgebirge geschenkt, das heute als Dolni Svetla zu Tschechien gehört. Auch was Schmeling über Anny Ondra sagt, überzeugt den Juden Damski: »Sie ist eine Tschechin, und jedermann weiß, dass die Nazis die Tschechen genauso hassten wie die Juden. Wie könnte ich jemals mit denen zusammenarbeiten, die die Freunde meiner Frau umgebracht haben?«

Damski fasst das Treffen zusammen. »Erst redete Schmeling, ich hörte bloß zu. Aber nach einigen Stunden hatte er auch die letzten Zweifel beseitigt und mich davon überzeugt, dass ich einen schlimmen Fehler begangen hatte. Er war niemals ein Nazi, im Gegenteil, er hatte sogar sein eigenes Leben im Kampf gegen Hitler riskiert.« Max Schmeling beharrt bis zum heutigen Tag darauf, dass, wenn er Menschen gerettet hat, dies private Hilfe gewesen sei und dass er eine öffentliche Würdigung unangenehm findet.

Die Rettung der Lewin-Brüder wurde bekannt, weil Henri Lewin sie öffentlich gemacht hatte, nicht Schmeling. Im Unterschied zu den Berichten der Lewin-Brüder, die selbst die Geretteten sind, die ihre Story erzählen, ist es bei den von Paul Damski überlieferten Geschichten Schmeling, der einem Juden, der bereits 1933 emigrierte, vorträgt, dass er geholfen habe. Damski jedoch glaubt ihm, und auch Stanley Weston befindet: »Schmelings Geschichte passte Mosaik für Mosaik zusammen, ergab eine in sich schlüssige Rechtfertigung.«

Allerdings muss Schmelings Äußerung zu Anny Ondras tschechischer Herkunft irritieren. Nicht nur, dass die Nazis ähnlich antitschechisch wie antijüdisch agiert hätten, ist historisch falsch. Auch Ondra selbst war schließlich zumindest bis Mitte 1941 noch eng mit Goebbels befreundet. Gleichwohl findet sich der Hinweis auf Anny Ondras tschechische Herkunft häufiger bei Schmeling, so etwa in einem rechtfertigenden Schreiben vom April 1946: »Im ersten Hitlerjahr, 1933, unterlag ich gegen den jüdischen Boxer Max Baer, ein Umstand, der wenig geeignet war, mich für die Nazis populär zu machen. So wenig wie meine im Juli 1933 vollzogene Heirat mit der Filmschauspielerin Anny Ondrakova, einer gebürtigen Tschechin.« In einem Interview, das er 1992 »Boxing Illustrated« gibt, geht Schmelings Selbststilisierung zum Nazi-Opfer sogar so weit, dass er auf die Frage, warum Anny Ondra bei seinen Kämpfen nie am Ring saß, antwortet, Goebbels habe sie »als Geisel festgehalten«. Indem Ondra eingeladen wurde, die Kämpfe vor dem Radiogerät der Familie Goebbels zu verfolgen und dann dort zu übernachten, habe Goebbels persönlich dafür gesorgt, dass ein eigentlich zur Emigration williger Schmeling zurückkehren musste.

Schmelings Fehleinschätzung, dass Anny Ondra nur gegen den Willen der NS-Oberen ihre Filme drehen konnte, ist in Deutschland allerdings verbreitet. Die »Deutschlandberichte« der SPD vermerken im Juni 1937, dass das Niveau des deutschen Films durch das Fehlen »jener bedeutenden Regisseure, Darsteller und Produktionsleiter, die infolge des Arierparagrafen oder aus politischen Gründen weichen mussten«, arg gedrückt sei: »Notgedrungen muss man Ausländerinnen heranziehen: Pola Negri und La Jana (eine Exotin), Anny Ondra und Lida Baarova (beides Tschechoslowakinnen).«

Die Polin Pola Negri war jedoch schon in den frühen zwanziger Jahren in Deutschland und in Amerika ein großer Star, 1935 gelang ihr in Deutschland ein Comeback, aber während des Zweiten Weltkriegs verließ sie Deutschland wieder, um zunächst nach Frankreich, dann nach Amerika zu gehen, wo sie auch die US-Staatsbürgerschaft annahm. La Jana, eine österreichische Tänzerin, hatte ihren Durchbruch mit »Der Schlemihl« (1931). Einzig auf Lida Baarova, die 1935 nach Deutschland kam, könnte das Diktum zutreffen, aber die Baarova hatte eine ganze Weile ein Verhältnis mit Joseph Goebbels.

Auf Anny Ondra trifft die These von den »notgedrungen herangezogenen« Ausländerinnen auf keinen Fall zu: Sie war schon in der Weimarer Republik ein großer Star und hatte vor und nach 1933 Angebote aus Hollywood. Im Januar 1939 wird in der »Pommerschen Zeitung«

und dem »Danziger Vorposten« das Gerücht verbreitet, dass Anny Ondra an der tschechoslowakischen Grenze von der Gestapo verhaftet worden sei, weil sie fliehen und mit ihrem Mann ins Ausland hätte gehen wollen. Aber auch in diesem Fall gilt, dass die Gerüchte grundlos sind. Sie werden auch nirgends mehr erwähnt. Nur Schmeling greift in Verteidigungsschriften, die er nach 1945 aufsetzt, auf sie zurück.

Trotz solcher Fragen bleibt der Nachdruck, mit dem Schmeling seine stille Good-Will-Arbeit in den USA verfolgt, bemerkenswert. Nach seinem Besuch des Grabes von Joe Jacobs und seinem Wiedersehen mit Joe Louis war mit der Versöhnung mit Paul Damski auch der dritte Teil seiner Amerikareise erfolgreich gelöst.

# »Unser Engel«

## Erfolg mit Coca-Cola (1956-89)

Mitte der fünfziger Jahre ist Max Schmeling zweierlei: ein erfolgreicher Unternehmer und ein früherer Weltklasseboxer. Beides macht ihn anziehend, und beides öffnet ihm Türen.

1954 reist James Farley nach Deutschland, genauer nach Essen, um das 25-jährige Jubiläum von Coca-Cola in Deutschland zu feiern. Es ist derselbe James Farley, der schon 1928 nett gegenüber Schmeling war. Damals beschwerte sich der Deutsche bei der New Yorker Box-Kommission, dass sein erster Amerikakampf gegen Joe Monte mit tausend Dollar zu niedrig honoriert sei, und Commissioner James Farley empfahl dem jungen Mann, einfach einen guten Kampf zu machen, »dann werden Sie schon weiterkommen«.

Als er hört, dass Farley in Essen ist, reist Schmeling an.

Obwohl Coca-Cola schon seit 1929 in Deutschland ansässig ist und gerade die NS-Zeit nutzte, um in Deutschland Fuß zu fassen, verfügt es im Deutschland der fünfziger Jahre nur über ein ineffektives Vertriebsnetz. Das zu beheben und den westdeutschen Markt wieder zu erschließen, ist Farleys Ziel.

Auch Schmeling verfolgt wirtschaftliche Interessen, als er nach Essen fährt. »Zugute kam mir dabei«, sagt er, »dass ich letzten Endes auch durch meinen Namen, den ich mir geschaffen hatte, zu manchen Leuten Zutritt bekam, an die es sonst nicht gerade leicht ist, heranzukommen.«

An James Farley und Max Keith zum Beispiel. Farley, der lange für die Demokratische Partei in der Politik aktiv war, u.a. als Wahlkampfmanager für Franklin D. Roosevelt 1932 und als Postminister, verließ 1944 die Politik und wurde Chef der Coca-Cola-Export-Corporation.

Max Keith fing 1933 an, für Coca-Cola Deutschland zu arbeiten, Mark Pendergrast nennt ihn in seiner Studie »Für Gott, Vaterland und

Coca-Cola« den »alles entscheidenden Coca-Cola-Mann und Nazi-Kollaborateur«. Keith setzte erfolgreich darauf, Coca-Cola Deutschland das amerikanische Image zu nehmen und es als eine deutsche Marke erscheinen zu lassen. Mit Geschick nutzte er die Olympischen Spiele 1936 zur Werbekampagne. 1939 gab es schon 43 deutsche Abfüllfabriken, und in diesem Jahr des Kriegsbeginns befanden sich gerade neun weitere im Bau.

Als der deutsche Konkurrent Afri-Cola sich Marktanteile sichern wollte, indem er auf Flugblättern behauptete, Coca-Cola sei eine jüdisch-amerikanische Firma, waren der deutschen Unternehmensführung beide Teile der Behauptung unangenehm. Die deutschen Coca-Cola-Unternehmer versuchten sogar, auf die Zentrale in den USA Druck auszuüben, dass ein jüdisches Mitglied des Verwaltungsrats entfernt werde.

Keiths Werbekonzept setzte auf »patriotische Massenveranstaltungen«, wie Pendergrast schreibt, etwa auf Aufmärsche der Hitler-Jugend oder die Nazi-Ausstellung »Schaffendes Volk« in Düsseldorf. Mit Kriegsbeginn sorgte Max Keith dafür, dass Coca-Cola Deutschland die meisten Coca-Cola-Gesellschaften der überfallenen Länder, etwa in Frankreich, Niederlande, Luxemburg oder Belgien, übernahm.

Als Schmeling in Essen auftaucht, erkennen James Farley und Max Keith schnell, dass hier ein Geschäft zu beider Nutzen entstehen kann. Farley schlägt vor, dass Schmeling, wenn er genügend Kapital aufbringen kann, eine Abfüllkonzession erhalten kann. Schmeling willigt ein und macht sich auf die Suche nach Geldgebern. Das ist schwer, denn Max Keith verlangt eine Mark »pro Kopf für jeden im Franchise-Gebiet«, bei einer Stadt mit einer Millionen Einwohner also eine Million D-Mark.

Im Jahr 1957, also drei Jahre nach der Kontaktaufnahme, hat Schmeling endlich die Coca-Cola-Konzession, die »Lizenz zum Gelddrucken«, wie Schmeling-Biografin Friedrich zu Recht anmerkt. Er erhält zunächst nur die Lizenz für das Gebiet Hamburg-Ost. Hier konkurriert er noch mit der Holsten-Brauerei, die Anteile hält. Um geschäftlich den Rücken freizuhaben, gibt Schmeling seine Landwirtschaft auf: keine Nerzzucht mehr, keine Hühner, kein Sekt und kein Eierlikör, kein Tabakanbau.

Letzteres lohnt sich nach ein paar Anfangserfolgen ohnehin nicht mehr. Farmer Schmeling muss doch bald feststellen, dass Virginia-Plantagen in Norddeutschland ein Kälteproblem haben. Die Nerze verschenkt er an befreundete Züchter, das Gelände wird vermietet.

Wieder kommt sein Grundsatz zur Geltung, dass man »etwas hundertprozentig tun muss, wenn man Erfolg haben will«. Schmeling gründet die »Getränke-Industrie Max Schmeling & GmbH und Co. KG« in Hamburg und arbeitet sich ins neue Metier ein. »Was mir später, als ich ein selbstständiger Geschäftsmann wurde, an kaufmännischem Denken noch fehlte, das habe ich mir erarbeitet. Ich habe oft noch lange bis in die Nacht hinein gesessen und gearbeitet, habe Bücher über Wirtschaftsprobleme gelesen und Fachliteratur gewälzt. Über alles, was in meiner Branche neu und wertvoll war, habe ich mich orientiert«, sagt er im Jahr 1967 und fügt hinzu: »So, wie ich mich früher über meine Boxgegner orientierte.«

Die Firma expandiert. Zur Abfüllfabrik in Hamburg kommen bald Anlagen in Neumünster, Tuttlingen, Reutlingen und Gomaringen hinzu. »Damit begann eine beispielhafte unternehmerische Karriere für den ehemaligen Kampfsportler«, formuliert Waleri Ripperger, »die ihm, wie er einmal selbst feststellte, die wichtige finanzielle Unabhängigkeit sicherte.« Max Schmeling hat sich wieder einmal das Fundament geschaffen, um das Leben genießen zu können.

1956 wird auch seine Autobiografie »8-9-aus!« veröffentlicht. Sie erscheint im Münchner Copress-Verlag. Einer der zwei Verleger ist, wie Volker Kluge schreibt, der Sohn von Schmelings Freund Heinrich Hoffmann, Hitlers Leibfotograf. »8-9-aus!« wird sofort ein Bestseller. Es ist nach »Mein Leben – meine Kämpfe« (1930) bereits die zweite Autobiografie. Aber wenn man bedenkt, dass Carl-Otto Hamann für seine Biografie »Ein Leben auf eigene Faust« (1949) sich nur auf das stützt, was sein Freund Schmeling ihm erzählte, ist es vielleicht auch schon die dritte Autobiografie. Schmeling gewinnt Gefallen am Aufschreiben und Vermarkten seiner Lebenserinnerungen; es folgen noch »Ich boxte mich durchs Leben« (1967) und die »Erinnerungen« (1977).

Gemeinsam mit Anny Ondra tritt Schmeling 1957 in Helmut Käutners Film »Die Zürcher Verlobung« auf. Neben Liselotte Pulver, Paul Hubschmid und Bernhard Wicki spielen die zwei aus Hollenstedt sich selbst: als Ehepaar Schmeling sitzen sie etwas abseits auf einem Sofa herum.

Während sich Anny Ondra immer mehr aus der Öffentlichkeit zurückzieht und beinahe nur noch als Frau Schmeling bei gesellschaftlichen Ereignissen auftritt, wird Schmeling wieder zur großen Nummer. Er nimmt gerne Einladungen zu Bällen und Empfängen an, und er pflegt als Jäger seine Kontakte. Der enge Draht zu den Mächtigen war ihm schon immer wichtig, und nun, wo es gilt, Coca-Cola zu bewerben, hat er ein weiteres Argument für diese Nähe zur Macht.

1954 freundet er sich mit Willy Sachs an. Der ist Generaldirektor und Besitzer der Firma Fichtel & Sachs und hat eine sehr braune Vergangenheit. Schon vor der Machtergreifung der Nazis war er Mitglied der SS und seit Mai 1933 auch der NSDAP. Im Juli 1943 wurde Sachs, ein enger Jagdfreund Hermann Görings, zudem SS-Obersturmbannführer. Schmeling-Biograf Ripperger weiß, dass Sachs' »jagdliche Glanzzeit« 1954, als Schmeling ihn kennen lernt, bereits vorbei war. »Sie hatte ihren Höhepunkt vor 1945 und im Besonderen in den dreißiger Jahren, als der Großindustrielle die Sympathien des Reichsjägermeisters und anderer einflussreicher Herren der Regierung genoss und Mitglied des Reichsjagdrates wurde.« Über Sachs' SS-Vergangenheit wird nicht geredet. »Dass er sich in seiner Euphorie wie Tausende der nationalsozialistischen Bewegung angeschlossen hatte«, so Ripperger, »ist nun mal eine Tatsache und der große Makel, der diesem fähigen Unternehmer und leidenschaftlichem Jäger unter dem Herrn anzulasten ist.«

Auch mit Franz Burda freundet sich Schmeling an. Legt Willy Sachs Wert auf seinen Titel Konsul, so ist es bei Burda die Anrede Senator. Der Verleger u.a. der »Bunten« und seine Frau Aenne (»Burda Moden«) unterhalten ein Jagdgebiet nahe Offenburg. Zu den Jagden dort reist auch Anny Ondra gerne mit an. Die Ehepaare sind bald gut befreundet.

Im Jagdhaus von Burda führt der Sportjournalist Helmut Sohre auch ein großes biografisches Gespräch mit Schmeling zu dem Buch »Ich boxte mich durchs Leben«. Und zu Schmelings sechzigstem Geburtstag im Jahr 1965 gibt Burda ihm als Geschenk »in seinem Revier bei Menzenschwand im Schwarzwald einen Gamsbock frei«.

Schmeling nimmt weiterhin Kontakt zu alten Freunden auf. Ihm ist egal, ob es sich um Kristina Söderbaum oder um Fritz Kortner und Siegfried Arno handelt. Söderbaum ist die Ehefrau von Veit Harlan und im Volksmund gerne als »Reichswasserleiche« verspottet. Aus Solidarität mit ihrem mit Berufsverbot belegten Gatten lehnt Söderbaum zwischen 1945 und 1950 alle Rollen ab. Fritz Kortner und Siegfried Arno hingegen sind aus dem Exil zurückgekehrte Künstler, die sich, wie Schmeling auch, in der an neuem Ort wiedereröffneten »Roxy«-Bar in Berlin treffen.

So sehr sich Schmeling um solche Kontakte bemüht, die er freilich nicht alle so eng und über Jahre pflegt wie etwa den zu Burda und Sachs, so sehr überrascht »Schmelings völliges Desinteresse an der Kunst nach dem Ende seiner Boxkarriere«, wie seine und Ondras Biografin Dorothea Friedrich bemerkt. »Fragt man nach Kunstwerken in seinem Hollenstedter Haus, nach Kontakten zu Malern und Bildhauern, deren Freundschaft er sich einmal so gerühmt hatte und deren Respekt ihm so wichtig gewesen zu sein schien, geraten seine Freunde in ratloses Grübeln.«

Schmeling ist anderes wichtiger, und das andere ist vor allem Coca-Cola. 1959 rüffelt ihn die große Programmzeitung »Hörzu«, dass er bei seinen Fernsehauftritten eine Spur zu penetrant »Coca-Cola« erwähnt und »Coca-Cola-Flaschen« in die Kamera hält. Auch in privaten Gesprächen fällt die Identifikation mit der Firma auf, die sein Auskommen sichert. Schmelings Freund Ivar Buterfas erinnert sich: »Bei unserem ersten Zusammentreffen hatte ich noch den Fehler begangen, ihn um ›eine Cola‹ zu bitten. Er verbesserte mich sofort: ›Sie meinen doch wohl eine Coca-Cola…‹«

Schmelings Leben besteht aus dem Pflegen von Kontakten. Er reist viel und lädt viele Menschen zu sich nach Hollenstedt ein. Er fährt zwar beinahe täglich in sein Hamburger Büro – bis 1999, also bis zu seinem 94. Lebensjahr, macht er das –, aber vor allem repräsentiert Schmeling.

Als Joe Louis die Schmelings einmal in Hollenstedt besucht, sind Fotos zu sehen, wie Schmeling seinem Gast eine Coca-Cola überreicht. Anny Ondra beschwert sich, so Dorothea Friedrich, über Louis. »Den brauchst du nicht mehr mitzubringen«, soll sie zu Schmeling gesagt haben, »der schmatzt.«

Schmeling weiß, welche Kontakte er benötigt und welche verzichtbar geworden sind. Es ist nicht ganz falsch, ihm, dem Selfmademan, ein instrumentelles Verhältnis zu seinen Mitmenschen zu unterstellen. »Sobald ihm die Vertreter der schönen Künste gesellschaftlich nicht mehr nützten«, schreibt Dorothea Friedrich, »gerieten sie dem sich einst so leidenschaftlich als Kunstliebhaber gebärdenden Athleten offenbar völlig aus dem Sinn.«

Wo Schmeling andauernd präsent ist und bleibt, ist das deutsche Berufsboxen. Er zeigt sich bei den großen Kämpfen am Ring, er steht dem Fachblatt »Boxsport« für Interviews und Einschätzungen zur Verfügung, und er hilft Boxprofis, die in Not geraten. Bereits 1949 organisierte Schmeling eine »Heuser-Aktion«, um den an einer Nervenkrankheit leidenden früheren Konkurrenten und dessen Familie zu unterstützen. Die Hilfe bestand in Geldspenden und der Organisation eines Benefizboxens.

Schmeling hilft auch seinem Ex-Konkurrenten Franz Diener. Der gelernte Metzger will sich in den frühen Fünfzigern in seinem Heimatort Bad Bibra in der DDR als Großmetzger niederlassen, wird jedoch wegen illegaler Fleischlieferungen festgenommen. Gemeinsam mit anderen verwendet sich Max Schmeling beim Präsidenten der DDR, Wilhelm Pieck, für Diener, der kurz darauf auch frei kommt. Diener betreibt bis zu seinem Tode 1969 in der West-Berliner Grolmanstraße das noch heute existierende Restaurant »Diener«, das zunächst »Tattersall des Westens« hieß.

1963/1964 sendet das ZDF mit Schmeling die zwölfteilige Serie »Hallo Max!«, in der er seinen Interviewern, dem Journalisten Harry Valérien und dem Schauspieler Gustav Knuth, aus seinem Leben erzählt, zum Teil gemeinsam mit Anny Ondra, und mit ihnen gemeinsam seine Kämpfe anschaut.

Schmeling gehört zum Personal der Bundesrepublik Deutschland. 1970 erhält er das Große Bundesverdienstkreuz am Bande, und kein Bundespräsident lässt es aus, sich mit Schmeling, der mit jedem vollendeten Lebensjahr immer mehr zum Jahrhundertdeutschen wird, sehen zu lassen.

Schmeling wird eingeladen, er tritt gerne im Fernsehen auf, er verweigert keinem Fan ein Autogramm und keinem Journalisten ein Interview, er übernimmt soziale Verantwortung, etwa in der Stiftung

Deutsche Sporthilfe, die ihn anlässlich seines 90. Geburtstags als »einen treuen Mäzen und verlässlichen Freund« hochleben lässt.

Auch in ihrer neuen Heimat Hollenstedt gehören die Schmelings zu den Bürgern, mit denen man sich gerne zeigt. Als 1975 dort das neue Freibad eröffnet wird, findet sich als Sensation eine Wasserrutsche, die von Schmeling und Ondra gestiftet wird.

1978 bittet Rosalynn Carter, die Gattin des damaligen US-Präsidenten Jimmy Carter, Schmeling, doch Ehrenmitglied der von ihr und ihrem Mann gegründeten Stiftung »The Friendship Force« zu werden, einer privaten Organisation, die zur Völkerverständigung beitragen will. Neben Schmeling sind auch Kirk Douglas und Muhammad Ali dort Ehrenmitglieder.

Auch im Verborgenen wirkt Schmeling weiter. Als 1981 Joe Louis stirbt, bittet er Henri Lewin, einen der zwei Jungen, die er 1938 vor den Pogromen der so genannten »Reichskristallnacht« rettete, der Witwe einen Umschlag mit 5.000 Dollar zu überreichen. »Max Schmeling rief mich aus Deutschland an«, erinnert sich Henri Lewin in einem Gespräch mit dem amerikanischen Journalisten David Margolick. »Ich habe hier eine Geldanweisung, die ich an dich überweisen werde und ich bitte dich, es Louis' Witwe zu geben. Ich fragte ihn, warum er es nicht selbst überbringe, und er antwortete, dass er nicht ›im Festsaal ausgestellt‹ werden will.« Henri Lewin, der in Las Vegas lebt, reist an die Ostküste, um am 16. April 1981 an der Bestattung von Joe Louis auf dem Arlington National Cemetery in Washington teilzunehmen. Dass Louis auf diesem Ehrenfriedhof begraben wird, verdankt er einer Verfügung des damaligen US-Präsidenten Ronald Reagan, der einer Bitte von Louis' Witwe entspricht.

»Max Schmeling hat einen Umschlag für Sie, tun Sie ihn bitte in Ihre Handtasche, da wo Mädchen ihr Geld hintun«, sagt Lewin zu ihr. Martha Jefferson Louis antwortet: »Sie wissen vielleicht, dass Max Schmeling uns viele, viele Jahre unterstützt hat. Max half uns mehr als irgendjemand anderes, den wir kennen. Er wusste, dass Joe keine guten Zeiten hatte, und da war er unser Engel.«

Als Lewin Schmeling davon berichtet, sagt er: »Ich möchte nicht, dass irgendjemand davon erfährt. Es ist nicht wichtig, und ich bin ein alter Mann. Wenn ein Wort rauskommt, steht die Presse bei mir zu Hause.«

Am 28. Februar 1987 stirbt Anny Ondra in Hollenstedt. Schmeling gelingt es, dass die Öffentlichkeit erst nach der Beerdigung von ihrem Tod erfährt. Dass mittlerweile aber nicht mehr die berühmte Schauspielerin der zwanziger und dreißiger Jahre die Berühmtheit ist, sondern nur noch der frühere Weltmeister, ist der »Bild«-Schlagzeile zu entnehmen: »Max Schmelings Frau gestorben.«

Nach dem Tod seiner Frau zieht sich Max Schmeling allmählich aus der Öffentlichkeit zurück. Eine harmonische Ehe hat er geführt, sagen alle, die das Paar kannten. »Wir sind glücklich«, sagte Anny Ondra 1983 anlässlich ihrer Goldenen Hochzeit. »Wir haben uns nie angeschrien und eigentlich nie gestritten.«

Seinen Rücktritt aus der Öffentlichkeit begründet Schmeling damit, dass er stets ein öffentliches Leben geführt habe, nun wolle er nicht mehr. Dennoch erfolgt dieser Rückzug nur schrittweise.

1989 etwa fliegt er gemeinsam mit dem Hamburger Geschäftsmann Ivar Buterfas, den er nur als Initiator der Kampagne für die Erhaltung der Hamburger Nikolaikirche kennt und erst während des Fluges herausfindet, dass Buterfas auch lange Jahre als Boxpromoter gearbeitet hat, nach Amerika. Dort boxt Sugar Ray Leonard (USA) im Supermittelgewicht gegen Roberto Duran (Panama) um die WBC-Weltmeisterschaft und gewinnt nach Punkten.

Aber nicht das hochklassige Boxereignis lockt Schmeling in die USA. »Schauen Sie«, sagt Schmeling zu Buterfas, »es gibt zwei Männer, die mich nach Las Vegas eingeladen haben. Eigentlich wollte ich mir so etwas nicht mehr aufladen, aber Henri J. und Werner Lewin haben so lange gedrängelt, bis sie mich endlich so weit hatten.« Dann erzählt Schmeling Buterfas die Geschichte, fügt aber hinzu: »Eigentlich wollte ich kein Aufhebens davon machen.«

Im Sands-Hotel, dessen Direktor Henri Lewin mittlerweile ist, richten die Lewin-Brüder an diesem 6. Dezember 1989 einen Empfang für Schmeling aus, und der Gouverneur von Nevada erklärt dieses Datum auch zum »Max-Schmeling-Day«, obendrein wird der frühere Boxer auch Ehrenbürger von Las Vegas. Sogar Mike Tyson, der damalige Schwergewichtsweltmeister, ist anwesend, zwei Monate später wird er von James »Buster« Douglas ausgeknockt. Als Mike Tyson gemeinsam mit Max Schmeling im Sands sitzt, sagt er zu Schmeling:

»Ich mag keine Weißen, aber dich mag ich.« Schmeling antwortet: »Ich mag jeden.«

Dass zu dieser Gelegenheit auch die Geschichte bekannt wird, dass und wie Schmeling 1938 die Lewin-Brüder rettete, ist einem Hotelgast zu verdanken. Der beschuldigt Henri Lewin, er sei ein »fucking jew«, der mit einem Nazi am Tisch sitze. »Warum ist der nicht, wo er hingehört, ›Unter den Linden‹?« Lewin steht auf und erzählt dann die Geschichte, wie er und sein Bruder dank Max Schmeling den Pogromen der »Reichskristallnacht« entkamen.

An dem Abend selbst fällt die Geschichte nicht so richtig auf, auch Buterfas erwähnt sie in seinen Erinnerungen nicht. Erst als die israelische Tageszeitung »Jerusalem Post« die Story aufgreift, wird sie weltweit bekannt.

Zu den ersten Reaktionen gehört, dass die Raoul-Wallenberg-Stiftung Schmeling ehren möchte. Schmeling möchte nicht und will statt seiner den Holocaust-Überlebenden Buterfas nach New York schicken, damit der für ihn die Wallenberg-Medaille in Empfang nimmt. Als der aber verhindert ist, sagt Schmeling ganz ab. Buterfas erinnert sich an die Gründe, die Schmeling ihm nennt: »Was ich getan habe, würde ich immer wieder tun. Wo ich kann, stelle ich mich eben vor Schwache, Unterdrückte und Verfolgte. Aber die Nazis haben mich nicht für sich vereinnahmen können, und dann sollten das die Juden jetzt auch nicht tun.«

Für die Historiker Weisbord und Hedderich markiert diese Geschichte ein neues Schmeling-Bild: »Einmal mehr hat er seine Rechtschaffenheit und seine Menschlichkeit bewiesen. Qualitäten, die in den späten dreißiger Jahren nur wenige mit Schmeling in Verbindung brachten, als er geringschätzig als Nazi bezeichnet wurde. Er verdient etwas Besseres.«

# »Im Felde des Normalen«

## Der gute Mensch von Hollenstedt und andere Wahrnehmungen (1990 bis 2005)

An der Wahrnehmung Schmelings in Deutschland ändert sich nicht viel, als Ende 1989 die Rettung der Lewin-Brüder 1938 bekannt wird. Etliche Zeitungen bringen die Geschichte, aber die Resonanz ist gering.

1990, aus Anlass von Schmelings 85. Geburtstag, hält der damalige Bundespräsident Richard von Weizsäcker eine Laudatio, in der er sich als Fan präsentiert, dessen Kindheitstraum wahr wird, »Gastgeber meiner Idole Max Schmeling und Heinz Rühmann zu sein«. Außer den sportlichen Erfolgen preist Weizsäcker nur ganz allgemein Schmelings »vorbildliches menschliches Wesen« und dass er Kontakt zu Künstlern gehalten habe.

1991 wird Schmeling auf der »Grünen Woche« in Berlin die »Hermann-Löns-Jagdmedaille« des Förderkreises Jagdpolitik e.V., der zum Hamburger Jagdclub gehört, verliehen. Schmeling wird gelobt als »ein Idol, das Jäger ist und sich immer hierzu bekannt hat«. Zur Jagd geht er mittlerweile nicht mehr, aber seine Jagdpacht hat er noch bis zum Jahr 2012 verlängert. Seit 1963 gehört er zur Jagdgemeinschaft im niedersächsischen Stemmen im Landkreis Rotenburg/Wümme, seit 1972 ist er dort Jagdpächter.

Im Jahr 1991 gründet Schmeling die »Max-Schmeling-Stiftung«. Sie kümmert sich um den Denkmal-, Tier-und Naturschutz, aber auch um bedürftige Menschen in seinem Wohnort Hollenstedt und seinem Geburtsort Klein-Luckow. Außerdem fließen Gelder an ehemalige Boxer, die bedürftig sind, und der Hamburger Förderkreis »Rettet die Nikolaikirche!« seines Freundes Ivar Buterfas erhält ebenfalls Geld. Begonnen hat Schmeling mit einer Kapitaleinlage von einer Million Mark, die stetig aufgestockt wird. »Alles aus meinem Privatvermögen, kein Firmenkapital«, betont Schmeling; nach seinem Tod soll sein gesamtes Vermögen in die Stiftung fließen. Die »Bild«-Zeitung schreibt von 100 Millionen Euro. Auch die SOS-Kinderdörfer, um die sich Anny Ondra gerne kümmerte, werden von Schmeling unterstützt.

»Er ist so ausdauernd wohltätig, dass man sich unwillkürlich fragt, ob dieser Mann irgendeine Rechnung zu begleichen hat«, schreibt Hans-Joachim Leyenberg, Sportredakteur der »Frankfurter Allgemeinen« und einer der angesehensten Boxexperten Deutschlands, zum Neunzigsten von Schmeling. »Doch es findet sich kein Kratzer am Mythos Schmeling.«

David Margolick, der als Journalist für »Vanity Fair « und die »New York Times« arbeitet und zur Wahrnehmung der Kämpfe zwischen Louis und Schmeling 1936 und 1938 recherchiert, wundert sich über dieses Phänomen. »Ich kann niemanden in Deutschland finden, der etwas Intelligentes über seine Rolle in der Nazizeit geschrieben hat, vor allem was seine Kämpfe gegen Louis angeht. Das gilt auch für Zeitzeugen. Die Deutschen haben sich entschlossen, Schmeling zu verehren, und dabei belassen sie es. Die Leute suchen nach einem Helden, weil Schmeling so viel besser war als viele seiner Zeitgenossen.«

Schmeling gilt in der deutschen Öffentlichkeit nicht als der Boxer der Nazis, aber er gilt auch nicht als der Mann, der Juden gerettet hat. Er gilt als jemand, der in der hiesigen politischen Kultur höher geschätzt wird – als der Unpolitische. Als wolle er diesen Befund illustrieren, schreibt der konservative Leitartikler Herbert Kremp in seinem Nachruf in der »Welt«: »In der Zeit, die mit dem Namen Hitler verbunden ist, galt der Sieger im Ring als eine Figur, die sich vom Regime abhob, ohne dass seine Zeitgenossen sagen konnten, wie.«

1993 gibt Schmeling der »Deutschen Presse-Agentur« sein »letztes Interview«, wie er versichert. »Es muss alles dagegen getan werden, um irgendetwas Sympathisches über das damalige Regime zu vermitteln, denn es gab nichts«, erklärt er zur NS-Zeit. Aber zu seiner Rolle im NS-System fällt ihm nicht viel ein. »Man hat mich versucht zu benutzen«, sagt er und stellt fest: »Ich habe mich auch der Nazis bedient, um anderen Menschen zu helfen.« Es bleibt zwar nicht sein wirklich letztes Interview, aber bei Interviewanfragen, die ihn in den letzten Lebensjahren erreichen, verweist er meist auf seine »Erinnerungen« oder auf seinen Gesundheitszustand, der ihm eine Mitarbeit nicht erlaube. Die letzten Jahre empfängt er nur noch Vertraute, und auch mit ihm befreundeten Journalisten gibt er keine Möglichkeit der Berichterstattung. Als Schmeling 1985 den Schriftsteller Wolf Wondratschek empfängt, der für den »Stern« ein Porträt schreibt, fragt Schmeling: »Was, um Himmels willen, wollen Sie denn noch wissen« Und dann schaut er auf seine »Erinnerungen«: »Da steht doch wirklich alles drin.«

Trotz seines Willens, sich aus der Öffentlichkeit zurückzuziehen, ist Max Schmeling Mitte der neunziger Jahre auf einmal wieder eine öffentliche Person in Deutschland. Eine Initiative namens »Wir für Deutschland e. V.« schaltet große Plakattafeln. Da ist Schmeling mit dem aus der DDR stammenden Halbschwergewichtsboxer Henry Maske zu sehen. »Kaum war die Mauer geöffnet, haben wir Freundschaft geschlossen«, ist darauf zu lesen. Vereinsziel der Initiative ist die »Förderung der Vollendung der Wiedervereinigung und des Zusammenwachsens des deutschen Vaterlandes«.

Im Jahr 2000 wird Schmeling für die Ehrenbürgerschaft Hamburgs vorgeschlagen, die Stadt, in der er aufwuchs, in der er seine Getränkefirma hat und vor deren Toren er lebt. »Der Senat lehnte mit einer fadenscheinigen Begründung ab«, empört sich die »Frankfurter Allgemeine«. »Schmeling wird zitiert mit den Worten, er hätte sich gefreut; so wichtig sei es ihm aber auch nicht. Das spricht für ihn – und gegen den einen oder anderen im Rathaus.« Einige Jahre zuvor wurde in Berlin eine große Veranstaltungshalle nach Schmeling benannt, und nur wenige Kritiker meldeten sich, dass es ungewöhnlich sei, Bauwerke nach lebenden Menschen zu benennen. Auch Schmeling ist die Ehrung nicht ganz recht; die Verantwortlichen wähnten ihn wohl schon „jenseits von Gut und Böse“, sagt er.

Als Schmeling am 2. Februar 2005 stirbt, wird er bereits am folgenden Tag in aller Stille beerdigt. Nur sehr enge Vertraute nehmen Abschied, die Öffentlichkeit wird erst einen Tag später informiert. »Warum wurde er so heimlich beerdigt?«, fragt, ihre Empörung durchschimmern lassend, die »Bild«-Zeitung.

Aber Schmeling ist in den letzten Lebensjahren solchen Diskussionen, wann und wo er sich der Öffentlichkeit zu stellen habe und ob sein Beerdigung ein Staatsakt sein solle, schon entrückt. »Ich habe alles erlebt, wovor man Angst haben könnte«, lautet ein Satz aus einem seiner letzten Interviews.

»Anstand und Fairness, Menschlichkeit und Bescheidenheit zeichneten ihn ebenso aus wie sein Engagement für das Gemeinwohl«, sagt Bundespräsident Horst Köhler zu Schmelings Tod. »Wir sind dankbar für alles, was Max Schmeling geleistet hat.«

Der Jahrhundertdeutsche Schmeling, der im Kaiserreich aufwuchs, die Basis seines Erfolgs in der Weimarer Republik legte, der in den dreißiger Jahren zum Weltstar aufstieg, was vom Propagandaapparat der Nazis wesentlich gefördert wurde, und der in der Bundesrepublik unternehmerischen Erfolg hatte, reicht am Ende symbolisch der DDR zur Begrüßung die Hand. Mit dieser Geste wirkt Schmeling zum letzten Mal als politisches Symbol; sein öffentliches Leben rundet er damit ab.

»Die Inszenierung des Box-Booms mit Maske und Schmeling trägt zu der seit der konservativen Wende betriebenen und im Zuge der Wiedervereinigung verstärkten Renationalisierung des bundesdeutschen Identitäts- und Einheitsdiskurses bei«, schreibt der Philosoph Wolf-Dietrich Junghanns in einem Aufsatz, der sich mit Schmeling und Maske als Symbolen der deutschen Einheit beschäftigt. Diese Inszenierung diene »nach innen und außen der Demonstration des ›neuen Selbstbewusstseins‹, neuer Größe und Stärke nicht-republikanischer Art – der Held entbindet die Massen von der Emanzipation.«

Diese kritische Sicht auf Schmeling als Symbol eines nicht sehr selbstbewussten Verhältnisses zum Staat findet sich in Deutschland selten. Kritik hatte Schmeling nach 1945 vor allem vom DDR-Sportjournalismus erfahren. Doch diese Kritik orientierte sich fast ausschließlich daran, dass er von den Nazis zum Helden und Idol aufgebaut wurde und beispielsweise für die Olympischen Spiele 1936 warb. Warf ihm die DDR-Seite vor, dass er sich politisch instrumentalisieren ließ, lobte ihn die BRD-Seite, dass er sich bei aller Instrumentalisierung menschlich nicht verbiegen ließ.

Friedrich Karl Fromme würdigte in der »Frankfurter Allgemeinen« aus Anlass von Schmelings Neunzigstem im Jahr 1995 vor allem seine Bescheidenheit. Die habe es nicht zugelassen, »dass aus ihm, bei aller Zuneigung, die ihm entgegengebracht wurde, eine Kultfigur des Führerstaats gemacht wurde«. Schmeling sei weder Widerstandskämpfer noch Nazi gewesen, sondern habe »sich im Felde des Normalen« gehalten. Das erkläre seine Popularität.

Es ist das vermeintlich Unpolitische des Sports und des Sportlers, das der damalige »FAZ«-Herausgeber hier lobt. Und indem Schmeling so darauf beharrt, unpolitisch zu sein, bedient er die Erwartungen der deutschen Öffentlichkeit. Denn »normal« war Schmelings soziale und kulturelle Stellung nie. Ob Hitler oder Roosevelt oder Willy Brandt, ob Fritz Kortner oder Josef Thorak oder Johannes Heesters –um die Sympathie des Weltklasseboxers buhlten viele, die mit dem normalen Leben eher nichts zu tun haben.

Der Zugang, den die linksliberale »tageszeitung« gleichfalls im Jahr 1995, suchte, überzeugt eher als Frommes Verortung im Normalen. »Was allen Ehrbezeugungen gemein ist«, schrieb Jan Feddersen dort, »ist die lockere Ausblendung all dessen, was den Boxer erst zum Schwergewicht in deutscher Sache machte: sein Mitlaufen bei allen Gelegenheiten, seine Fähigkeit, alle politischen Systeme zu ignorieren: ›Was zählt im Leben, ist Freundschaft.‹ Schmeling verkörpert die deutsche Musterbiografie des auslaufenden Jahrhunderts: immer und doch nirgends dabei.«

Der Schriftsteller Siegfried Lenz machte sich 1977 in einer Rezension von Schmelings »Erinnerungen« andere Gedanken. Schmelings Ruhm »kann wohl nur dadurch erklärt werden, dass Max Schmeling einst zum Matador und Idol einer Epoche gekürt wurde, die mittlerweile zu einer der attraktivsten Legenden geworden ist: die späten zwanziger und die frühen dreißiger Jahre.« Lenz irrt sich, denn andere, auffälligere und beliebtere Boxer jener Zeit sind längst vergessen, Hans Breitensträter etwa oder Paul Samson-Körner. Erst Schmelings Sieg über Joe Louis 1936 macht ihn zur deutschen Legende. Und dabei war die Strategie des Propagandaministeriums, Schmeling als unpolitischen Boxer und als fairen Sportsmann zu präsentieren, von entscheidender Bedeutung. »Seinen legendären Ruf konnte dieser Kampf nur erlangen«, schreibt der Journalist Birk Meinhardt über den ersten Louis-Kampf 1936, »weil Schmelings persönliche Leistung mit einer ungeheuren politischen Vermarktung verknüpft wurde. Reste der damaligen Propaganda wirken sogar bis heute nach.«

Überspitzt kann man formulieren: Dass Schmeling kein Nazi war, wissen wir von Joseph Goebbels. Denn die Nazipropaganda hat alles dafür getan, damit Schmeling nicht als Nazi präsentiert wird. Dass Schmeling tatsächlich kein Nazi war und nie sein wollte, spielt für diesen Befund nur eine untergeordnete Rolle. Denn wie man über einen Menschen denkt, hängt davon ab, wie dieser Mensch präsentiert wird, und die mediale Präsentation des doch überwiegend nur aus den Medien bekannten Max Schmeling geschah in sehr großem Maße durch die NS-Propagandamaschine.

Dass ein Mensch nur als derjenige gilt, als der er präsentiert wird, lässt sich auch an anderen Boxern zeigen. Henry Maske etwa, nach Schmeling und Bubi Scholz der dritte deutsche Boxer, den die Massen liebten, wurde als »Gentleman« präsentiert. Muhammad Alis mediale Inszenierung hingegen war zunächst die des »Großmauls«, später die des Helden der Emanzipation der Schwarzen. Mit den konkreten Menschen Maske oder Ali haben diese Images nicht unbedingt viel zu tun.

Schmeling wurde eben in den dreißiger Jahren mit allen Methoden der noch jungen Massenmedien zum Helden gemacht: mit Homestorys, mit Interviews, mit Exklusivgeschichten, mit Büchern, mit seiner Präsentation in der »Wochenschau«, als Werbefigur und mit dem Film »Max Schmelings Sieg – ein deutscher Sieg«. »Allein durch sein vorbildliches sportliches Auftreten im Ausland und seine Rückkehr nach Deutschland wurde Schmeling (ungewollt und unbewusst?) zum Botschafter des ›neuen Deutschland‹«, schreibt der Sporthistoriker Hans Joachim Teichler.

Das erklärt auch, warum die deutsche Wahrnehmung Schmelings bis heute so ganz anders ist als die ausländische, vor allem die in den USA, dem Land seines wichtigsten Gegners Joe Louis. Dort gilt er in weiten Teilen immer noch als der Boxer Hitlers, denn so wurde er dort medial präsentiert. Es scheint, so heißt es etwa im Nachruf der »Washington Post« auf Schmeling, als wollte er nach dem Krieg mit seinen vielen Reisen in die USA »klarstellen, dass er ein Opfer der Umstände war, kein Freund Hitlers, aber eines seiner Werkzeuge«. Und die »Los Angeles Times« schreibt im ersten Satz ihres Nachrufs, Schmeling sei der, »der unbeabsichtigt zum Symbol Nazideutschlands geworden« sei.

Eine andere Wahrnehmung als die, die den Sportler in den historischen Zusammenhang einordnet, ist auch nicht denkbar. Joe Louis etwa ist, ob er das wollte oder nicht, ein Symbol der amerikanischen Bürgerrechtsbewegung. Das hat nichts damit zu tun, wie wenig er selbst sich in diesem Kampf um die Emanzipation der schwarzen Bevölkerung in den Vordergrund rücken wollte. Joe Louis wurde ohne seinen Willen zum sozialen Symbol. Und Max Schmeling ist, trotz aller menschlichen und sportlichen Wertschätzung, die ihm gebührt, und völlig unabhängig von dem, wie er selbst denkt und handelt, immer der Mann, den die Nazis zum arischen Herrenmenschen ausrufen wollten, was ihnen, dank Joe Louis, nur für eine kurze Zeit gelang.

Max Schmeling freut sich in der Rückschau darüber, dass ihm der Griff nach dem WM-Titel im Jahr 1938 nicht glückte; es hätte seine Überhöhung durch die Nazis auf die Spitze getrieben. Für Max Schmeling war es nämlich beinahe das, was man als No-win-Situation bezeichnet: Er konnte als deutscher Weltklasseboxer nur Schaden nehmen.

Aber seine Entscheidung, nicht zu emigrieren, obwohl er selbst doch, wie er an etlichen Stellen versichert, gegen die Nazis eingestellt war, obwohl er doch als gut Englisch sprechender Boxer eine ungleich günstigere Ausgangssituation beispielsweise in den USA gehabt hätte als so manche Schriftsteller oder Journalisten, mit denen er ja befreundet war, und obwohl seine Frau Anny Ondra attraktive Angebote aus Hollywood hatte – diese Entscheidung war sein Fehler. Menschen, die mit der Sprache arbeiten, haben bei der Emigration in ein fremdes Land größere Probleme als ein Boxer, der sein Geld mit den Fäusten verdient. Eine Emigration, wie sie etwa Marlene Dietrich vorgemacht hatte, wäre Schmelings Chance gewesen, zu einem anderen, nämlich einem besseren sozialen Symbol zu werden. Dann hätte er allerdings – wie die Dietrich – riskiert, in Deutschland Kritik, ja Hass und Feindschaft ausgesetzt zu sein. Schmeling zog es vor, in Deutschland zu bleiben, wo er durchaus etliches Gutes tat und vielen Menschen half, was man nie zu gering schätzen darf. Aber Schmeling blieb auch und vor allem dem eigenen Nutzen zuliebe in Deutschland, in der Nähe der Mächtigen, um sich so, nicht selten opportunistisch, durchs Leben zu schlängeln.

Max Schmeling war kein Nazi, und er hat vielen Menschen in der Zeit der Nazidiktatur geholfen zu überleben. Dennoch hat Schmeling, indem er sich vom Goebbels'schen Propagandaministerium als unpolitisches Sportidol präsentieren ließ, zur Stabilität des NS-Systems beigetragen. An seinem Leben lässt sich viel erkennen über die Verantwortung des Einzelnen in der Diktatur. Insoweit ist Max Schmeling ein Jahrhundertdeutscher, in dessen Karriere sich ein nicht gerade kleiner Teil der jüngsten deutschen Geschichte spiegelt.

# Anhang

# Kampfrekord

**Max Adolph Otto Siegfried Schmeling**
**Rechtshänder**
**Halbschwer- und Schwergewicht**
**Größe:** 1,85 Meter
**Geburtsdatum:** 28.9.1905
**Geburtsort:** Klein Luckow/Uckermark
**Manager:** Arthur Bülow 1924 bis 1928,
Joe Jacobs 1929 bis 1938,
Max Machon 1939 bis 1948
**Trainer:** Max Machon
**Weltmeister im Schwergewicht:**
1930 bis 1932
**Europameister im Schwergewicht:**
1939 bis 1942 (Titel niedergelegt)
**Europameister im Halbschwergewicht:**
1927 bis 1928
**Deutscher Meister im Schwergewicht:** 1928
**Deutscher Meister im Halbschwergewicht:**
1926 bis 1928
**Kampfrekord:** 56 Siege, 10 Niederlagen,
4 Unentschieden

## 1924

2.8. Düsseldorf, Tonhalle; Johann Czapp (Düsseldorf); K.o., 6. Rd.
20.9. Bochum; Willy Louis (Duisburg); K.o., 1. Rd.
22.9. Köln, Kristallpalast; Willy van der Vyver (Belgien); K.o., 3. Rd.
4.10. Köln, Kristallpalast; Rocky Knight (USA); n.Pkt. (8 Rd.)
10.10. Berlin, Sportpalast; Max Diekmann (Berlin); verloren t. K.o., 4. Rd.
31.10. Köln, Kristallpalast; Alfred Hammer (Godesberg); K.o., 5. Rd.
4.12. Köln, Kristallpalast; Hans Breuer (Aachen); K.o., 2. Rd.
7.12. Düsseldorf; Battling Mathar (Frankreich); K.o., 3. Rd.
17.12. Berlin, Ständiger Ring Friedrichshain; Helmuth Hartig (Potsdam); K.o., 1. Rd.
26.12. Köln, Punching Club; Jimmy Lygget (USA); gewonnen, Disqu., 4. Rd.

## 1925

18.1. Köln, Schauburgring; Johnny Kloudts (Belgien); K.o., 2. Rd.
20.1. Berlin, Kriegervereinshaus; Joe Mehling (Würzburg); n. Pkt. (6 Rd.)
1.3. Köln, Schauburgring; Leon Randol (Belgien); K.o., 4. Rd.
15.3. Köln, Schauburgring; Alf Baker (USA) ; n. Pkt (8 Rd.)
3.4. Berlin, Sportpalast; Jimmy Lygget (USA); unentschieden (8 Rd.)
28.4. Bonn, Beethovenhalle; Alfred Hammer (Bad Godesberg); n. Pkt. (8 Rd.)
9.5. Köln, National Sporting Club; Jack Taylor (USA); verloren n. Pkt. (10 Rd.)
14.6. Brüssel; Leon Randol; unentschieden (10 Rd.)
1.9. Köln; Larry Gains; verloren, K.o., 2. Rd.
8.11. Köln, Bickendorfer Halle; René Compére; n. Pkt. (8 Rd.)

## 1926

12.2. Berlin, Ausstellungshalle Kaiserdamm; Max Diekmann (Berlin); unentschieden (8 Rd.)
19.3. Köln, Sportschule „Hochhaus“; Willy Louis (Duisburg); K.o., 1. Rd.

13.7. Berlin, Lunapark; August Vongehr (Berlin); t. K.o., 1. Rd.

24.8. Berlin, Lunapark; Max Diekmann (Berlin); K.o., 1. Rd. (Deutsche Meisterschaft im Halbschwergewicht)

1.10. Berlin, Sportpalast; Herman van't Hoff (Niederlande); gewonnen, Disqu., 8. Rd.

## 1927

7.1. Berlin, Sportpalast; Jack Stanley (Großbritannien); K.o., 8. Rd.

23.1. Breslau, Jahrhunderthalle; Louis Wilms (Belgien); t. K.o., 8. Rd.

4.2. Dresden, Zirkus Sarasani; Joe Mehling (Würzburg); t. K.o., 3. Rd.

12.3. Dortmund, Westfalenhalle; Léon Sebilo (Frankreich); K.o., 2. Rd.

8.4. Berlin, Sportpalast; Francis Charles (Frankreich); K.o., 8. Rd.

26.4. Hamburg, Sagebiel; Stanley Glen (Großbritannien); K.o., 1. Rd.

8.5. Frankfurt/M., Radrennbahn, Robert Larsen (Dänemark); n. Pkt. (10 Rd.)

17.5. Hamburg, Sagebiel; Raymond Paillaux (Frankreich); K.o., 3. Rd.

19.6. Dortmund, Westfalenhalle; Fernand Delarge (Belgien); t. K.o., 14. Rd., Europameisterschaft im Halbschwergewicht

31.7. Hamburg, Sagebiel ; Jack Taylor (USA); n. Pkt. (10 Rd.)

7.8. Essen, Radrennbahn; Willem Westbroek (Niederlande); K.o., 1. Rd.

2.9. Berlin, Sportpalast; Robert Larsen (Dänemark); t. K.o., 3. Rd.

2.10. Dortmund, Westfalenhalle; Louis Clement (Schweiz); t. K.o., 6. Rd.

6.11. Leipzig, Achilleion; Hein Domgörgen (Köln); K.o., 7. Rd. (verteidigt Deutsche Meisterschaft im Halbschwergewicht)

2.12. Berlin, Sportpalast; Gipsy Daniels (Großbritannien); n. Pkt. (10 Rd.)

## 1928

6.1. Berlin, Sportpalast; Michele Bonaglia (Italien); K.o., 1. Rd., Europameisterschaft im Halbschwergewicht

25.2. Frankfurt/M., Festhalle; Gipsy Daniels (Großbritannien); verloren, K.o., 1. Rd.

10.3. Dortmund, Westfalenhalle; Ted Moore (Großbritannien); n. Pkt. (10 Rd. )

4.4. Berlin, Sportpalast; Franz Diener (Berlin); n. Pkt. (15 Rd.), Deutsche Meisterschaft im Schwergewicht

24.11. New York, Madison Square Garden; Joe Monte (USA); K.o, 8. Rd.

## 1929

4.1. New York, Madison Square Garden; Joe Sekyra (USA); n. Pkt. (10 Rd.)

22.1. New York, Amory Hall; Pietro Corri (USA); K.o., 1. Rd.

1.2. New York, Madison Square Garden; Jonny Risko (USA); t. K.o., 9. Rd.

27.6. New York, Yankee-Stadion; Paolino Uzcudun (Spanien); n. Pkt. (15 Rd.)

## 1930

12.6. New York, Yankee-Stadion; Jack Sharkey (USA); gewonnen, Disqu, 4. Rd., Weltmeisterschaft im Schwergewicht

1931

3.7. Cleveland, Municipal Stadion; Young Stribling (USA); t. K.o., 15 Rd. (verteidigt Weltmeisterschaft im Schwergewicht)

1932

21.6. New York, Madison Square Garden Bowl; Jack Sharkey (USA); verloren n. Pkt. (15 Rd.) (verliert Weltmeisterschaft im Schwergewicht)

26.9. New York, Madison Square Garden Bowl; Mickey Walker (USA); t. K.o., 8. Rd.

1933

8.6. New York, Yankee-Stadion; Max Baer (USA), ; verloren, t. K.o., 10. Rd.

1934

13.2. Philadelphia, Convention Hall; Steve Hamas (USA); verloren n. Pkt. (12 Rd.)

13.6. Barcelona, Montjuic-Stadion; Paolino Uzcudun (Spanien); unentschieden (12 Rd.)

26.8. Hamburg, Dirt-Track-Bahn; Walter Neusel (Bochum); t. K.o., 9. Rd.

1935

10.3. Hamburg, Hanseatenhalle; Steve Hamas (USA); t. K.o., 9. Rd.

7.7. Berlin, Poststadion; Paolino Uzcudun (Spanien); n. Pkt. (12 Rd.)

1936

19.8. New York, Yankee-Stadion; Joe Louis (USA); K.o., 12. Rd.

1937

15.12. New York, Madison Square Garden; Harry Thomas (USA); K.o., 8. Rd

1938

30.1. Hamburg, Hanseatenhalle ; Ben Foord (Südafrika); n. Pkt. (12 Rd.)

16.04. Hamburg, Hanseatenhalle; Steve Dudas (USA); K.o., 6. Rd.

22.06. New York, Yankee-Stadion; Joe Louis (USA); verloren, K.o., 1. Rd., Weltmeisterschaft im Schwergewicht

1939

2.7. Stuttgart, Adolf-Hitler-Kampfbahn; Adolf Heuser (Bonn); K.o., 1. Rd., Europameisterschaft im Schwergewicht

1947

28.9. Frankfurt/M., Radrennbahn; Werner Vollmer (Magdeburg); K.o., 7. Rd.

7.12. Hamburg, Autobushalle; Hans-Joachim Drägestein (Berlin); K.o., 10. Rd.

1948

29.5. Hamburg, Union-Platz; Walter Neusel (Bochum); verloren n. Pkt. (10 Rd.)

2.10. Kiel, Sportplatz; Hans-Joachim Drägestein (Berlin); K.o., 8. Rd.

31.10. Berlin, Waldbühne; Richard Vogt (Hamburg); verloren n. Pkt. (10 Rd.)

# Ausgewählte Literatur


Ashe, Arthur R. jr.: A Hard Road to Glory. A History of the African-American Athlete 1919-1945, New York/USA 1988

Astor, Gerald: »And a Credit to His Race«. The Hard Life and Times of Joseph Louis Barrow a.k.a. Joe Louis, New York/USA 1974

Buterfas, Ivar: Sunny Goj. Die Lebenserinnerungen des Ivar Buterfas, Hamburg 1995

Cavalier, Heinz: Sportler erzählen, Berlin 1939

Diener, Franz: Mein Weg, o.O. (Berlin), o.J. (1928)

Drews, Tobias (Hg.): Max Schmeling, Stuttgart 1996

Fleischer, Nat/Andre, Sam (updated by Nigel Collins): An Illustrated History of Boxing, 5th ed., Secaucus, New Jersey/USA 1997

Fleischer, Nat: Max Baer, the Glamour Boy of the Ring, New York/USA 1942

Fleischer, Nat: The Heavyweight Championship. An Informal History of Heavyweight Boxing form 1719 to the Present Day. New York /USA 1961

Forster, Mathias: Max Schmeling. Sieger im Ring – Sieger im Leben, München 1986

Friedrich, Dorothea: Max Schmeling und Anny Ondra. Ein Doppelleben, Berlin 2001

Fröhlich, Elke (Hg.): Die Tagebücher von Joseph Goebbels. Im Auftrag des Instituts für Zeitgeschichte und mit Unterstützung des Staatlichen Archivdienstes Russlands, Teil I, Aufzeichnungen 1923-1941, bisher 10 Bände, München 1998-2004; Teil II, Diktate 1941-1945, 15 Bände, München 1993-1996

Geisel, Eike: Ein Reich, ein Ghetto: zwei Karrieren, in: Geisel, Eike/Broder, Henryk M.: Premiere und Pogrom. Der Jüdische Kulturbund 1933-1941, S.314 - 331

Hamann, Carl. O.: Ein Leben auf eigene Faust, Köln o.J., (1948 oder 49)

Haymann, Ludwig: Deutscher Faustkampf nicht pricefight. Boxen als Rasseproblem (mit einem Vorwort von Max Schmeling), München o.J. (1936 oder 1937)

Hellmis, Arno (unter Mitarbeit von Alfred Eggers, Erwin Thoma und Walter Rothenburg): Max Schmeling. Die Geschichte eines Kämpfers, Berlin 1937

Hess, Robert: Sie kommen nie wieder. Die abenteuerliche Geschichte des Boxsportes, Frankfurt/M 1963

Heydte, Friedrich August Freiherr von der: Muss ich sterben – will ich fallen … Ein Zeitgenosse erinnert sich, Berg am See 1987

Hietala, Thomas R.: The Fight of the Century. Jack Johnson, Joe Louis and the Struggle for Racial Equality. New York/ USA 2002

Job, Bertram: Boxen, Berlin 2003

Junghanns, Wolf-Dietrich: Boxkämpfe – Inszenierungen von Moral und Gesellschaftskritik. In: kritische berichte. Zeitschrift für Kunst- und Kulturwissenschaften, 1 (1997), S. 28-38

Junghanns, Wolf-Dietrich: Jagdszenen und Heldensagen. In: Berliner Debatte INITIAL. Zs. f. sozialwiss. Diskurs, 3 (1997), 127-154

Klemperer, Viktor: Ich will Zeugnis ablegen bis zum letzten. Tagebücher 1933-1941, Berlin 1995

Klemperer, Viktor: LTI. Lingua Tertii Imperii. Die Sprache des Dritten Reiches. Notizbuch eines Philologen, Halle/Saale 1957

Kluge, Volker: Ein vergessenes Jubiläum. Oder: Als der Boxer Hein Domgörgen am 6. November 1927 im Leipziger »Achilleion« schlief. In: www.sport-museum-leipzig.de/Ablage-Zeitung/4-2002/Seite_6.htm

Kluge, Volker: Max Schmeling. Eine Biographie in 15 Runden, Berlin 2004

Kohr, Knud / Krauß, Martin: Kampftage. Die Geschichte des deutschen Berufsboxens. Göttingen 2000

Kosmopolit (i.e. Josef L. Machalewski): Boxen – der Weltsport. Geschichte und Entwicklung, Veranlagung und Rassenfrage, Körperkultur, Charakterbildung und Boxsport, Allgemein- und Kampftraining, Der Kampf, Regeln und Meisterschaften, Berlin 1927

Krauß, Martin: Schläge in Hitlers Gesicht, in: taz-mag, 6.2.1999

Leip, Hans: Max und Anny. Romantischer Bericht vom Aufstieg zweier Sterne. Hamburg 1935

Levine, Peter: Ellis Island to Ebbets Field. Sport and the American Jewish Experience, New York/USA 1992

Lipsyte, Robert: Joe Louis. A Champ for All America, New York/USA 1994

Löffler, Adolf: In der Weltarena. Der Kampf Ludwig Haymanns. Berlin o.J. (1939)

Louis, Joe: Die Geschichte meines Lebens (mit einem Vorwort von Max Schmeling), Schwäbisch-Gmünd 1951

Louis, Joe: My Life. An Autobiography, Hopewell, New Jersey/USA 1978

Maser, Werner: Adolf Hitler. Legende, Mythos, Wirklichkeit, München-Esslingen 1971

Meinhardt, Birk: Boxen in Deutschland, Hamburg 1996

Müller, Ralf: Max Schmeling – seine Rolle im nationalsozialistischen Deutschland, Köln 1996 (Diplomarbeit Deutsche Sporthochschule)

Nagler, Barney: Brown Bomber. The Pilgrimage of Joe Louis. New York/USA 1972

Nunberg, Ralph (i.e. Rolf Nürnberg): The Fighting Jew (mit einem Vorwort von Curt Riess), New York 1945

Nürnberg, Rolf: Max Schmeling. Die Geschichte einer Karriere, Berlin 1932

Pendergrast: Mark: Für Gott, Vaterland und Coca-Cola. Die unautorisierte Geschichte der Coca-Cola-Company, München 1993

Programm-Magazin, Deutsche Meisterschaft Diener-Schmeling, Mittwoch, den 4. April 1928, o.O. (Berlin)

Püschel, Walter (Hg.): Boxen ist doch auch 'ne Kunst. Anekdoten von Max Schmeling, Berlin 2000

Ripperger, Waleri: Weidmanns Heil, Max Schmeling! Boxlegende, Heger und Jäger, Tessin 2004

Roberts, James B. / Skutt, Alexander G.: The Boxing Register, International Boxing Hall of Fame Official Record Book, Ithaca, New York/USA 1997

Rolauf, Fritz: K.o. Ein Buch vom Weg, Wert und Wesen des Boxens, Berlin 1937

Rothenburg, Walter: Kampf um Meister und Millionen, Bacharach und Stuttgart 1948

Sammons, Jeffrey T.: Beyond the Ring. The Role of Boxing in American Society. Camden Campus, New Jersey/USA 1988

Schmeling, Max: Der Weg des Sporthelden, in: Lewin, Ludwig (Hg.) Der erfolgreiche Mensch (3 Bd.) Berlin-Zürich 1928, S. 407-412

Schmeling, Max: Mein Leben – meine Kämpfe, Leipzig-Zürich 1930

Schmeling, Max: ...8-9-aus! Meine großen Kämpfe, München 1956

Schmeling, Max: Ich boxte mich durchs Leben, Stuttgart 1967

Schmeling, Max: Erinnerungen (aktualisierte und erweiterte Ausgabe, mit einem Vorwort von Henry Maske), Berlin 1995

Schmeling, Max: Eigentlich sollte ich eine Maxi werden..., in: Pörtner, Rudolf (Hg.): Mein Elternhaus. Ein deutsches Familienalbum, München 1986

Sohre, Helmut: Bis zur letzten Runde. Schicksale deutscher Faustkämpfer, Berlin-München o.J. (1964)

Sohre, Helmut: Max Schmeling. Zwei Fäuste erobern die Welt, Nürnberg 1948

Teichler, Hans Joachim: Max Schmeling – der Jahrhundertsportler im Dritten Reich, in: SportZeit, 1.Jg 2001, Heft 1, S. 7 - 33

Weisbord, Robert/Hedderich, Norbert: Max Schmeling – Righteous Ring Warrior?, in: History Today, Vol. 43 Issue: 1, S. 36 - 41

Witt, Günter: Max Schmeling und die bildenden Künstler. Zum 90. Geburtstag eines Boxidols unseres Jahrhunderts. In: Olympische Jugend, 10/95, S. 17ff

Wollny, Michael: Im Sog der Politik: Die Boxkämpfe von Joe Louis und Max Schmeling in den Jahren 1936 und 1938, München 2004 (Magisterarbeit Ludwig-Maximilians-Universität)

Wondratschek, Wolf: Danke, Schmeling, S. 245 - 251, in: ders.: Menschen, Orte, Fäuste. Reportagen und Stories, Zürich 1987

# Personenregister

# Der Autor

Martin Krauß, Jahrgang 1964, lebt als freier Sportjournalist in Berlin und arbeitet u.a. für »tageszeitung (taz)«, »Freitag«, »Jüdische Allmeine«, »11freunde«, »Frankfurter Allgemeine Sonntagszeitung« und »Jungle World«.
Im Verlag Die Werkstatt erschienen von ihm »Kampftage. Die Geschichte des deutschen Berufsboxens«, (2000, mit Knud Kohr) sowie »Schwimmen. Geschichte, Kultur, Praxis« (2002).